U0851688

职业教育设计系列丛书

本丛书是国家社会科学基金课题和全国教育科学规划课题的研究成果，并得到了研究经费资助

职业教育教学设计

（第四版）

邓泽民　著

本丛书获“第二届中国职业技术教育科学研究成果一等奖”

中国铁道出版社有限公司
CHINA RAILWAY PUBLISHING HOUSE CO., LTD.

内 容 简 介

本书通过对职业教育系统理论、职业教育学习理论、职业教育传播理论和职业教育教学理论进行有针对性的研究，明确了职业教育的教学目标、教学内容、教学过程、教学原则、教学组织、教学方法、教学模式、教学评价八个与职业教育教学设计相关的理论问题，建立起现代职业教育的教学观。在此基础上，提出了职业教育教学设计要以全面素质为基础、能力为本位的指导思想；制定了职业教育教学设计的系统整体优化、学习动机发展、职业活动逻辑、以能力为本位、职业教育传播五项原则；并在上述原则的指导下，构建了职业教育教学设计的基本模式，进行了职业教育行动教学的基本设计，设计了职业教育教学设计评价的指标体系以及典型的教学设计方案；解决了职业教育教学设计的一些基本问题，诸如职业教育教学目标的确立、学习任务的分析、学习者分析、教学策略的制定、教学设计的评价等。

本书适合作为职业院校广大教师、职业教育教学研究人员、教学设计人员的参考用书，也可作为职业教育专业研究生、本科生的辅助教材。

图书在版编目（CIP）数据

职业教育教学设计/邓泽民著. —4版. —北京：中国铁道出版社，2016.5（2024.11重印）
（职业教育设计系列丛书）
ISBN 978-7-113-21708-2

Ⅰ. ①职… Ⅱ. ①邓… Ⅲ. ①职业教育－教学设计 Ⅳ. ①G712

中国版本图书馆CIP数据核字(2016)第084612号

书　　名：职业教育教学设计
作　　者：邓泽民

策　　划：陈　文　　　**编辑部电话：**（010）83527746
责任编辑：李中宝　冯彩茹
封面设计：付　巍
封面制作：白　雪
责任校对：王　杰
责任印制：赵星辰

出版发行：中国铁道出版社有限公司（100054，北京市西城区右安门西街8号）
网　　址：https://www.tdpress.com/51eds
印　　刷：三河市兴博印务有限公司
版　　次：2006年7月第1版　2009年4月第2版　2013年1月第3版
2016年5月第4版　2024年11月第7次印刷
开　　本：710 mm×1000 mm　1/16　**印张：**22.25　**字数：**318千
书　　号：ISBN 978-7-113-21708-2
定　　价：68.00元

版权所有　侵权必究

凡购买铁道版图书，如有印制质量问题，请与本社教材图书营销部联系调换。电话：（010）63550836

打击盗版举报电话：（010）63549461

序

邓泽民教授在经过二十多年职业教育理论研究与实践探索的基础上，总结编写了一套职业教育设计系列丛书。这套丛书的出版为研究解决我国职业教育教学实践中的模式构建、职业分析、专业建设、课程设计、教学设计、实训设计、教材设计、课件设计等基本问题，提供了有益的参考，对我国职业教育理论研究与教学实践有指导性的意义。

丛书包括9个分册。第1分册《现代五大职教模式》，对当今世界上较为典型的职教模式，即北美的CBE、德国的双元制、澳大利亚的TAFE、英国的BTEC和瑞士的三元制，进行了系统的比较研究，使读者了解当今世界职业教育思想理论方法的总体情况及其共性和差异。第2分册《现代职业分析手册》，介绍了北美、德国和澳大利亚的职业分析方法，并介绍了不同国家职业分析的特点和运用条件。在此基础上，用《职业教育专业建设》《职业教育课程设计》《职业教育教学设计》《职业教育教材设计》《职业教育实训设计》《职业教育行动教学》和《职业教育课件设计》7个分册，对我国职业教育教学改革中观和微观层面上遇到的专业建设、课程设计、教学设计、实训设计、教材设计、行动教学和课件设计的思想理论方法等基本问题，进行了较为深入的研究，提出了专业建设、课程设计、教学设计、实训设计、教材设计、行动教学和课件设计的一系列基本原则和方法。丛书结构严谨、思路清晰、观点新颖、内容充实，反映了当前职业教育教学思想理论的发展趋势，也是作者和同事们近年来职业教育教学改革实践中取得的成果，符合我国职业技术院校教育教学的实际。

丛书选入的各种各样的职业教育专业建设、课程设计、教学设计、实训设计、教材设计和课件设计的实例十分丰富。每个分册都根据读者的需要，尽可能全面系统地编入实际例子。虽然这些设计实例还有改进的余地，但由于它们来自职业教育教学实践一线，具有很强的针对性。这些实例极大地丰富了丛书的内容，也为读者进行职业教育的课程设计、教学设计、实训设计、教材设计、行动教学和课件设计，开展教学研究提供了必要的参考。

深化职业教育教学改革，不断推进教育教学思想、人才培养模式和办学机制的转变，是当前和今后一个时期职业教育工作的重要任务。我希望职教战线有更多的同志为此积极探索并付出努力，也希望有更多的研究成果问世。借助为邓泽民教授专著系列丛书作序之机，与职教战线同志们共勉。

国　　务　　院　　参　　事
教育部职业教育与成人教育司原司长
教育部职业技术教育中心研究所原所长　　**2013年1月**

丛书序

第二次世界大战后，随着工业化进程的加快，西方国家亟需一批具有初中或高中文化程度，又有一定技术应用能力的人才。这样，一种新的教育类型应运而生，并得到了高速发展，这就是职业教育。经过几十年的发展，职业教育在西方国家逐步形成了比较典型的四大模式，这就是北美的CBE、德国的双元制、澳大利亚的TAFE、英国的BTEC和瑞士的三元制。可以说，职业教育为西方国家社会经济发展做出了突出的贡献。德国人形象地称他们的职业教育模式——双元制是其经济腾飞的秘密武器。

改革开放以来，我国社会经济取得了极大发展，工业化水平不断提高。为了满足工业化对技术应用人才的需要，我国在20个世纪80年代开始大力发展职业教育。30多年来，我国的职业教育在规模上取得了空前发展，但在质量上，可谓良莠不齐。许多院校牌子是职业院校，但从其教育理念到教育模式，从专业的设置到培养方案，从课程大纲到课程的教材，再从课程的教材到教师的授课计划，从教师的授课计划到教师的教案以及课件设计等来看，这些院校并不是职业院校。有的院校从其教育理念一直到教师的教案来看确实是职业学校，但由于其教育设计不符合职业教育的规律，教育效能较低。

出现这些问题的原因很多，一个主要原因就是在实施职业教育过程中，连接职业教育理论与职业教育实践的中间环节——教育设计层面上的问题没有得到较好的解决。诸如职业教育专业建设问题、课程设计问题、教学设计问题、实训设计问题、教材设计问题、行动教学、课件设计问题等。只有当一所职业院校上述基本问题都解决了，这所职业院校才能成为真正的职业院校。其毕业生才能是具有全面素质和职业能力，服务生产、管理、服务一线的技术应用型人才，与此同时其教学成本也才会降低，教学效能也才能提高。出版这套职业教育设计丛书的目的就是为了解决上述问题，提供一套职业教育设计的思想、理论和方法。

这套丛书包括9个分册：《现代五大职教模式》《现代职业分析手册》《职业教育专业建设》《职业教育课程设计》《职业教育教学设计》《职业教育行动教学》《职业教育实训设计》《职业教育教材设计》《职业教育课件设计》。

《现代五大职教模式》全面系统介绍了当今世界上比较典型的五大职教模式，包括北美的CBE、德国的双元制、澳大利亚的TAFE、英国的BTEC和瑞士的三元制。每一种模式通过职业教育的平台、职业教育的实施和职业教育的创新三个板块来介绍其职业学校的运行环境、教育教学的实施模式和教育教学的创新之处。最后，对上述四种典型职教模式进行比较研究，提出可供我们借鉴的经验。

《现代职业分析手册》介绍了现代世界上比较典型的职业分析方法，包括北美的职业分析方法、德国的职业分析方法、澳洲的职业分析方法等。这些职业分析方法虽然都是为了确定职业岗位（群）的职业能力开发出来的，但由于各国情况不同，具体操作的方式也有所区别。为了帮助大家，根据自己的条件选择合适的职业分析方法，在手册前面，特别提出了职业分析方法选择的建议，供大家参考。

《职业教育专业建设》《职业教育课程设计》《职业教育教学设计》《职业教育教材设计》《职业教育行动教学》《职业教育实训设计》和《职业教育课件设计》全面系统深入地阐述了建设或设计的思想、理论和方法。每一册都设立了三篇。《职业教育专业建设》《职业教育课程设计》《职业教育教学设计》《职业教育实训设计》《职业教育教材设计》设立了理论基础篇、设计编写篇、分析评价篇。理论基础篇重点研究设计的思想、理论与方法；分析设计篇主要论述设计编写的基本概念、基本原则、基本模式；分析评价篇主要介绍设计评价的基本概念、基本原则与标准和基本模式等。《职业教育课件设计》设立了PPT课件设计、网络课件设计和仿真课件设计三篇。

这套丛书是我1992年留学回国后，三十多年从事职业教育理论与实践研究的成果。这9个分册陆续出版，前后用了十多年的时间。在我三十多年的职业教育理论与实践研究工作中，得到了教育部职业教育与成人教育司、教育部职业技术教育中心研究所、中国职业技术教育学会各届领导、学术同仁悉心指导，得到北京师范大学、天津大学、同济大学同仁们的大力支持，得到了美国国家职业教育研究中心教授Dr. Robert Norton、加拿大多伦多大学教授Ruth Heyhoe、加拿大社区学院协会驻中国项目协调员Dr. Ira Cohen、加拿大荷兰学院Dr. Ken Pieers、加拿大汉堡学院Dr.William Sinnet的支持和帮助，更得到了100多所职业院校的积极参与，在此一并向他们表示衷心的感谢。

邓泽民

2016年3月于北京

第四版前言

本书2013年1月出版的第三版已售罄，两年来，本人对职业教育行动教学研究取得了一系列研究成果，而这些研究成果应及时用到职业教育教学设计中来。

《职业教育教学设计》第三版虽然在卓越技术技能人才培养的价值取向下，提出了促进学生职业能力和职业特质有效形成的教学内容、教学过程、教学原则、教学环境、教学模式、教学组织、教学方法，取代了只是促进学生知识、技能、态度形成的教学内容、教学过程、教学原则、教学环境、教学模式、教学组织、教学方法，但对能够有效促进学生职业能力和职业特质形成的行动教学的基本设计不全面。为此，在《职业教育教学设计》第四版专门增加了第八章，介绍职业教育行动教学的基本设计。

职业教育行动教学基本设计一，是针对操作技能训练，运用四阶段教学法，选取速录师操作技能训练作为典型案例设计的。职业教育行动教学基本设计二，是针对单项能力训练，运用任务驱动教学法，选取集成运算放大电路的安装与调试作为典型任务设计的。职业教育行动教学基本设计三，是针对综合能力培养，运用项目教学法，选取数控孔系加工作为典型项目设计的。职业教育行动教学基本设计四，是针对酒店服务人员情景导向思维、规范但超越规范的行为职业特质培养，运用情景模拟教学法，选取机场迎宾作为典型情景设计的。职业教育行动教学基本设计五，是针对销售能力训练，运用案例教学法，选取汽车销售作为典型案例设计的。职业教育行动教学基本设计六，是针对不同职业角色的立场、情感等特质培养，运用角色扮演教学法，选取物业管理“收费纠纷”典型案例设计的。职业教育行动教学基本设计七，是针对工美专业学生发散思维训练，卡片教学法，选取装饰画作为典型作品设计的。职业教育行动教学基本设计八，是针对学生独立工作能力培养，运用引文教学法，选取过载保护的电动机直接启动控制电路的安装和调试作为典型引文设计的。

在本书修订过程中，得到了很多职业教育专家，特别是职业院校一线教师的支持和帮助。李亚平教授、陈庆合教授、侯金柱教授、王海明博士、王立职副教授、杨红波副教授、欧阳卫副教授、陈清副研究员、崔俊明高级讲师、苏宏伟高级讲师、展丽蕊高级教师、杨松高级讲师、王调品高级讲师、刘凤芹高级讲师、肖敏讲师、于琳琳老师、宋艳老师、孙璐老师、梁香菊女士、陈文先生等都做了大量的工作，提出了许多好的建议。在此，向他们表示衷心的感谢。热诚欢迎广大职业教育同仁提出宝贵意见。

作 者
2016年3月

第三版前言

本书2009年4月出版第二版，之所以现在修订出版第三版，是第二版已售罄，更主要的是本人主持的国家社会科学基金课题“以就业为导向的职业教育教学理论与实践研究”经过四年的研究，2012年结题了，取得了一系列研究成果，而这些研究成果应及时用到职业教育教学设计中来。

“以就业为导向的职业教育教学理论与实践研究”课题，组织了300多所高等和中等职业教育院校对40多个专业的教学整体解决方案进行设计和实践研究，形成了《职业教育教学论》和《高等职业教育专业教学整体解决方案研究》1、2册，《中等职业教育专业教学整体解决方案研究》1、2册等成果。其中，《职业教育教学论》是以学生职业能力和职业特质培养为价值追求的教学理论。它为职业教育教学设计提供了新的思想、理论和方法。因此，本书第三版较第二版，无论在职业教育教学思想、还是在理论和方法上，都做了带有根本性质的调整。

（1）我国经济发展方式的转变和产业结构调整升级，对职业教育培养的产业大军提出了更高的要求．职业教育的教学目标也要随之提升，需要由知到能，再由能到卓越的职业化水平，具体表现为由知识技能态度目标到职业能力目标，再由职业能力目标到职业特质目标。只有这样，我国职业教育培养出产业大军才能建设一流的工程、制造一流的产品和提供一流的服务。因此，在职业教育教学思想上，《职业教育教学设计》（第三版）不再把知识、技能和态度作为教学的最高目标，而是把职业能力和职业特质，特别是职业特质作为更高的职业教育教学的价值追求。

（2）由于职业能力和职业特质成为职业教育教学活动更高的价值追求，因此，职业教育教学原则确定的价值取向，必然是要促进这种职业能力和职业特质的形成。因此，在职业教育教学理论方法上，《职业教育教学设计》（第三版）提出了促进学生职业能力和职业特质有效形成的教学内容、教学过程、教学原则、教学环境、教学模式、教学组织、教学方法，取代了只是促进学生知识、技能、态度形成的教学内容、教学过程、教学原则、教学环境、教学模式、教学组织、教学方法。

（3）《职业教育教学设计》（第三版）还收入了国家社会科学基金课题“以就业为导向的职业教育教学理论与实践研究”成果中，基于学生不同职业能力和特质形成的各种行动导向教学的教学设计案例，以便于读者研究和运用。

在本书修订过程中，得到了很多职业教育专家，特别是职业院校一线教师的支持和帮助。吴学敏教授、李亚平教授、张扬群教授、陈庆合教授、侯金柱教授、王海明博士、王立职副教授、杨红波副教授、欧阳卫副教授、陈清副研究员、王泽荣副研究员、崔俊明高级讲师、苏宏伟高级讲师、田雅莉高级讲师、汪珊珊高级讲师、侯德成高级讲师、展丽蕊高级教师、杨松高级讲师、王调品高级讲师、刘凤芹高级讲师、肖敏讲师、于琳琳老师、宋艳老师、孙璐老师、梁香菊女士、陈文先生等都做了大量的工作，提出了许多好的建议。在此，向他们表示衷心的感谢。

热诚欢迎广大职业教育同仁提出宝贵意见。

作 者
2013年1月

第二版前言

本书自2006年7月出版以来，受到了职业教育界广大同仁的关注。反映较为强烈的有以下四点：一是本书提出的“以设计为主、以经验积累为辅”的职业教育教学改革的途径，一改过去“以经验积累为主、以设计为辅”开展职业教育教学改革的老路，适合当今中国的职业教育教学改革实际；二是本书制定的职业教育教学设计的系统优化、动机发展、能力本位、教育传播四项原则较好地落实了“全面素质为基础、能力为本位”职业教育教学指导思想；三是本书构建的职业教育教学设计基本模式，大大提高了广大教师进行职业教育教学设计的操作性；四是本书建立的职业教育教学设计评价指标体系，为广大教师评判职业教育教学设计水平提供了参考。

但是，本书的第一版对职业活动规律研究的较少，职业活动的一些逻辑顺序关系在职业教育教学设计中没有得到较好的体现。也可以说，本书第一版充分研究和运用了职业能力形成和学习动机发展的心理逻辑规律，对职业活动的逻辑顺序研究和运用较少。可是，近两年来，随着人们对职业活动的逻辑顺序认识愈来愈清晰，人们愈来愈认识到职业活动逻辑顺序对职业教育教学的指导作用。

因此，本书的第二版在第一版的基础上，调整并增加了大量的内容。诸如：增加了从职业活动逻辑顺序，考察教学的一般过程；职业教育教学设计的职业活动原则、职业活动分析等内容；提出了职业活动过程导向教学设计、职业活动情景导向的教学设计和职业活动效果导向的教学设计，并调整充实了“做中学”的教学设计示例。

在本书修订过程中，得到了很多职业教育专家，特别是职业院校一线教师的支持和帮助，陈庆合教授、邓国民教授、王海明博士、崔俊明副教授、苏宏伟副教授、苏启立副教授、施伟仪老师、曹剑英老师、汪珊珊老师、展丽蕊老师、田雅莉老师、吕波老师、王泽荣老师、张婷老师、杨松老师、肖敏老师、于琳琳老师、宋艳老师、孙璐老师、梁香菊女士、陈国清先生、陈文先生等都做了大量的工作，他们提出了许多好的建议。在此，向他们表示衷心的感谢。热诚欢迎广大职业教育同仁提出宝贵意见。

本书虽然在第一版的基础上做了大量的修订和补充，但限于自身的水平，还有诸多不尽人意之处，对一些重要问题，特别是理论问题的研究仍不够系统深入，有些方法还需进一步改进。希望本的修订改版，能为广大职业教育工作者提供一些新的思路。

作 者

2008年12月

第一版前言

本分册是在国家教育科学“十五”规划课题和教育部“面向21世纪职业教育课程改革和教材建设规划”课题研究成果的基础上整理编写而成的。长期以来，我国职业教育工作者对于职业教育教学理论进行了广泛的研究，并积极开展职业教育教学实践，取得了一定的成果。但纵观我国职业教育教学理论研究与实践工作，对于职业教育教学设计研究与运用的还不够。主要是对职业教育教学设计理论研究还不很全面、不够系统、也不深入，职业教育教学设计实践也没有较好地反映职业教育教学的本质问题。

为了科学、全面、系统地解决职业教育教学设计问题，在职业教育教学过程中，落实素质教育为基础、能力为本位的职业教育教学指导思想，我们首先对职业教育系统理论、职业教育学习理论、职业教育传播理论和职业教育教学理论进行了有针对性的研究。在研究过程中，我们主要遵循了这样几条原则：

（1）以党的教育方针和“三个面向”为指导方针，从我国社会经济发展实际出发，以正确把握我国职业教育的培养目标和方向为前提，紧紧抓住提高教学质量和提高教学效能这两个职业教育教学改革的中心点开展研究。

（2）以职业教育学习理论作为职业教育教学设计的理论基础，在深刻认识全面素质教育为基础、能力为本位的职业教育基本内涵的基础上，树立起职业教育的系统观、学习观、传播观和教学观，展开对职业教育教学设计理论体系的探索。

（3）结合多年来借鉴北美的CBE、德国的双元制、澳大利亚的TAFE和英国的BTEC开展职业教育教学改革的经验，针对当前职业教育教学设计在学生思想品德培养、人类经验传递、心理结构构建和学习动机发展等方面，还不能较好地贯彻落实全面素质教育为基础、能力为本位的教学指导思想的问题，开展实践研究。

（4）运用职业教育教学系统理论，在教育教学系统整体优化的思想指导下，构建以全面素质教育为基础、能力为本位的职业教育教学设计的基本模式。

通过对职业教育系统理论、职业教育学习理论、职业教育传播理论、职业教育教学理论进行有针对性的研究，我们基本建立起了职业教育系统观、职业教育学习观、职业教育传播观和职业教育教学观，并产生了职业教育教学设计观是职业教育系统观、职业教育学习观、职业教育传播观、职业教育教学观四观相统一的思想。职业教育教学设计观的确立，为我们解决了职业教育教学设计的思想、理论、模式、方法四个层面上基本问题奠定了基础。

在职业教育教学设计观的指导下，我们首先提出了职业教育教学设计要以素质为基础、能力为本位指导思想；然后，制定了职业教育教学设计的系统优化原则、职业活动原则、学习动机原则、能力本位原则和教育传播原则；第三，在上述原则的指导下，构建了职业教育教学设计的基本模式；最后，设计了职业教育教学设计评价的基本指标体系和基本模式。从而使职业教育教学设计的一些基本问题，诸如职业教育教学目标的确立、职业教育学习者分析、职业教育学习内容的确定、职业教育教学策略的制定、职业教育教学评价的设计、职业教育教学设计的评价等得到基本解决。

希望本书能够帮助你设计出较为完善的教学系统，提高职业教育教学质量和教学效能。但由于职业教育教学设计问题研究的时间还相对较短，而教学实践周期又长，本书对有些问题的解决还很不到位，希望广大读者提出更好的建议。

在本书相关课题研究过程中，陈庆合教授、王海明博士、崔俊明副教授、苏宏伟副教授、苏启立副教授、陈国清先生、梁香菊女士等都做了大量的工作，在此向他们表示感谢。

作 者

2006年6月

目录

上篇 职业教育教学理论基础

中篇　职业教育教学分析设计

目录 CONTENTS

下篇　职业教育教学设计评价

目录 CONTENTS

上篇

职业教育教学理论基础

教学设计的基础理论是教学设计者判断自己教学设计科学性和合理性所必备的知识。它不但能够帮助教学设计者提高自己对教学设计发展历史的洞察力，还能够帮助教学设计者确定自己教学设计的价值取向和这种价值取向的实现过程和方法。教学设计的基础理论当然也可以用于解释教学设计者们在教学设计中对教学活动所做出的假设与对策。

教学设计研究的实践表明，有四大理论对现代教学设计有较大的影响，即一般系统理论、学习理论、传播理论和建立在一般系统理论、学习理论、传播理论之上的现代教学理论。有的学者还把社会学和管理学作为现代教学设计的理论基础，但一般系统理论、学习理论、传播理论、教学理论对于教学设计的指导意义则更直接、更密切一些。因此，本书将一般系统理论、学习理论、传播理论、教学理论作为现代教学设计的基础理论列在了本篇。

本篇首先对系统理论、学习理论、传播理论、教学理论4个方面展开研究。试图围绕职业教育教学设计贯彻落实全面素质教育为基础、能力为本位教学指导思想的这个核心问题，为职业教育教学设计提供必要的理论基础。

第一章　职业教育教学系统论

有人说，一般系统理论作为一种科学方法论对现代教学设计的产生与形成有着举足轻重的影响。还有人说，现代多种多样的教学设计模式都在不同程度上借鉴和使用了系统论的思想、理论与方法。而实际上，“教学设计是一个系统化（systematic）规划教学系统的过程。教学系统本身是对资源和程序做出有利于学习的安排”①。

第一节　系　　统

一、系统的定义与特征

系统论的创始人贝塔朗菲认为，系统是相互联系、相互作用的诸元素的综合体。如果把贝塔朗菲的表述精确化，得到的系统定义是，如果对象集S满足两个条件，一是S中至少包含两个不同对象，二是S中的对象按一定方式相互联系在一起，那么S为一个系统。②

元素是构成系统的最小部分或基本单元，即不可再划分的单元。而所谓元素的不可分性，是相对于它所属的系统而言的；离开这种系统，元素本身又成为由更小单元构成的系统。比如：社会系统以人为元素，而人作为生物学系统以细胞为元素。但细胞没有社会性，细胞只有生物学和物理学的作用，不能作为社会系统的元素。研究社会系统，不需要也不能以细胞为元素来讨论。

一般地，系统具有以下基本特征：①多元性。最小的系统由两个元素组成，称为二元素系统。一般系统均由多个元素组成，称为多元素系统。②相关性。同一系统的不同元素之间按一定的方式相互联系、相互作用，不存在与其他元素无任何联系的孤立元，不可能把系统划分为若干彼此孤立的部分。元素之间只有偶然联系的多元集不是系统。但具有统计性的偶然联系的多元集是系统，元素之间的联系具

① [美]R.M.加涅，等. 教学设计原理[M]. 皮连生，等. 译. 上海：华东师范大学出版社，1999.

② 苗东生. 系统科学精要[M]. 北京：中国人民大学出版社，1998.

有统计确定性。③整体性。多元性加上相关性，产生了系统的整体性和统一性。凡系统都具有整体的形态，整体的结构，整体的特性，整体的功能，等等。所谓系统的观点，首先是整体的观点，强调考察对象的整体性，从整体上认识和处理问题。但系统与整体不是一个概念，系统必为整体，整体不一定是系统。

二、系统结构与功能

元素之间一切联系方式的总和，称为系统的结构。系统的结构有很多种，诸如空间结构、时间结构、对称结构、母子结构等。其中，母子结构是指母系统与子系统形成的结构关系。

系统的功能是系统行为所引起的环境中某些事物的有益变化，而系统行为是指系统相对于其环境做出的变化。系统的结构对于系统的功能来讲是十分重要的，特别是当系统的构成元素确定之后。但决定系统功能的，决不单单是系统的结构，还包括系统的构成元素。另外，系统行为是描述系统与环境相互作用的概念。系统由于自身的需要，对环境通过输出和输入产生影响；环境对系统也有作用，就是要控制系统的输入和输出。

三、系统的秩序与演化

（一）系统的秩序

系统的秩序性问题，包括有序和无序，是刻画系统形态特征的重要方面。制造和组织系统，管理和使用系统，甚至观赏系统，关注的中心都是系统的有序性。就人类的价值判断来看，一般认为有序胜于无序，高序优于低序。

系统的有序性首先指结构的有序性。组分（元素、子系统）之间的联系方式可能是规则的、确定的，也可能是不规则的、不确定的。简单有序，指的是组分在空间分布上的规则排列，如晶体点阵；或为时间延续中的规则变化，如周期运动。简单无序，指的是组分在空间分布上的无规则堆积，如垃圾堆；或为时间延续中的任意变化，如随机运动。

系统的有序性还表现于行为的有序和功能的有序。系统的行为与功能是作为过程而展开的，包括多个阶段、步骤、程序等。需要有序地协调安排，以求行为和功能的优化。行为和功能直接表现的是系统与环境的相互联系，联系方式有规则的与不规则的、较强的规则性与较弱的规则性的区别，但更多的取决于系统内部联系，即结构的有序或无序、高序或低序。

纯粹的有序或无序只是理论抽象，真实系统的有序和无序是相对的，它们相比较而存在，相排斥而演变。晶体的有序排列中总有缺陷，地月系统的周期运动存在非周期摄动，成熟的法治社会也免不了违法现象。另一方面，所谓杂乱无章的堆积物也有某种规则联系，随机运动存在系统确定性，也是一种有序结构。至于复杂系统有序与无序总是相伴而生，彼此都有明显的表现，表观的无序掩盖着丰富多彩的精细结构，因而是一种复杂的高级的有序。空间排列上的分形结构，时间演化中的混沌行为，都是这类复杂的有序，或嵌在无序中的有序。

系统的有序性是在其形成过程中通过对组分的整合建立起来的。内部组分的多样性和差异性，环境组分的多样性和差异性，既是滋生混乱无序的土壤，也是建立秩序的客观前提。诸多事情能够被整合成为一个系统整体，必有互补互利、合作共生的需要和可能，这是产生有序的基础。既为差异物，必定在资源占有上有相互妨碍、竞争排斥的一面，这是产生无序的基础。但合作互补可能导致相互依赖，诱发惰性，产生无序性，竞争互碍可能激发主动性、进取性，产生有序性。整合方式合理，合作与竞争、互补与互碍都是形成有序的积极因素；若整合方式不合理，它们都是导致无序的消极因素。整合包括被整合者的相互协调，但不限于协调，整合还包括限制、约束甚至压制，舍此不能形成有序结构。只讲差异物协调是片面的，差异整合才是系统论的基本原理。

整合作用不只存在于系统的形成组建阶段，也贯穿于系统生存发展的全过程。活系统尤其如此。形成阶段解决的是从无序到有序的问题，然后才能解决从低序到高序、从不完善到比较完善的发展问题。不同组分之间，系统与环境之间的互碍互斥和矛盾冲突不断产生出破坏系统有序的力量和趋势，必须在系统生存发展过程中不断解决，或者维护现存的有序性，或者创造新的整合方式以改进系统的有序性。

（二）系统的演化

系统从发生到消亡，可以说，一直处于演化的过程之中，不管是处于系统的发生过程、系统的维生过程、系统的演变过程，还是系统的消亡过程。

1. 系统的发生

一切实际存在的系统，比如说A，都是从无到有的，世界上本来不存在A，在由其他事物或系统组成的环境中，无所谓A的内部与外部。当某种条件具备后，经过一定过程，划分出A的内部与外部，系统A也就从无到有。系统的从无到有从内外不分到内外有别，就是系统的发生。系统作为差异性与多样性的统一，首先要存在有差异的多种事物，彼此吸引、排斥、交往、互动，才可能出现整合过程。整合包含差异物之间的协调和合作，否则无法统一于一个整体中。但整合不限于协调，还包括约束和强制。环境压力就是一种强制力。在既定环境压力下，差异物只有整合为一个系统，产生整体突现性，才能在环境中生存发展。差异物之间必有排斥、竞争、摩擦，需有整体的调控和必要的约束、限制甚至强制，才能成为系统。系统是差异整合的结果，系统发生过程即差异整合过程。整合过程的主要任务是解决组织结构问题，但同时也在改变和塑造着系统的组分。一般情况下，整合过程开始时的被整合对象与系统形成后的组分不是一回事，有时甚至面目全非。系统发生过程也影响和塑造着它的环境，系统形成后的环境与形成前的环境是不同的。系统发生方式多种多样，如：①非系统的多元集经过元素会聚和整合成为系统；②从现存多个系统中选择元素按一定结构组成新系统；③从原有系统中分裂出较小的新系统；④若干系统联合成为一个新系统；⑤某个系统经过结构（整合方式）质变转换为另一新系统等。

2. 系统的维生

真实系统或多或少都表现出能使自己生存延续的能力，即使内外条件发生许多变化，系统仍能保持其基本结构、特性和行为不变，使人能辨认是“它自己”。自我保持是系统的基本特性之一。系统的维生能力取决于三个因素。元素的存续是系统存续的实在基础，元素存续力强，系统存续力也强。系统存续力还与结构有关。结构良好，不同元素、不同子系统之间相互支持，“合作共事”，能使系统整体长期保持正常运转。结构不合理，结构之间相互冲突，必然导致系统整体运行混乱故障不断。由于结构的作用，元素可靠性差并不意味着系统必不可靠。早期系统研究已经发现，重复使用大量不那么可靠的元件，可以建造出高度可靠的系统。结构往往是决定系统存续能力强弱的关键因素。系统存续也与环境有关。选择或营造合适的环境，善于适应变化的环境，能在环境中趋利避害，是系统存续能力的基本表现。

3．系统的演变

不论任何系统，存续能力都是有限的，不可能永远保持其基本结构、特性、行为不变。演变性是系统的另一基本属性。

（1）系统演变的动因

系统演变的终极动因在于相互作用。首先是系统内部元素之间、层次之间的相互作用，包括吸引与排斥、合作与竞争等。这是系统演变的内部动因，关键是非线性的相互作用，系统与环境之间的相互做用是演变的外部动因。系统与环境的适应是相对的。系统自身时时在变化，环境在不断变化，导致系统与环境不可能完全适应，有时甚至强烈的不适应。由此产生环境对系统的压力，并转化为内部的相互作用，推动系统改变组分特性和结构关系，获得新的整体特性和行为，达成与环境新的适应。

（2）演变的方向

从演变的始点到终点的向量代表系统演变的方向。总体上讲，系统既有上向的前进的演变，也有下向的后退的演变。系统论视前者为演变的主导方向。一般认为，系统从无序无组织到有序有组织，从低序低组织水平到高序高组织水平，是上向的演变，否则为下向的演变。

（3）系统演变的机制

揭示系统演变的机制、机理和规律，是系统演变理论的核心内容。系统是沿着由单层次到多层次、由较少层次到较多层次的方向演变的。复杂性的增加既表现在同一层次上由简单到复杂的演变，也表现在增加层次上，全新的复杂性要求突现出全新的层次。系统演变是复杂化与简约化的统一，高层次的组织往往比低层次的组织要简单。最初形成的系统可能有多余的结构，要在演变中简化掉。但总的来说，系统是朝增加复杂性方向演变的，层次的增多总意味着复杂性的增加。

4．系统的消亡

一切系统的寿命都是有限的。系统消亡有两种基本方式和动因。破坏性的环境压力直接导致系统消亡，或者是边界被打破而不能修复，或者是重要子系统被破坏，或者是整个系统被摧毁。但基本的方式是系统逐步老化，包括组分老化和结构老化，整合力衰减，达到临界值时系统消亡。这是内因导致的消亡。有时内外因素综合作用，导致系统发生病变、分裂而消亡。不论哪种情形，系统消亡都是整合能力破坏的结果。

四、系统的原理与方法

（一）系统原理

1．整体突现原理

一堆自行车零件对人出行没有用处，组成自行车就具有交通工具的功能。无生命的原子和分子组织为细胞，就具有了生命这种全新性质。鉴于系统整体与其元素或部分的总和的这种差别是普遍存在的，因此，人们就提出了系统的整体突现原理。具体来讲，系统的整体突现原理是指，若干事物按某种方式相互联系而形成一个系统，就会产生出它的组分的总和所没有的新性质（叫做系统质或整体质），这种性质只能在系统整体中表现出来，一旦把系统分解为它的组成部分，便不复存在。这一原理又被称为非加和性原理或非还原性。

系统是有组织的群体，组织性表现为元素或部分间存在一定的相互关系。整体突现性是系统的组分之间相互作用、相互激发而产生的整体效应，即结构效应或结构增殖。同样一群元素按不同的方式相互作用，激发出来的系统效应也不同。应该说，存在正效应、负效应和零效应。

2．等级层次原理

在复杂系统中，常常可以看到较低级的系统质与较高级的系统质的差别程度对系统功能有着重要的影响。描述这类现象需要层次概念。

在复杂系统中，从元素质到系统质的飞跃不是一次完成，而是经过一系列的质变完成的。可以说，每发生一次质变，就形成一个新的层次。因此，层次是从元素到系统整体质的根本质变过程中呈现出来的部分质变序列中的各个阶梯，是一定的部分质变所对应的组织形态。

系统论认为，无论是系统的形成与保持，还是系统的运行与演变，等级层次结构都是复杂系统最合理或最优的组织方式：或最少的空间占有，或最有效的资源利用，或最大的可靠性，等等。这就是系统的等级层次原理。

3．互塑共生原理

互塑共生指的是系统与环境的互塑共生。环境对系统有两种作用或输入，给系统提供生存发展所需的空间、资源、激励或其他条件，是积极作用、有利的输入，统称资源。给系统施加约束、扰动、压力甚至危害系统的生存发展，是消极的作用、不利的输入，统称压力。这就是环境对系统的塑造作用。

系统对环境也有两种相反作用、或输出。给环境提供功能服务，是积极作用、有利的输出，统称为功能。系统自身的行为，与其他系统为争夺资源展开竞争，有破坏环境的作用，即不利的输出，称为对环境的污染。这就是系统对环境的塑造作用。

环境对系统的塑造与系统对环境的塑造是同时存在、同时发生、是相互作用的，这种现象体现了系统与环境互塑共生原理。

（二）系统方法

系统方法，就是运用系统理论的观点、方法，研究和处理各种复杂的系统问题而形成的方法，即按照事物本身的系统性把对象放在系统的形式中加以考察的方法。它侧重于系统的整体性分析，从组成系统的各要素之间的关系和相互作用中发现系统的规律性，从而指明解决复杂系统问题的一般步骤、程序和方法。

1．常见的系统方法

（1）系统分析方法。系统分析方法是在第二次世界大战期间发展起来的。它是为确定系统的组成、结构、功能、效用，而对系统各种要素、过程和关系进行考察的方法。首先，系统分析方法要求人们准确地记录下系统各要素和过程各阶段的数据，然后，运用这些数据对系统进行研究。一般是把有关数据排列在流程图上，并在做出初步设计决策前，仔细审核这些数据。其次，根据流程图上的数据设计各种方案，并根据目标的要求，比较、选择方案。

（2）信息方法。信息方法是现代通信理论、控制论、自动化技术、电子计算机技术的综合运用。它运用信息理论，把研究对象抽象为信息及变换过程，通过信息的获取、传输、加工、处理、利用、反馈等过程，来揭示对象的本质和规律，进而认识对象和调控改造对象。应用信息方法要把握信息的传输过程，了解信源、编码器、信道、解码器、信宿的联系，并通过获取、传输、加工、处理和利用信息来认识改造对象。其中：①信息的获取，是根据研究目的，运用现代技术手段，取得研究对象的信息。我们可以根据不同的研究目的，提取不同的信息。②信息的传输，包括空间传输和时间传输两种形式。空间传输可以跨越地域界限，将人们联系起来；时间传输可以通过文字、照片、录音、录像，进行“信息存储”，让信息沿时间箭头传递下去。③信息加工处理，是把信息纯化、净化，并对信息进行归纳演绎、分析综合的理论加工，从而找出本质的规律性的东西。采用信息方法，需通过信息反馈，反复地获取、检测、加工信息，从而不断深入地认识和改造世界。

（3）反馈控制方法。反馈控制方法也是系统科学和系统工程中常用的方法。反馈是指系统的输出反过来作用于输入，从而影响再输出。在实际过程中，往往采用反馈手段对系统进行调节，这种方法称为反馈控制方法。使用反馈控制方法，要由控制器、执行机构、控制对象、反馈装置等四个主要部分构造成一个系统，并采用信息技术对系统 进行不断的调整；从而使系统达到某种特定的状态，或按规律运行。

（4）黑箱方法。黑箱又称黑系统，指内部要素和结构尚不清楚的系统。对于黑箱，人们只能了解它的输入和输出，而没有、不能或不便直接剖析内部。黑箱方法就是通过探索功能而推测结构的方法，它通过考察黑系统的输入和输出的动态过程，即研究其功能或行为方式，以推测和探求系统内部结构和运动规律。黑箱方法的根据是结构与功能的内在联系。通过研究系统的功能，可以推测或模拟其结构，进而认识其结构。因此，黑箱方法实质上是由功能探索结构的方法与模型方法的联合运用。它通过研究系统的输入与输出来考察黑箱，模拟建立几个可能的模型，从中择优而用。既可用以说明原型的结构和规律，也可对原黑箱的模拟模型加以实际应用。运用黑箱方法，主要采取以下步骤：①通过研究输入和输出研究黑箱。②系统分析功能，确定几个可供选择的黑箱模型。对黑箱模型进行检验和选择。③阐明黑箱的结构和运动规律并加以应用。黑箱方法提供了研究复杂系统和不能打开或不便打开的黑系统的研究方法。

（5）功能模拟方法。探索系统的结构与功能并加以实际应用的又一方法是功能模拟法。所谓功能模拟法，是指在暂不考虑系统内部组成要素及结构的条件下，应用模型来再现原型功能的方法。采用功能模拟法，要尽量做到使模型与原型在功能上相似，但不必去追求模型在结构上与原型相似。为此，第一，要系统研究原型的功能，把握其主要内容；第二，确立与原型功能相似的模型；第三，进行模拟，成功以后用以说明原型的功能，并加以应用。功能模拟法应用很广，可以模拟不能接触的事物的功能，可以进行脑科学与思维科学的研究可用于仿生学研究，发展新型技术。功能模拟法由于对结构的忽视。使它有一定的局限性，因此，需要与其他方法共同运用，综合研究，才能更好地发挥其作用。

（6）系统规划方法。人们在进行科学研究、技术开发、工程设计和规划时，也应采用系统方法来考虑其全过程。常用的具体方法有以下几种：①PER方法与PDCA方法。PER方法是指科学研究计划的选择修定方法。PER是计划（Plan）、选择（Elect）、修定（Revise）三个英文字的缩写。这一方法是统筹兼顾、系统循环、不断完善提高的方法，也是系统方法的一种。PDCA是计划（Plan）、执行（Do）、检查（Check）、总结处理（Action）四个英文的缩写。采用这种方法可以不断地完善计划方案内容，提高水平，做法是：接着PER的工作，制订出满意的计划；执行计划，与实际对照，检查执行情况；总结处理。②DP方法。DP方法，也是保证科研中计划优化和计划执行优化的方法。DP是动态（Dynamic）和计划（Plan）的缩写。运用动态规划时，要收集科学事实（观测记录、调研报告、由近及远的多分支文献系统，即文献树）；制订研究计划；调整充实计划，采用运筹学、线性规划等方法，使计划充实修改和优化。

系统方法还有许多种。如我国著名数学家华罗庚创立的“优选法”（0.618法），系统分析和系统综合联合运用的”分解协调方法”等。在诸多系统方法中，有定量的、半定量的、定性的多种形式，在研究和运用时可以根据研究对象和研究目的进行选择。诸多的系统方法各有所长，各有所短，各有所用，要通过具体问题具体分析，选择合适的方法。

2．系统方法的使用原则

整体性原则、动态性原则、最优化原则、模型化原则，是运用用系统方法的基本原则。前两个是基础，第三个是目标，第四个是手段。

（1）整体性原则。系统科学方法的整体性原则，是基于要素对系统的非加和性关系。当要素之间存在相干性、协同性的条件下，会有新质的突现。这种新质不是单个要素所具有的，而是系统整体才具有的。因此，在研究这类系统时，必须从整体出发，立足于整体来分析其部分以及部分之间的关系，再通过对部分的分析而达到对整体的深刻理解，整体性原则是系统方法的首要原则。它把研究对象视为有机整体，探索其组成、结构、功能及运动变化的规律性。它要求我们，无论是认识、研究、控制自然对象，还是设计制造人工系统，都必须从系统的整体出发。探索系统内外环境中和内外环境间的辩证关系。正如爱因斯坦说的：“如果人体的某一部分出了毛病，那么，只有很好地了解整个复杂机体的人，才能医好他；在更复杂的情况下，只有这样的人才能正确地理解病因。”系统方法要求从种种联系和相互作用中认识和考察对象，使系统分析与系统综合、归纳和演绎、局部和整体、个别和一般都协调一致起来。

（2）动态原则。这是指系统方法的历时性原则。系统方法不能把系统看成是“静态的死系统”或“死结构”，而应看成是动态的“活系统”。虽然在科学研究中，人们经常采用理想的“孤立系统”或“闭合系统”的抽象，但是实际存在的系统，无论在其内环境的各要素（或子系统）之间，还是在其内环境与外环境之间，都有物质、能量、信息的交换与流通。从原则上说，实际系统都是活系统。所以系统总是动态的，永远处于运动变化之中。系统要随着时间而演化，大至太阳系、银河系、河外星系，小至“基本粒子”，都有一个产生和消灭的过程，所以任何系统都经历着实在的历史。因此，在研究系统时，应当把系统发展的各个阶段统一加以研究，以把握其过程与未来趋势。

（3）最优化原则。最优化原则亦称整体优化原则，这是使用系统方法的目的和要求。这一原则要求在研究解决问题时，统筹兼顾，大力协同，多中择优。采用时间、空间、程序、主体、客体等方面的峰值佳点，本着“多利相衡取其重，多害相衡取其轻”的精神进行综合优化和系统筛选，运用线性规划、动态规划、决策论、博弈论等有效方法，达到整体优化的目的。例如，统筹法中的网络图、关键路线，技术设计方案的可行性研究，效益经济学、效益管理学中最佳效益的追求等，都要运用整体优化的原则。

（4）模型化原则。采用系统科学的方法，需要把真实系统模型化，即把真实系统抽象为模型，如放大或缩小了的实物模型、数学模型、符号系统模型或其他形式化的模型等。在采用系统的模型化原则时，除了遵循模型方法的一般原则以外，还应使模型的形式和尺度符合人的需要和可能，适合人的选择。对于复杂系统，需在系统分析的基础上，适当地采用模糊方法，经适当简化和理想化，才能建立起系统模型。一旦建立起系统模型，就可以进行模拟实验，运用电子计算机进行系统仿真模型化原则是采用系统方法时求得最优化的保证。

3．系统方法的主要步骤

（1）从需求分析中确定问题。通常，需求分析都是对现状和希望的结果之间的差异分析。这种需求分析应提供两方面的情况：第一是对于系统内部状况的描述，通常应当以严格的可以相互交流沟通的术语来进行描述；第二是对系统与其外部矛盾的对立的描述。可以确切地说，应用系统方法都是从需求分析评定开始的，评定分析需求是一个极为重要的过程，所以一般应用系统方法的第一个步骤通常称之为根据需求评定分析鉴定存在的问题的过程。

（2）确定解决问题的方案和可替换的解决方案。在需求分析过程中，已确定了所要解决的问题，并且也提供了所有的对于解决问题的需求。通过对问题的现状和产出之间的比较，系统的设计者就能发现发展的方向，以及如何陈述所要达到的目标。

（3）从多种可能的解决方案中选择问题解决的策略。这一步骤在系统方法中是关于“怎样去做”的一个步骤。在这一步骤中，要选择完成目标的工具和方法。通常选择方法和工具的标准是“费用一效果”的比值。这种选择必须把整个系统的分析作为基础，通常采用模型化和模拟的方法来确定满足各种要求的最有效果的方法。

（4）实施问题求解的策略。在系统方法的第四个步骤中，对产生出的计划和选择的解决问题的方法与策略要具体的加以实施并采纳、应用或者修正上面系统分析中提到的方法和手段。

（5）确定实施的效率。在实施的过程中，收集的信息包括两部分：①过程信息；②系统的产出信息。把这些信息同在需求分析评定和在系统分析中所得到的各种详尽的需求信息相比较，现实的系统同所要求的理想化的系统之间的差异性便一目了然。这就为下一步考虑修正给出了诊断性的信息。

(6) 对系统加以修正。根据实践实施得出的具体的执行信息，所构造问题的解决系统的执行情况应很快地反映到研究者那里。在这个过程中，一方面要注意研究过程本身的内在运行机制，另一方面还要不断地研究和分析各种问题的变化情况。应着重考虑以下两点：①它是否有能力满足适应各种需求、出现的问题，以及能否对各种要求和实际问题做出相应的反应；②是否能连续的同原问题和解决问题的要求相适应。这种系统方法的自我修正的特征，保障了应付问题的有效性。

第二节　教 学 系 统

把教学作为一个系统来看待，这是现代教学的一个重要思想。也就是说，人们已日益倾向于把教学视为由若干相互关联的要素组成的具有特定功能的复合体，即教学系统。它是教育大系统中的一个子系统，是教育系统实现教育功能、达到教育目的的主要依托。分析、把握教学系统的基本要素及其关系，有助于我们克服传统教学的原子分析观，从整体上形成现代教学的观念。职业教育教学系统比上述一般教学系统要复杂得多。因为，职业教育教学系统还包括企业。在不同的校企合作形式下，也就出现了各种各样的职业教育教学系统。北美的CBE、德国的双元制、澳大利亚的TAFF和英国的BTEC职业教育模式中的教学系统，都是十分典型的职业教育教学系统。目前，我国职业教育实践中的校企一体、校中厂、厂中校、前厂后校，前校后厂等校企合作方式，也使得职业教育教学系统更加丰富。

一、教学系统的功能

教学系统作为有目的的社会活动系统，有着特定的功能。教学系统的功能是教学过程的结果，是由系统的协调运动实现的。

（一）宏观功能

教学系统的目标不只是从内部自发产生，而首先是由社会因素所决定的，同样，系统功能也具有社会性。我们知道，教育一方面受制和服务于政治、经济和科技的发展，另一方面又受制和服务于青少年个性的发展，所以，一般地说教学的功能就是培养社会所需的并由教育目标规定的合格人才。

从总体上看，教学系统的宏观功能有二：

（1）在人类历史上，教学是沟通过去、现在、未来的桥梁，教学系统中进行的人类经验的产生和再生产，使人类文化得以延续和发扬。

（2）在现代生活中，教学是沟通个人和社会的桥梁。教学一方面将人类经验个性化、现代化，使潜在的生产力转变成实在的生产力；另一方面帮助个人社会化，使个别劳动转变成社会劳动，从而参与到社会生活中去。

（二）微观功能

微观功能即培养受教育者健全的和谐的个性。巴班斯基提出教学应担负起三种职能，即教养、教育和发展（相当于国内所说的传授知识、培养品德和发展能力）的职能。根据这三种职能，巴班斯基提出教学要完成三项任务：

（1）教养任务：包括传授基本概念和规律、理论和科学事实，培养各种专业技能和一般的学习技能技巧。

（2）教育任务：包括世界观培养、思想品德教育、劳动教育和职业教育、美育、体育等。

（3）发展任务：包括发展智力、培养意志、感情、培养创新精神、认识兴趣和能力等。以前讲的发展，主要指发展智力。其实智力只是发展任务的核心，并不是它的全部。

二、教学系统的要素

要实现教学系统的功能，需依靠教学系统的组成要素和系统的具体结构。教学系统要素问题是教学论的基本课题之一。因此，从20个世纪80年代初开始，我国教育理论界对此时而热烈、时而沉寂地追问了整整20个年头。期间，从三要素、四要素、五要素、六要素、七要素、九要素，到教学活动要素的层次说，见仁见智，参见表1-1-1所示。

表1-1-1　教学系统的要素[①]

三要素说	教师、学生和教材（有时也叫课程教材、教学内容等）（顾明远，1990） 人员、信息、物质（顾明远，1990） 教师的活动、学生的活动、教材（钟启泉，1988）
四要素说	1．教师（人员要素）：包括教师的教学态度、教学能力、知识结构、个性品质等； 2．学生（人员要素）：包括学生的体质水平、品德水平、知识水平、能力水平等； 3．课程（信息要素）：包括课程目标、课程内容、授课方法、评价方法等； 4．条件（物质要素）：包括物质设备和技术手段等（吴也显，1989）
五要素说	教师、学生、教学内容、教学手段、教学目的（南纪稳，2001）
六要素说	教师、学生、教学内容、教学工具、时间、空间（郝恂，1997）
七要素说	学生、目的、课程、方法、环境、反馈、教师（李秉德，1989）
九要素说	教师、学生、物质条件、精神条件、目的、课程、方法、形式、评价（吴文侃，1996）
层次说	平凡要素（时间、空间、信息…） 特别要素（硬要素、软要素） 硬要素（教师、学生、教材…）软要素（客观性软要素、主观性软要素） 客观性软要素（教学规律、教学活动、教学本质…） 主观性软要素（教学目的、教学原则、教学方法…）（张楚廷，2000）

其中，课程、学生、教师、条件可以说是最基本的要素。明确它们的具体内涵，对我们进行教学设计是十分必要的。[②]

1．课程

课程在教学系统中表现为教学内容。教学内容是教学系统的一个基本要素，这是已有的共识。但是，对于教学内容的基本内涵，还需要综合把握。

首先，从来源上看，教学内容是人类文明成果的精华。教学是人类社会帮助个人习得种族经验，以缩小个人发展与种族发展之间差距的专门活动。有计划、有组织地传递人类经验，是教学的基本规定性。教学内容就是在教学中所传递的经过了选择的人类经验。在人类传递种族经验的过程中，存在人类种族经验的无限丰富性与个人学习种族经验的时间、精力的有限性之间的矛盾。这一矛盾的存在，决定了教学内容的选择性特征。也就是说，教学内容不可能包括人类社会的所有经验，人们只能选择那些对于个体的成长和社会化来说是最有

① 吕国光．教育系统要素探析[J]．上海：上海教育科研，2003（2）．
② 裴娣娜．现代教学论[M]．北京：人民教育出版社，2004．

价值的、最基本的和最需要的经验，把这些选择出来的内容传递给下一代，从而为他们从事社会生活和生产活动提供最一般的帮助。对个人成长最有价值的、最基本的和最需要的经验，从教学的视角看，无疑是人类文明成果的精华部分（当然，不同的人群对文明成果的精华的理解是有差异的）。这些内容主要包括基本的社会生活规范、科学知识和活动技能等。

其次，教学内容是学生学习的对象。人类文明成果往往以知识体系、技术体系和规范体系（价值体系）的形式存在，不一定能为学生直接理解和掌握。人类文明成果只有通过加工改造才适合学生学习。也就是说，在教学活动中，人类文明成果的表现形式和组织方式，必须符合学生认识的水平和特点。比如，要由简单到复杂，由低级到高级，前后呼应和互相衔接。从教育角度出发改造加工人类文明成果的过程，是依据教育目的和学生身心发展规律，确定教学内容的具体过程。这种对人类文明成果的加工改造过程，一般包括课程编制和教师备课两个环节。课程编制主要是从总体上设计一种便于学生学习的教学内容体系，即把人类文明成果转化为供学生学习的课程和教材。教师备课则要把一般的教材加工成适合学生学习的具体内容，即把教材转化为学生具体学习活动的对象。通过这两个环节的加工，人类文明成果才成为学生学习的具体内容，即教学内容。

再次，教学内容是影响和促进学生发展的材料。教学的基本宗旨是促进学生发展。学生在教学中获得发展，主要是通过学生的主体活动实现的。在教学中，学生的主体活动主要是围绕教学内容的学习而展开的，是认识教学内容、把教学内容内化为自身的知识和技能，并通过这个过程提高能力和思想境界。教学能否对学生的发展产生积极的促进作用，与教学内容的性质和特征是分不开的。这是因为，教学内容对学生的学习活动具有内在的制约性，规定着学生学习的范围、层次和方式，限定着学生的主体活动。只有那些能够提供全面建构学生主体活动的机会的教学内容，能够有效地引导学生展开智力活动和非智力活动的教学内容，才是有效促进学生发展的教育材料。而那些限制学生主体活动全面展开的教学内容，则不利于学生通过教学获得发展。这说明，教学内容对学生发展具有内在的制约性。

概括上述三个方面的认识，可以看出，教学内容就是为了促进学生发展而精心选择出来的人类文明的精华成果，是经过改造加工适合学生学习的教育材料。

2. 学生

学生是有学习需要并参与到教学活动中的人，是教学系统的基本构成要素之一。学生是社会历史的人，谁成为学生，谁有受教育的机会，这主要取决于具体的社会历史条件。从人类社会发展的历史进程来看，学生人群经历了三次大的演变：第一次演变出现于专门学校产生之时，从原始社会的所有新生一代都接受非正规教育，演化为古代阶级社会中的少数年轻人接受正规教育，出现了学校中的学生；第二次演变发生在普及义务教育运动中，少数儿童受教育的局面被打破，所有适龄儿童都成为接受义务教育的学生；终身教育的出现，使学生人群出现了第三次大的变化，学生人群扩大到所有社会成员，成人、老年人都加入学生的行列。从学生人群的演变可以看出，社会越进步，学生人群的范围就越大。学生作为社会历史的人，他身上映射着特定的社会历史文化，反映着独特的社会历史关系，拥有各种社会权利，担负着固有的社会义务。学生身心的发展，具有内在的规律性，比如，心理发展存在年龄特征、阶段性、顺序性，存在发展的关键期，等等。同时，每个具体学生又是千差万别的，存在个体差异性。作为教学系统的基本要素，学生的生理、心理和社会特征，学生的积极性和主体能力，直接影响教学活动进行的方式、效率和结果。而教学活动又不断地建构着学生的生理、心理和社会特性，促进学生身心的完善和提升。学生的发展变化是教学的目的所在，也是教学效果的体现形式。

3. 教师

有了内容和学生，就可以构成一个学习系统，而要构成一个教学系统，还需要专门教师的参与。教师的存在，是教学系统的突出特色，是教学区别于一般的学习活动的关键所在。教师是有较好文化修养的成人，他代表社会、阶级或民族的意志，负责指导学生认识掌握人类文明成果，具体承担着设计、组织和管理教学活动的职责。从教育发展的历史进程来看，最初的教师大多是巫师或官吏，私学产生后，则出现了以教师为职业的一般文化人。义务教育运动的推进，促使教师队伍日益扩大，专业化程度日益提高。在现代社会，教师已经成为一个专业团体，教师除了人格高尚、身心健康之外，还需要精通一定的教学科目，具有良好的教育理论和技能修养。教师群体和教师素质的演变，是教学系统历史演变的缩影，也是影响教学系统从不规范向规范化、从随意性向高度自觉方向发展的重要内部因素。从总体来看，教师的参与，提高了学生掌握人类文明成果的自觉性，使教学具有了作为学生认识世界的高速路、快车道的特性。同时，教师水平的高低，直接影响教学的方向、水平和质量。因此，教师是教学系统存在和发展不可或缺的基本要素之一。

4．条件

除了课程、学生、教师以外，构成教学系统的另外一个基本要素当然是条件。这里主要是指硬件条件，诸如校园、教室、实验室、工业中心、设备等。

职业教育教学系统还包括校企合作的企业、职业资格的标准、技能鉴定机构、指导实训或实习的师傅、各种技术标准和设备操作手册，等等。

三、教学系统的结构

教学系统的结构是教学系统要素确定后，教学系统功能得以高效实现的关键，是教学设计需要解决的中心问题。

（一）要素关系分析

教师、学生和教学内容作为构成教学系统必不可少的基本要素，三者之间存在复杂的矛盾关系。分析这些矛盾关系，对于揭示教学系统内部存在的规律性联系具有重要价值。

学生和教学内容之间的矛盾关系是教学系统发生的前提。这是因为，学生和教学内容之间的矛盾关系，反映着人类社会的一个基本矛盾关系，即人类总体文明的全面性、丰富性与人类个体发展的有限性、滞后性之间的矛盾。人是一种具有高度智慧的动物，在社会生活中不断积累着后天的经验，后天经验的积累和传递，是人类文明不断延续和发展的重要基础。但是，人类新生一代在遗传上并不具有种族的全部经验，他必须通过后天的努力来习得种族的经验，从而适应人类的社会生活。这样，人类社会就必然出现新生一代的发展滞后于总体文明进步的现象，如何解决这个问题，是人类社会面临的一个永恒课题。在人类社会发展的初期，人们主要通过在劳动和生活中学习后天经验来解决这一矛盾。随着人类文明的不断进步，依靠劳动和生活来学习种族经验的解决方式日益显现出局限性，于是，专门的学校教育就成了解决这一矛盾的主要途径。在学校里传授人类文明经验，主要是通过教学来实现的。引导学生学习人类文明成果，这是教学作为专门的社会活动所具有的基本职能和主要特点，也是教学工作存在和发展的依据，它成为解决人类总体文明进步与个体身心发展之间矛盾关系的基本途径。在教学系统中，学生主要是需要习得人类文明经验的新生一代，而教学内容主要是人类文明成果的精华部分，两者的矛盾关系反映的是人类个体如何掌握人类总体文明成果的问题，即人类社会永恒存在的文化传承问题，它是人类文明进步与个体身心发展之间的矛盾关系的折射和具体化。它是教学得以产生和存在的内在依据，也是其他教学因素发生关系的纽带。

从教学系统内部看，学生和教学内容之间的关系是一种主客体关系，学生是认识教学内容的主体，教学内容是学生认识和掌握的客体。也就是说，教学内容是学生学习的对象，学生的学习是围绕教学内容展开的。学生对于教学内容的认识，是一种主体的精神世界作用于客体，对客体进行认知操作、加工，进而使客体进入自身的心理结构之中的过程，即客体内化为主体的过程。教学内容作为学生认识的对象，不仅制约着学生认识的方式，而且具有建构主体的作用。也就是说，它为学生发展提供材料。

教师和学生都是教学系统中具有主体能动性的人，教师和学生之间的关系（即师生关系）是教学系统基本的矛盾关系之一。教学中的师生关系问题是教学理论界一直十分关注的领域，有过不少探讨，探讨的焦点主要集中在教学活动中师生的地位和作用问题上。师生作为具体的社会历史的人，师生之间不仅存在业务关系，而且存在伦理关系和情感关系。

师生之间的业务关系，是指在教学活动中，教师和学生为了完成教学任务，分别充当一定的角色以及在双边活动共同体中的分工合作。简言之，就是教师和学生之间的教与学的工作关系，即教师教导学生、学生在教师教导下学习的互动关系。这是最基本的教学关系，是教学得以进行的基础。一般来说，在教学活动中，教师的角色是设计者、组织者、授业者、管理者和研究者，对整个教学活动负责；学生的角色一般是接受者、参与者、学习者和管理对象，同时又是学习的主人和自我教育的主体。师生业务关系是否合理，师生在业务活动中能否有效地发挥各自的积极性，这对教学质量与效益都有直接的影响。基于师生业务关系的重要性，历史上人们对如何合理安排师生的业务关系有多种探索，形成了教师中心说、学生中心说、教师主导学生主动说、教师主导学生主体说、师生合作说等不同的观点。究竟在教学中采取哪种师生业务模式，迄今仍有争议，而问题的关键在于如何充分发挥师生的主体力量，有效形成教学合力。

师生在教学中还具有特殊的伦理关系。在教学中，师生组成一个特殊的道德共同体，各自要遵守一定的伦理原则，承担一定的伦理责任，也享有一定的道德权利。这种特殊的道德责任和道德权利，就是师生之间的伦理关系。在古代社会，师尊生卑是师生伦理关系的基调，具有明显的等级性。师生伦理关系在伦常、礼教中占有重要位置，天地君亲师并列，尊师重道成为基本的社会伦理标准，学生对教师要隆礼有加、绝对服从。相反，教师对学生则没有明确的道德义务。在现代社会，师生伦理关系的性质发生了质的变化，师生互相尊重、人格平等成为师生伦理关系的基础。师生伦理关系源于人类社会的文明本性，即人类社会的道德追求和人类道德关系的普遍性，同时又反映着教育独特的伦理矛盾，它是依据一定的伦理规范解决教育内部伦理矛盾的结果，是伦理规范的具体体现，又是教育系统解决自身伦理矛盾的手段。师生伦理关系对于师生业务关系的顺利进行，具有重要的支撑作用。

师生之间的情感关系是指教师和学生在教学中自然形成的态度和感受以及在此基础上产生的心理联系。作为具有丰富情感生活的个体，教师和学生在开展业务活动的基础上，也进行着特殊的人际交往活动。师生之间的人际交往活动，表现为群体交流、社会认知、社会情感、社会态度等各种不同的社会心理过程。他们因信息交流、互相了解和评价而形成特定的情感关系。教师通过了解学生的过去、观察学生的课堂表现，会对学生个体和群体形成一定的态度，例如喜欢、满意、不满意、失望等。学生也通过对教师的言行举止的观察和对教师教学水平的评价而形成尊重、亲近或敬畏、疏远等态度。师生情感关系伴随着教学活动的开展而自然形成，是教学活动中的一种客观而基本的师生关系，它受到教学过程和结果的直接影响。富有魅力的教学过程和高效优良的教学结果，会促进师生的情感关系更加融洽和谐；反之，则可能使师生的情感关系恶化。师生的情感关系对教学活动具有重要影响，是教学活动得以开展的心理背景，直接影响师生业务活动的动力状态，并制约着教学的最终结果。

教师与教学内容之间也存在特定的关系。教师首先要掌握乃至精通所教的内容，因而，教师和教学内容之间存在着认识的主客体关系。在教学工作中，教师不仅要不断深化对教学内容的认识，而且要有效地组织、指导学生学习教学内容。为了帮助学生更好地掌握教学内容，教师需要对教学内容进行再加工。这种再加工教学内容的过程，是依据教师本人对教学内容的理解，结合实际的教学条件和学生的特点来进行的，是促进教学内容更适宜学生学习的过程。因而，教师与教学内容之间主要是一种实践改造关系。

总之，教学系统的三个基本要素，即教师、学生和教学内容之间，存在着独特的矛盾关系。其中，学生和教学内容之间的矛盾是教学系统最根本的矛盾，它决定着教学的性质和存在的价值；教师和学生之间的关系是教学有序运作的关键所在，它决定着教学的水平、效益和质量。①

（二）系统结构分析

教学系统的空间结构可以分别从要素关系结构和主体活动结构两个方面来进行探讨。②

1. 要素关系结构

1）层次性

教学系统的层次模型如图1-1-1所示。这个模型表明，教学系统是由处在不同层次上众多的分支系统所组成的，这些分支系统不仅有密切的纵向联系，而且有广泛的横向联系。

2）组合性

所谓组合性，是指系统在不同的条件下，组成要素可有多种多样的组合，形成多样化的格局。而所谓格局，就是诸要素间较稳定的联系形式或相互的方式。教学系统的不同格局在学校构成了各种具体的“教学模式”，考虑到教学中任何相互作用都表现为动态的过程，所

① 裴娣娜．现代教学论[M]．北京：人民教育出版社，2004.

② 吴也显．教学论新编[M]．北京：教育科学出版社，1994.

以也叫“教学过程模式”。由于格局比层次复杂得多，而且又以层次和要素分析为前提，因此从不同的前提和角度就会得出不同的结论。

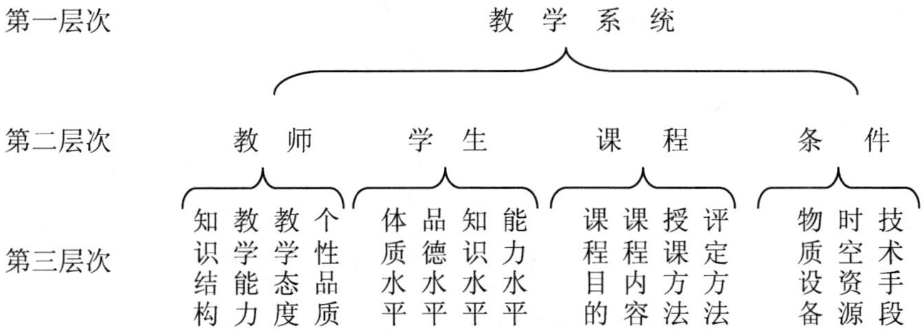

图1-1-1　教学系统的层次模型

（1）“四体”模型。“四体”模型认为，教学系统的要素为“四体”：主体、客体、介体和周体。主体包括主体一（教师）和主体二（学生）。客体指世界，介体是主客体之间的中介，包括精神介体（课程和心理过程）、物质介体（工具和设备）。“周体”指周围环境。“四体”相互作用，形成了如图1-1-2所示的格局。

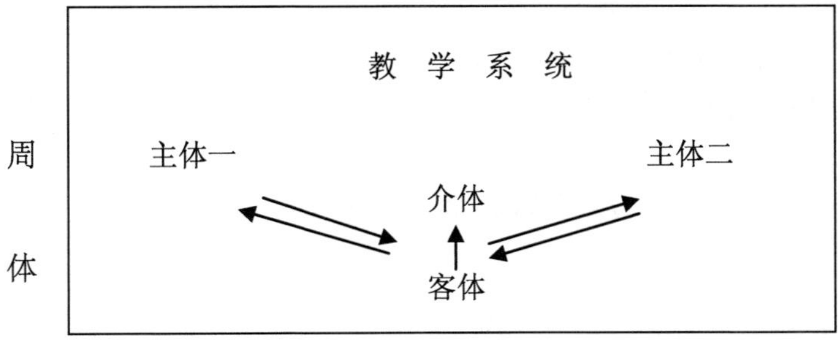

图1-1-2　教学系统“四体”模型示意图

（2）认识模型。认识模型是从学生认识活动的角度来看教学系统内要素的相互作用，即学生以教师、课程、设备为中介，最终认识客体，如图1-1-3所示。

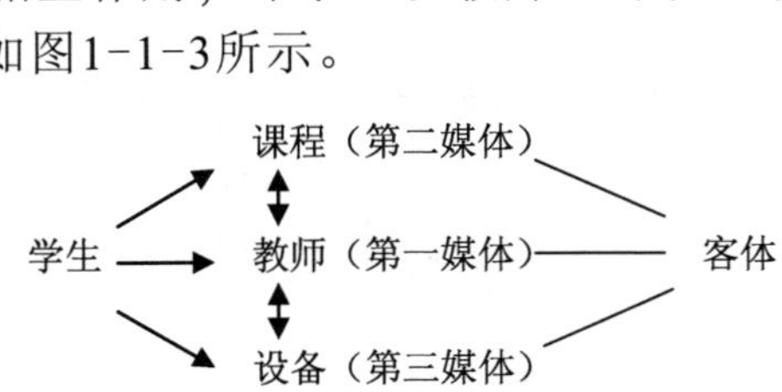

图1-1-3　教学系统认识模型示意图

(3) 实践模型。实践模型是从教师教的角度和学生自我教育的角度来看教学系统中主客体的相互作用。这里“主体一”是教师，“主体二”是具有自我教育能力的学生，客体是学生待改造的素质。所谓“实践”，就是主体借助教育目的、内容和方法的综合体（即教育影响）改造客体。它经历了三种不同的水平，如图1-1-4所示。

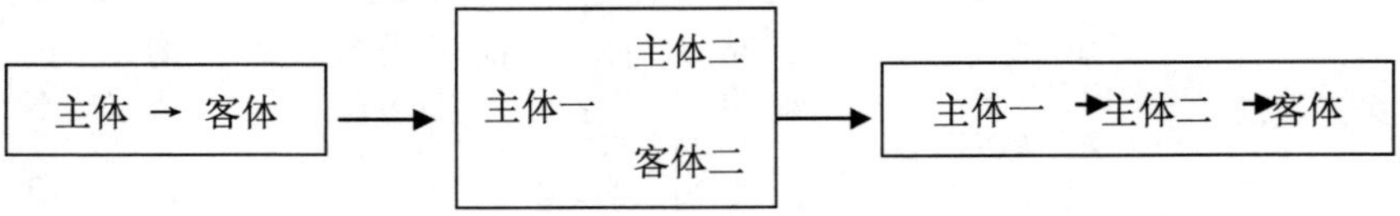

图1-1-4 教学系统实践模型

以上各个模型都从不同的角度，在不同的水平上反映了教学系统诸要素的复杂联系或相互作用的方式，对于教学设计具有一定的指导意义。

2．主体活动结构

教学系统就是主体（人）的活动系统。活动是主客体相互联系，相互作用的具体表现形式。巴班斯基认为教学过程中师生间有三种基本的相互联系的形式：

(1) 信息交流。教师向学生传授信息，通过反馈检查学生信息的掌握程度。

(2) 共同活动。教师向学生传授自己的活动经验，使他们掌握学习认识活动的方式，学生在以后的独立学习中运用这些方式。

(3) 师生交往。通过交往，前者以自己的范例和个人品质来感化后者。

巴班斯基在这里分析的是师生相互作用的基本类型。从主体活动的结构来看，有以下三个特点：

(1) 多系列。教师活动和学生活动都具有“认识”，教师侧重于“实践”。换句话说，学生的中心活动是学，教师的中心活动是教，但也不排除教师在实践中的学和学生对自己的教（自我教育）。

(2) 多层次：活动具有层次性，各层次都有一个应该十分注意的核心。第一层是“教学”，包括教师的教和学生的学，这里应着眼于学（即学习）。学习理论是教学过程理论的基础，在“学习”层次中包括认知、动机、意志、练习等活动，这里应抓住的是认知；在“认知”层次上有观察、想象、思维等活动，我们应牢牢抓住的是思维，在“思维这个层次，目前又特别着眼于创造性思维的培养。这样，各层次的核心活动就构成了教学活动“中轴”，如图1-1-5所示，教学系统中其他活动都必须围绕这根中轴来展开，并进行合理的安排。

第一层次		第二层次		第三层次		第四层次		第五层次
教学	⟶	学习	⟶	认知	⟶	思维	⟶	创造性思维

图1-1-5　各层次的核心活动构成教学活动“中轴”示意图

（3）多成分。教学活动是由各种类型，各种成分的细小活动组成的，主要有三种成分，即心理性成分、社会性成分和管理性成分。心理性成分包括认知、情感、动机、意志、评价、技能等，社会性成分包括游戏、学习、劳动等，管理性成分包括计划、组织、检查、调节等。而研究教学系统结构的根本目的又是为教学系统结构优化服务的。[①]

四、教学系统的环境

教学系统的环境对于教学系统有着不可忽视的作用。如何认清这些环境，并为教学系统有益演变所用，将是十分重要的。这就要求我们开展对教学系统环境的研究。

（一）组织环境和自发环境

在教学系统与环境的关系上，存在多种看法。一种看法认为“环境”即教师传授的内容和学生认识的对象，指“自然和社会现象及其规律”。这里显然混淆了系统和环境的区别，教学的内容、素质的内容、素材固然来自环境，但一经确立就相对稳定从而独立于环境之外。

教学环境按其有序程度可分组织环境和自发环境两种。组织环境是教学系统的母系统，这是指教学制度、学校制度和整个教育制度。组织环境对教学系统具有直接的制约作用，这里，系统对于环境的输入输出都是直接的。自发环境对教学系统产生自发的制约作用。在系

① 吴也显．教学论新编[M]．北京：教育科学出版社，1994．

统工程中，一般也将接受间接输出和给出间接输入的外部系统成为环境。这里我们对环境的分析，主要是就自发环境而言。

（二）环境的层次和类型

自发的教学环境是一个具有不同层次和类型的复杂系统。环境的层次由近及远可分为班级、校内、校外三种，环境的类型也可分为物质的、心理的和社会的三种，这样就得到一个关于系统环境的三维矩阵，如表1-1-2所示。

表1-1-2　教学系统的环境

层次	物质环境	心理环境	社会环境
班级	班级物质环境	班级心理环境	班级社会环境
校内	校内物质环境	校内心理环境	校内社会环境
校外	校外物质环境	校外心理环境	校外社会环境

表中共有九种环境因素。现按其对于教学系统的直接性和重要性分述如下。

（1）班级物质条件：包括班级物质设施和课堂教学工具等。

（2）校内心理环境：指校风和学风，是学校思想面貌和精神面貌的具体表现。

（3）校外社会环境：指宏观社会生活的不同侧面对教学活动的影响，包括整个社会风尚和社会风气。

（4）班级心理环境：班级中师生间和同学间的人际关系上的特点，心理生活的健康性和多样性。

（5）校内物质条件、包括占地面积和建筑面积，图书资料、实验仪器以及文体器具的拥有量。

（6）班级社会环境：班级集体组织的凝聚度和紧张度，师生间和同学之间的交往水平，集体活动的民主性和开放性等。

（7）校外物质条件：生产力发展水平，教育经费、学生家庭的经济状况、地区差别等因素。

（8）校内社会环境：学校各部门的工作效率和管理水平，教师队伍的素质和组织程度，学生课外活动的广泛性和多样性。

（9）校外心理环境：社会意识形态、社会心理、传统观念和民族特点等因素。

上述九种环境因素不是彼此孤立，而是相互渗透、相互影响，对具体教学来说，某些因素在特定时期有特殊的重要性，所以排列次序也不是绝对的。[1]对于职业教育而言，校外的环境为学校提供了产学研结合开展职业教育的可能。

[1] 吴也显．教学论新编[M]．北京：教育科学出版社，1994.

第二章 职业教育学习理论

在教学设计研究和实践中，人们越来越重视学习理论的发展，正如美国教育心理学家加涅所说："教学设计扎根于人类学习的条件的知识土壤之中的思想，看来是适合的"。[①]学习理论在一定程度上描述、解释和预言了学习活动的规律性。学习理论是心理学的一个分支，也可以说是心理学最发达的领域之一。但到目前为止，还没有凝聚成一种一统的、综合的、大家普遍认同的学习理论。施良方所著的《学习论》对学习理论进行了系统研究，列出十五种学习理论。虽然学习理论流派繁多，但研究的基本问题是相同的，都包括学习的本质、学习的动机、学习的过程和学习的迁移等。职业教育的学习观是针对职业教育的本质特点建立在一般学习理论基础之上的，因此，它研究的基本问题也基本上是学习的本质、学习的动机、学习的过程和学习的迁移等方面。

第一节 学习的本质

长期以来，心理学界对学习的解释众说纷纭，对学习的分类更有不同主张。为了建立职业教育的学习观，有必要首先对上述两个问题展开研究。

一、学习的定义

学习作为学习心理学的一个术语，可以说，几乎每个学习理论家都对学习下了特定的定义。诸如：学习是通过试误而形成刺激与反应之间的联结（桑代克）；学习是条件作用。如经典条件作用（巴甫洛夫）和操作条件作用（斯金纳）；学习是指通过观察模仿示范者的行为而习得新的行为（班杜拉）；学习是对情景中各种关系的顿悟而形成完形（苛勒）；学习即信息加工过程（加涅）；学习是对符号意义的认识而形成认知地图（托尔曼）；学习是学习者主动形成认知的过

① [美]R.M.加涅，等. 教学设计原理[M]. 皮连生，等，译. 上海：华东师范大学出版社，1999.

程（布鲁纳）。这些定义从不同角度揭示了学习的实质，归纳起来大致可分为三类：①学习是指刺激—反应之间联结的加强（行为主义）；②学习是指认知结构的改变（认知学派）；③学习是指自我概念的变化（人本主义）。[①]

二、学习的分类

学习的现象是非常复杂的。因此，为了理论研究和实践运用的方便，人们从不同的角度出发，划分学习的类型。

（一）按照学习目标分类

布卢姆（B.S.Bloom)依据教育目标将学习分为认知领域的学习、情感领域的学习和动作技能领域的学习三大类。

认知领域的教育目标分为六级：①知道，指对学习过的知识材料的回忆，包括事实、理论、方法等的回忆。它所要求的心理过程主要是记忆，是最低水平的认知学习结果。②领会，指把握知识材料意义的能力。可用三种形式来表明对知识材料的领会，一是转换，即用与原先的表达方式不同的方式来表达所学的内容；二是解释，即对一项信息（如图表、数据等）加以说明或概述；三是推断，即预测发展的趋势。领会超越了单纯的记忆，代表最低水平的理解。③运用，指把学到的知识应用于新的情境。运用的能力以知道和领会为基础，是较高水平的理解。④分析，指把复杂的知识整体材料分解为组成部分并加以理解各部分之间的联系的能力。它包括部分的鉴别，分析部分之间的关系和认知其中的组织原理。例如，能区分因果关系，识别作者的观点或倾向等。分析代表了比运用更高的势力水平，因为它既要理解知识材料的内容，又要理解其结构。⑤综合，指将所学知识的各部分重新组合，形成一个新的知识整体。它包括发表一篇内容独特的演说或文章，拟订一项造作计划或概括一套抽象关系。它所强调的是创造能力，形成新的模式或结构的能力。⑥评价，指对材料（如论文、小说、诗歌、研究报告等）做价值判断的能力。它包括按材料内在的标准（如组织）或外在的标准（如与目的的联系）进行价值判断。例如，判断实验结论是否有充分的数据支持。这是最高水平的认知学习结果，因为它要求超越原先的学习内容，并需要基于明确标准的价值判断。

---

① 施良方. 学习论[M]. 北京：人民教育出版社，1992.

情感领域的学习由低到高共分五级：①接受（注意），指学生愿意注意特殊的现象或刺激。学习结果包括从意识一事物的存在的简单注意到学生的选择性注意。它是低级的价值内化水平。②反应，指学生主动参与。处在这一水平的学生，不仅注意某种现象，而且以某种方式对它做出反应，以及反应的满足感。这与“兴趣”类似，强调对特殊活动的选择与满足。③价值化，指学生将特殊的对象、现象或行为与一定的价值标准相联系。包括接受某种价值标准，偏爱某种价值标准和为某种价值标准做奉献。这一阶段的学习结果所涉及的行为的一致性和稳定性使得这种价值标准清晰可辨。价值化与教师通常所说的“态度”和“欣赏”类似。④组织，指将许多不同的价值标准组合在一起，克服它们之间的矛盾、冲突，并开始建立内在一致的价值体系。重点是将许多价值标准进行比较、关联和系统化。学习的结果可能涉及某一价值系统的组织。与人生哲学有关的教学目标属于这一级水平。⑤价值与价值体系的性格化，指个人具有长时期控制自己的行为以致发展了性格化“生活方式”的价值体系。其行为是普遍的、一致的和可以预期的。这一水平的学习结果包括范围广泛的活动，但强调学生行为的典型性和性格化。这阶段的教学目标着重培养学生的一般适应模式（包括个人的、社会的和情绪的）。

技能领域的学习由低到高共分七级：①感知，指运用感官获得信息以指导动作，主要了解某动作技能的有关知识、性质、功用等。②准备，指对固定动作的准备，包括心理定向、生理定向和情绪准备（愿意活动）。感知是其先决条件，在我国将感知和准备阶段统称为动作技能学习的认知阶段。③有指导的反应，指复杂动作技能学习的早期阶段，包括模仿和尝试错误。通过教师评价或一套适当的标准可判断操作的适当性。④机械动作，指学习者的反应已成习惯，能以某种熟练和自信水平完成动作。这一阶段的学习结果涉及各种形式的操作技能，但动作模式并不复杂。⑤复杂的外显反应，指包含复杂动作模式的熟练操作。操作的熟练性以精确、迅速、连贯协调和轻松稳定为指标。⑥适应，指技能的高度发展水平，学习者能修正自己的动作模式以适应特殊的设施或满足具体情境的需要。⑦创新，指创造新的动作模式以适合具体情境。要有高度发展的技能为基础才能进行创新。

（二）按照学习内容分类

依据学习的内容不同，中国学者冯忠良将学习分为知识的学习、技能的学习和社会规范的学习三类。

（1）知识的学习。即知识的掌握，是通过一系列的心智活动来接受和占有知识，在头脑中构建起相应的认知结构。具体来讲，知识的学习是通过领会、巩固和应用三个环节完成的，每一环节又有其特殊的心智动作。知识的学习要解决的是认识问题，即知与不知、知之深浅的问题。

（2）技能的学习。通过学习或练习，建立合乎法则的活动方式的过程。有心智技能学习和操作技能学习两种。技能的学习比知识的学习更为复杂，不仅包括对活动的认识问题，还包括活动或动作的实际执行问题。不仅要知道做什么、怎么做，同时还要能够实际做出动作。技能的学习最终要解决的是会不会做的问题。

（3）社会规范的学习。又称行为规范的学习或接受，是把外在于主体的行为要求转化为主体内在的行为需要的内化过程。社会规范的学习既包含规范的认识问题，又包含执行及情感体验问题，因此比知识、技能的学习更为复杂。

（三）按照学习水平分类

美国学者加涅从学习本身的繁简程度不同，将学习分为八类：

（1）信号学习：对某种信号做出某种反应。经典性条件反射是一种信号学习。这是一种最简单的学习，其先决条件主要取决于有机体先天的神经组织。

（2）刺激—反应学习：主要指操作性条件作用或工具性条件作用。其中强化在该类学习中起非常关键的作用。

（3）连锁学习：是一系列刺激—反应的联合。个体首先要习得每个刺激—反应联结，并按照特定的顺序反复练习，同时还应接受必要的及时强化。

（4）言语联想学习：其实质是连锁学习，只不过它是语言单位的连接，如将单词组合为合乎语法规则的句子。

（5）辨别学习：能识别各种刺激特征的异同并做出相应的不同的反应。它既包括一些简单的辨别，如对不同形状、颜色的物体分别做出不同的反应，也包括复杂的多重辨别，如对相似的、易混淆的单词分别做出正确的反应。

（6）概念学习：对刺激进行分类，并对同类刺激做出相同的反应。这种反应是基于事物的某些特征而做出的，如圆的概念和质量的概念的学习。

（7）规则的学习：亦称原理学习，指了解概念之间的关系，学习概念间的联合。自然科学中的各种定律、定理的学习是规则学习。

（8）解决问题的学习：亦称高级规则的学习，指在各种条件下应用规则或规则的组合去解决问题。

加涅的八类学习是分层排列的，由简单到复杂，由低级到高级。同时又具有累积性，每类学习都以前一层次的低级学习为前提，较高级、较复杂的学习是建立在较低级、较简单的学习基础之上的。后来他又对这八类学习进行了修正，将前四类学习合并为一类，将概念学习分为具体概念和定义概念的学习。因此，原来的八类学习变成了六类学习：连锁学习、辨别学习、具体概念学习、定义概念学习、规则的学习、解决问题的学习。

（四）按照学习意识分类

内隐学习是认知心理学的一个重要概念，指的是在不知不觉中获得某种知识，学习了某种规则。内隐学习这种神奇的效果引起无数心理学家研究的热情，一种可以似乎不需要意志努力的学习却能够达到甚至超过外显学习的效果，这似乎是一种全新的革命性的学习方式。

内隐学习具有以下三个特点：①内隐知识能自动地产生，无须有意识地去发现任务操作的外显规则；②内隐学习具有概括性，很容易概括到不同的符号集合；③内隐学习具有无意识性，内隐获得的知识不能用语言表达出来。

（五）按照学习方式分类

美国学者奥苏伯尔作为主要关注于学校学习理论研究的学习理论家，对接受学习、发现学习、机械学习、意义学习四种基本的学习类型进行了分析研究。并用图1-2-1说明了四种学习类型的关系。

（1）发现学习：是指人类个体经验的获得是来源于学习活动中主体对经验的直接发现或创造，并非由他人的传授而得。因发现学习中的经验来自学习主体自身的创造，故这种学习又叫创造学习。发现学习的根本特点在于其所得经验是学习主体发现或创造的结果，并非来自别人的传授。

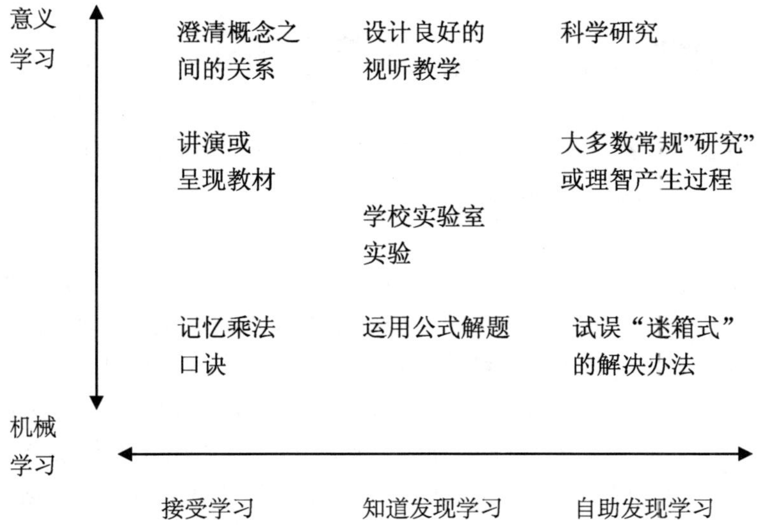

图1-2-1　不同学习类型的关系

(2) 接受学习：是指人类个体经验的获得是来源于学习活动中主体对他人经验的接受，把别人发现的经验经过其掌握、占有或吸收，转化为自己的经验。这种学习又叫掌握学习。接受学习区别于发现学习之处在于主体所得经验来自经验传递系统中他人对此经验的传授，并非来自主体的发现与创造。

(3) 机械学习：是指符号所代表的新知识与学习者认知结构中已有的知识建立非实质性的和人为的联系，即对任意的（或人为的）和字面的联系获得的过程。机械学习是一种单纯依靠记忆学习材料，而避免去理解其复杂内部和主题推论的学习方法。平时多称为死记、死背或死记硬背。

(4) 意义学习：指符号所代表的新知识与学习者认知结构中已有的适当概念建立非人为的、实质性联系的过程。

在他看来，学生的学习，如果要有价值的话，应该尽可能地有意义。而且为了考察有意义的学习材料是如何被同化到学生的认知结构中去的，他研究了最底层次——表征学习，到最高层次——创造能力的形成，并提出了表征学习、概念学习、命题学习和发现学习四种意义学习的类型。

第二节 学习的动机

人们对学习动机的研究较为深入，但一般都是针对儿童学习的。关于职业教育学生的学习动机研究，则不多见。加之对学习动机的研究内容十分广泛，本节将只就与教材建设有关的内容开展研究。

一、学习动机及其作用

学习动机是发动、维持个体的学习活动，并朝着一定目标的内部动力机制。[①]这种内部机制可表现为多种多样，但比较常见的有三种：推力、拉力与压力。推力是发自个体内心的学习愿望和需求，它可以通过学生对学习的必要性的认识、对学习的求知欲、对未来的理想等产生。拉力指外界因素对学习者的吸引力，使学生从事学习活动。压力指客观现实对学习者的要求，迫使其从事学习活动。这三种机制都可以促使个体进行学习，但压力往往难以独立、持久地起作用，必须真正地转化为推力和拉力才能发挥其动力作用。一般而言，推力与拉力也是相互联系、共同起作用的。一般说来学习动机具有下列几个方面的作用：

（1）使个体的学习行为朝向具体的目标。动机促使个体为达到某一目标而努力，影响做出何种选择。

（2）使个体为达到某一目标而努力。动机决定了个体在某一活动中所投入的努力、热情的多少。动机越强，努力越大，热情越高。

（3）激发和维持某种活动。研究表明，动机决定了学生在多大程度上能主动地从事某种活动并坚持下去。学生更愿意做他们喜欢或想做的事情，并能克服某些困难坚持完成。

（4）提高信息加工水平。动机影响加工何种信息以及怎样加工信息。具有学习动机的学生注意力更集中，而注意在获取信息以及进入工作记忆和长时记忆中起关键作用。另外，具有学习动机的学生在必要时更易于通过其他的多种途径来促进对某一任务的完成，如主动地查阅资料等。研究还表明，具有学习动机的学生更倾向于进行有意义的学习，力求理解所学内容，而不是在机械的水平上进行。

（5）决定了何种结果可以得到强化。具有学习动机的学生因某

[①] 姚梅林．学习规律[M]．北京：教育科学出版社，1997.

种结果得到强化而趋向它，因某种结果受到惩罚而避开它。

（6）导致学习行为的改善。这是上述各种作用的最终体现。良好的、适当的学习动机最终将促进学习行为的改善，提高学习能力。

二、学习动机的发展规律

尽管学习动机和其他行为动机一样，以隐蔽性为主要特征，无法直接观察到，但通过观察各种学习活动表现和变化的规律，还是能够发现学习动机形成发展的一些规律性特征。研究这些规律，有助于我们更好地激发、培养学生的学习动机，以有效地改善学习行为，提高学习效果。

1．学习动机形成于个体内在需要和外部诱因相互作用

任何动机都是在内在需要和外在诱因的共同作用下形成的，[①]学习动机亦然。马斯洛的需要层次理论对我们考察学习动机，无疑具有一定的启发意义，但它并不能科学解释所有的学习行为，尤其要指出的是，它忽略了人们的好奇和认知需要对学习的作用。一般认为，能够激发、转化为学习动机的内在需要和外部诱因大致包括：

（1）求知欲、好奇心或者理解、认知、情趣需要，也就是心理学家所说的认知内驱力，主要以学习内容的知识性、趣味性、生动性为外部诱因。由此形成的学习动机，行为目标指向学习本身，个体的需要由学习本身满足，因而可称为内在的学习动机。在有意义的学习中，这种动机可能是最重要、最稳定的推动力量。

（2）自尊、自信、成就感、好胜心等的需要，也就是心理学家所说的希望凭借自己的能力赢得相应地位的需要，即自我提高内驱力，主要以学习内容的挑战性、学习成绩的客观评价为外部诱因。由此形成的学习动机，近于心理学家所说的成就动机。

（3）使命感、价值感、责任心、理想信念等需要，即希望自己的生命获得确切的方向感和价值感的需要，主要以学习的社会价值性为外部诱因。这种需要无疑是人的高层次需要，但由于满足它的是学习的社会价值，而不是学习内容本身，而且它很容易在一些献身性的社会工作上获得满足，因而由此形成的学习动机也应属于外在的学习动机。

[①] 陈琦，等．当代教育心理学[M]．北京：北京师范大学出版社，1997.

（4）归属或者融入团体的需要，主要以外部学习氛围、他人的学习行为为外部诱因。

（5）名誉、荣誉、他人尊重等需要，主要以学习带来的外部评价，如教师表扬、家长奖励为外部诱因。

（6）生存、安全等需要，主要以学习所直接带来的外部效果，如获得文凭、帮助就业、逃避惩罚等为诱因。

其中，后五种需要都以学习本身之外的因素为诱因，其满足对象不是学习本身，或者说个体的需要由学习之外的某种因素满足，一旦这种因素消失，个体对学习的兴趣就会减弱乃至消失，因此这五种动机都可称为外在的学习动机。应当说明，由于个性和年龄的差异，不同个体的需要种类和需要层次的现实表现并不一样，各自的环境也有极大差别，因而由此形成的每个个体的学习动机也必然是千差万别的。

2．学习动机与学习活动相互作用、激发与加强

学习动机对学习活动的确起着非同寻常的作用，但它又远非是天生的、脱离学习活动而存在的。学习动机的产生和发展是一个复杂的动态过程，它与社会生活环境和教育的影响，特别是与学习过程本身有着非常密切的关系。心理学家奥苏伯尔说："动机与学习之间的关系是典型的相辅相成的关系，绝非一种单向性的关系。"学习动机推动学习活动，而学习活动中对学习价值的认知、学习兴趣、学习成绩、对自身学习能力的评价等反过来又增强学习动机。就一个个体的学习行为而言，学习活动刚开始时，动机可能完全是外在的，或者强烈或者薄弱，甚至可能没有明确动机。例如，开始可能只是为了得到家长老师的奖励或者为了谋生需要而学习，但随着学习过程的展开，对学习内容却产生了真正的兴趣，从而形成内在的学习动机，使学习活动获得强烈、持久的动力。

3．同一个体的不同需要相互依存、相互转化、相互迁移

学习动机包括内在学习动机和外在学习动机、主导性学习动机和从属性学习动机。他们相互依存、相互转化、相互迁移。

首先它们是相互依存的。在学习活动中，人的需要是多方面的，并且处于不断的变化中。某种需要获得满足，这种需要所引起的学习动机水平就会降低，而其他需要引起的学习动机却可以强烈起来。因此，在同一个体身上存在着出于不同需要的学习动机。当然不同种类的学习动机，在具体个体的学习活动中的作用地位并不一样，居支配地位、起主导作用的是主导性学习动机，居于从属地位、起辅助作用的是从属性学习动机。学习不是一朝一夕的事情，单一的学习动机难以维持长期艰辛的学习活动，只有使学习活动能够满足个体的多种需要，才能使个体长期不懈地投入学习活动中。也就是说，出自不同需要的学习动机相互依存于学习活动这样一个统一体中，单一的学习动机难以独自长存。事实告诉我们，单凭兴趣、好奇或者单凭使命感、责任心，一个人难以一生不辞辛劳地献身于一门学科的学习。如果这门学科不仅能较好地满足学习者的求知欲、好奇心，学科的社会价值还能充分满足他的使命感、责任心，学习研究的成绩能让他充满自尊自信，体会到成就感，并能给他带来生存必须的物质资料，那么他会很容易将这门学科当作长久乃至终生的事业，乐此不疲。

其次，不同的学习动机又可以相互转化、相互迁移。开始时为了奖励或谋生而投入学习，但渐渐却发现了学习本身的兴趣，于是外在的学习动机转化为内在的学习动机，反之亦然。主导性学习动机和从属性学习动机也会在一定条件下发生转化。小学阶段，得到奖励常常是主导性动机，而高中、大学阶段，求知或者责任、成就则往往成为主导性动机。面对有趣的学习内容，内在的求知动机为主导就足够了，但一门学科中，总有大量的内容是单调的、枯燥的，这时的学习动机可能就要靠成就动机或者责任、价值动机为主导了。同时，基于一定的条件例如发现了需要和诱因之间的共同性，其他活动的动机如游戏动机、劳动动机，能转移到学习上来，学习语文的动机能转移到英语学习上来。也就是说，不同的学习动机又是可以迁移的。在这多种动机的作用下，学习会更加轻松、自然，更加积极、主动，以至能长久、稳固地进行下去。

4．学习动机强度与学习绩效在一定范围内呈正相关

根据耶克斯—多德森定律，同一个体的学习动机的强度（即个体的激奋水平）与学习效率之间是一种曲线关系，激奋水平太高或太低，都不能引起最佳的大脑皮质工作状态，从而不能获得最好的学习绩效。动机强度太低，不能唤起工作积极性，在一定范围内，动机增强，激奋水平上升，学习绩效会随之提高，直到一个最高点。超过这个最高点，动机强度提高又会使学习绩效降低。同时心理学研究还表明，动机的最佳强度水平会随课题难度的增加而降低。而按照马斯洛的需要层次理论，需要层次越低，力量越强大，动机强度也越高。这也就是为什么那些为了奖励、逃避惩罚或者为了谋生而学习的人，总是热衷于较容易的题目，见了难题总是选择逃避，他们的学习动机来自较低的需要。由此可见，动机强度太高，不适于解决难题。学习活动需要学习动机，但困难的课题、宏大的学习任务，需要的是来自人的高级需要的学习动机，这样的动机尽管强度不高，但却持久、深刻。有了这样的学习动机，学习者能够内心沉静、神思专注，忍受甚至忘记艰难困苦，奋进于无垠无际的学海之中。

三、学习动机的影响因素

学习动机受多种因素的影响，研究表明：学习者的认知定势、学习活动和学习任务的特点、目标结构和课堂环境等因素对学生的学习动机具有直接作用。[1]

（一）学习者的认知定势

学习者的认知定势主要指学习者的认知倾向性，如有关自己能力的看法、评价；对有可能形成影响最终学习结果的一些因素的看法、习惯性的归因方式；分析任务或估计任务难度时惯用的思维方式等。这些认知定势与个体的期望相互影响，进而决定了个体的学习动机。

1. 个体的能力观

德维克（美国）等研究者认为个体如何看待能力是其学习动机的决定因素之一。一般而言，较典型的能力观有两种：一种认为个体的能力或聪明程度是随着不断地学习而发展、变化的，认为通过刻苦地学习与努力可以改善能力；另一种认为个体的能力或智力是一种稳定不变的特质。前者即能力或智力的增长观，后者即实体观。

不同的能力观往往决定了个体选择不同的目标。认为能力是可以提高和改善的个体，易选择那些能提高其能力的任务。而认为能力是固定不变的个体，则选择那种能保护对其能力的积极评判或避免消极评判的任务。本研究认为，较成熟的观点应该是对两种观念的整合，

[1] 姚梅林著．学习规律[M]．北京：教育科学出版社，1997.

既要认识到当前能力的相对差异，也要注重能力的发展。

在学习情境中，发现有些学生对能力产生一种误解，他们认为高能就是有充分的知识、技能来快速解决困难的能力，认为努力是不必要的。也就是说，若通过付出很大的努力而克服困难，学生就会怀疑自己的能力。大量研究表明，易受挫的学生更易将成功归因于努力或运气，而不是能力。

2．学习或解决问题的思维方式

研究表明，个体在分析和解决目前的问题时或遇到困难时，具有何种思维方式经常影响着能否产生高而稳定的学习期望，因为期望的产生与个体对问题及条件等因素的分析、归因有一定的关系。归因是期望与学习行为改变的中介，如果个体总是倾向于将失败归因于能力的缺乏，这将会导致期望水平的降低，学习活动坚持性的降低，遇到困难时行为易受阻等。相反如果个体倾向于将失败归因于努力不够、使用错误策略或运气等因素，这将有助于维持较高的期望水平。

基于这一理论，在学习情境中，应注意以下几方面：

（1）应该关注于教授学生形成系统的问题解决策略。教材中问题的设计应本着“生疑—思疑—释疑”的教学需要，为学生提供系统的问题解答策略。

（2）鼓励学生掌握策略，在困难情境中思考、应用策略，从而提高解决问题的效率和自信心。教材中的问题设计既要对学生构成挑战，又要难易适当，使学生在困难情境中思考解决问题的方法。

（3）改变学生不良的认知定势。即从学生的能力观、思维方式、归因习惯等入手，强调学习动机中的基本认知过程。通过关注这些认知变量，可为培养学生的学习能力、提高其自信提供条件。

（二）学习活动与学习任务的特点

学习动机的变化与个体所要完成的学习任务以及相应学习活动的特点有着密切的联系。

（1）学习任务的难易程度。研究表明，过难或过易的学习任务都无助于学习动机的产生。对个体而言，中等难度的任务是一个良好的问题情境，它具有一定的挑战性，学生通过努力可完成任务，并证明自己的能力，进而提高自我效能感。如果任务难度是逐渐提高的，而学生又能逐步加以解决，这对于增强学生的自我效能感尤为重要。例如，教材内容选择的深与浅，教材内容编排是否按一定的难度逐步提高，这些对学生学习动机的形成有较大影响。

（2）学习任务的有趣性、新颖性。研究表明，个体对有兴趣的内容会给予更多的关注。而许多学习较差的学生往往觉得学习的内容是非常枯燥的。因此改进学习内容和学习材料的编排形式来提高学生学习兴趣，应是教材改革重点关注的问题。美国学者安德森（R.Anderson）及其同事研究发现，学习者对有趣的句子的记忆优于无趣的句子，且兴趣的效应比句子的可读性的效应更明显。对兴趣效应起作用的机制进行分析研究表明，越有兴趣的材料越容易引起兴趣，使学生花更多的时间阅读有趣的教材内容，被内容吸引而不关注外在的信息或刺激。简言之，兴趣影响个体的注意，进而直接影响学习过程和学习效果。为此，安德森等人于1987年提出了怎样使学习材料更有趣的建议：含有一些使读者易于识别和接受的人物，如在性别、年龄、种族、信仰、职业等方面与读者相似的人物；在可能的情况下设置一些新奇的关系；学习内容与学生的生活事件有关等。提高学习材料的趣味性、新颖性、不确定性可以激发学生的学习动机。因此，通过变换教材的格式、体例；采用图文并茂的版式设计；叙述中增加设问；以及通过设趣、激趣、诱趣和扩趣等写作手段；可以激发学生对教材的学习动机并提高学习兴趣。

（3）学习任务的呈现方式。相同的内容以不同的方式呈现，会使学生产生不同的学习动机。布洛菲（Brophy）认为，一般化的泛泛的或平铺直叙的论述不能使学生产生学习兴趣；相反，如果教材能从学生的切身体验或经历出发引入学习内容，并采用通俗易懂的语言进行描述，则可使学生主动地参与学习。瑞士儿童心理学家皮亚杰等认为认知冲突在认知发展中起非常重要的作用，认知冲突可有效地促使个体从事智力活动。在科学教育（含职业教育）中，应用认知冲突来激发学生进行学业参与具有明显效果。日常的非科学概念与正规的科学概念相矛盾、冲突，通过对比、讨论等手段，可促使学生产生求知欲，进而达到对所学知识的深层次理解。

（三）学习目标结构

学生的学习动机与课程教材所设定的目标结构有一定关系。美国心理学家耐特（Knight）和瑞莫斯（Remmers）通过实验发现，如果被试认清学习目标，那么就会产生强烈的学习动机。若学生搞不清楚他们要做什么，即学习目标盲目，则学习动机和兴趣都处于较低水平。“明确的目标”是指目标要具体，而且学习者能理解它的意义；学习者明确了学习目标的价值和意义，学习目标的诱因性大大增加。研究还表明，让学生及时了解自己的学习结果（即反馈），可以加强其进一步学习的动机。在传统的知识本位体系中，课程教材的目标结构强调的是学科体系的完整性、系统性，教材结构基本是学术专著式的，学习目标显得笼统而抽象，学习内容较为晦涩枯燥，学习反馈不及时，因此很难激发学生的学习动机。能力本位体系中，由于目标结构的变化，使课程结构和教材结构均发生了巨大变化，而这种变化可较好地激发学生学习动机。例如，从培养学生的职业能力和全面素质出发，教材从学术结构转变为模块式的能力、素质结构，并且在每一模块（章节）的开始部分，都对学习内容提出能力、素质目标要求，在叙述过程中增加案例，以使学习内容紧密结合实际，每个技能学习结束均给出评价标准，学生可以随时对自己的学习进行评价，使反馈更及时，这样将大大提高学生学习的兴趣和动机。

第三节　学习的过程

学生的学习过程是其素质形成的过程。依据素质的定义和性质，素质可以说是在先天素质的基础上，通过知识学习、品性修养、技能训练及其迁移、整合与类化过程形成的。这里从知识、品性、技能三个基本要素的学习过程来探讨学习的一般过程。

一、知识的学习过程

（一）知识及其分类

知识是“个体通过与其环境相互作用后获得的信息及其组织。”（皮连生：《学与教的心理学》）个体完成某些工作任务，必须具有相应的知识，而且人一旦掌握了某种知识，知识就会参与有关活动的调节，指导人的实践活动。所以说，知识是活动的自我调节机制中不可缺少的构成要素之一。而能力作为个体心理特征，对活动的进程及方式起稳定、调节与控制作用，是系统化、概括化的个体经验。因此，知识也是能力基本结构中不可缺少的组成部分。能力的形成、发展与知识的获得和积累是分不开的。

根据知识的不同表述形式，人们常常将知识分为陈述性知识和程序性知识。前者用于说明事物是什么、怎么样、为什么等问题，如描述某种事实，陈述某种观点、信仰等；后者主要回答做什么、怎么做的问题，是一种实践性知识，该类知识也称为操作性知识。

（二）知识学习阶段

知识的学习主要是指知识的掌握。知识的掌握是知识传递系统中，个体通过领会、巩固与应用三个环节来接受和占有知识，在头脑中形成相应的认识结构的过程。以此为依据，结合教学实践，一般人们把学习划分为习得、巩固和转化、迁移和应用三个阶段。

1．习得阶段

由于对学习目标的期望，学习者处于一定的激起状态，随时准备吸收新知识。在学习目标的指引下，学习者有选择地接受新的信息，并与原有知识相互作用，形成联系，被储存下来。在学习的第一阶段，所有的知识都是陈述性的，对于程序性知识来说，习得的是它的前身，即程序性知识的陈述形式。

2．转化和巩固阶段

在此阶段，新知识有两种发展方向：一部分知识存储下来，通过适当的复习，这部分知识将形成知识结构的新的有机组成部分，有的甚至能改变原有的知识结构，而得到巩固。另一部分知识经过各种变式练习，转化为程序性知识。复习是知识得以巩固和知识由第一阶段的陈述性形式向第二阶段的程序性形式转化的重要条件。知识如果不经过转化和巩固，则会被剥离出去，造成遗忘。

3．迁移和应用阶段

在知识的应用阶段，不同类型的知识被用来解决不同的问题。陈述性知识被提取出来，用来解决“是什么”一类的问题。程序性知识被提取出来用来解决“怎么办”的问题。陈述性知识的提取是一个有意识的依据线索的提取过程，对外办事的程序性知识的提取往往是一个快速、自动化的激活过程。

上述知识学习的三个阶段是学习者的内心活动过程，它需要外在教学手段的诱发。在学习的第一阶段，两类知识尚未分化，是新材料习得阶段，教学设计的关键是吸引学生的注意，激活学生的原有知识。在知识学习的第二阶段，陈述性知识要完成的目的是进一步巩固新的意义并使之与原有知识进一步分化。这时教师应指导学生复习，教给学生有效复习和记忆的策略。而对程序性知识来说，这一阶段要完成由陈述性知识向办事技能转变的任务。因此，教师应精心设计多种变式练习，促使学生练习，并及时对练习结果提供反馈和纠正。在知识学习的第三阶段，对学习者而言，是知识的迁移和运用，对教学过程而言，是进行学习结果的测量和评价。由于陈述性知识解决“是什么”的问题，程序性知识解决“怎么办”的问题，教师应当针对不同类型的知识，采取不同的行为指标，设计不同的问题情境，才能获得真实可靠的评价结果。

（三）影响知识学习的因素

知识学习过程受许多因素的影响，知识学习的不同阶段起关键作用的条件也是有所不同的。但就知识学习整体而言，受到一些基本条件的制约。

1. 学习的主动性和积极性

学习的主动性和积极性直接影响知识的学习，制约着知识学习的方向与水平。积极、主动地参与学习过程，有利于学习者设置恰当的学习目标，进行有意义地学习，而不是机械地学习；也有利于学习者自己能主动探索掌握知识的最佳方法，寻找解决问题的最佳途径，即使遇到困难也能正确对待，并坚持下去。主动积极性影响着学习的始终，对个体所能达到的最终水平有潜在的影响。如果缺乏必要的学习主动性、积极性，个体仅是被动地、机械地应付外界的要求，不可能真正地投入到知识学习中去。即使完成了学习任务，也无乐趣可言，对将来的学习的促进作用极小。在教学中，应采取措施培养和激发学生的主动积极性，通过设置恰当的学习目标，创设问题情境，提高学习材料的新颖性、有趣性，适当地更新教学方式与方法等手段，来提高学习者的学习兴趣，激发其求知欲。通过积极、及时的反馈、适当的奖励与表扬等，使学生体验到学习的乐趣。通过正确的引导，培养学生学习的自觉性，逐渐地由兴趣、乐趣转为志趣。

2. 原有的知识准备积累

大部分新知识的学习都是在原有的知识结构的基础上进行的，原有的知识结构为新的知识的学习提供了背景与起点，并参与到新的学习中，影响着新的知识结构的构建。原有知识结构的特征影响着新知识的获得的水平，它可以提高知识的检索效率，加强上下知识结点之间的联系，以免知识的僵化，还可以节省工作记忆的空间，有助于提高迁移的意识性。

3. 形成的学习心智技能

心智技能是通过学习而形成的合法则的心智活动方式。目前研究较多的学习策略、认识策略以及元认知策略都可以视为心智技能，它是影响知识学习的一个非常重要的因素。知识的学习是通过一系列的心智动作完成的，心智动作是获得知识的最直接的基础。心智技能又是由合法则的心智动作组成的，它调节着心智动作，直接影响着知识掌握的整个过程。有关这方面的内容，将在后面“技能的学习”一节中进一步分析。

4. 使用教材的结构设计

学习者的知识体系主要是由教材结构转化来的，科学的教材结构可以促进学习者的知识结构的构建。因此，教材作为一种外部因素，制约着知识结构的形成水平。

二、技能的形成过程

（一）技能及其分类

技能是通过学习而形成的合法则的活动方式（姚梅林《学习规律》），它是在一定生理条件的基础上，在心理活动支配下，按某种要求，通过反复练习形成，并通过人的外在的比较固定的活动方式表现出来的，可视可辨，人们能通过仿效、学习掌握技能。如计算机操作技能、阅读技能、语言表达技能、驾驶机动车等。

技能的学习要以程序性知识的掌握为前提，一般通过感性认识（看或听）、模仿（学习）、练习反馈等过程由不会到会到熟练，从而达到自动化式的定型。一般情况下，熟练的自动化了的定型的技能具有：流畅性、迅速性、经济性、同时性和适应性等特点。

技能一般可分为两类：即操作技能和心智技能。操作技能又叫运动技能或动作技能。日常工作和生活中的许多技能都是操作技能。如音乐方面与吹、拉、弹、唱，生产劳动方面的车、铣、焊、磨，办公方面的打字、复印、传真，医护方面的打针、量血压，体育方面的球类、体操、田径等。心智技能也称智力技能、认知技能，是通过学习而形成的合法则的心智活动方式。阅读技能、运算技能、记忆技能等都是常见的心智技能。

（二）操作技能的学习

1．操作技能的学习过程

操作技能的学习可分为操作的定向、操作的模仿、操作的整合和操作的熟练四个阶段。

（1）操作的定向阶段

操作的定向即了解操作活动的结构，在头脑中建立起操作活动的定向映象的过程。虽然操作技能表现为一系列的操作活动。但学习者最初必须了解做什么、怎么做，即首先要掌握程序性知识。程序性知识不同于操作技能，前者形成的是操作活动的定向映象，后者是实际的操作活动方式。所形成的操作活动的定向映象应包括两个方面，一是操作活动的结构要素及其关系，即有哪些要素构成某一操作活动，各动作要素间的关系和顺序如何。二是活动的方式，即操作的轨迹、方向、幅度、力量、速度、频率、动作衔接等。学习者了解这些信息，可以在头脑中建立相应的心理表征，即起到定向作用的心理映象。有了这种定向映象，学习者在实际操作时就可以受到该映象的调节，知道做什么、怎么做。操作定向是操作技能形成过程中的一个重要环节，准确的定向映象可以有效地调节实际的操作活动，缺乏定向映象的操作活动经常是盲目尝试，效率低下。因此，不应忽视该环节在操作技能形成过程中的作用。

（2）操作的模仿阶段

操作的模仿即实际再现出特定的动作方式或行为模式，实质是将头脑中形成的定向映象以外显的实际动作表现出来。因此，模仿是在定向的基础上进行的，缺乏定向映象的模仿是机械的模仿。操作技能最终表现为一系列的合法则的操作活动方式，仅在头脑中了解这种活动结构及其执行方式是不够的，如果没有实际的操作，那始终是纸上谈兵，不可能形成动觉体验，也不可能形成操作技能。通过模仿，个体可以检验已形成的动作定向映象，使之更完善、更巩固，有助于定向映象在形成过程中发挥更有效的作用。此外，通过模仿，还加强个体的动觉感受，动觉是一种反映身体各部分运动和姿势的内部感觉，它在操作技能形成中可以调节、控制动作的进行，是非常重要的一种控制机制。通过模仿，个体可以获得初步的动觉体验，有利于准确的动觉体验的产生。

在模仿阶段，动作的主要特点有：①动作品质方面：动作的稳定性、准确性和灵活性较差，这主要是由于学习者尚未建立起稳定的。清晰的内部调节系统，该内部系统主要以动作映象与动觉体验为主。②动作结构方面：动作结构主要表现在各动作要素之间的协调性，在模仿阶段，动作要素间不协调，互相干扰，相互衔接不连贯，经常出现顾此失彼的现象，并且有多余动作产生。③动作控制方面：主要靠视觉控制，动觉控制水平较低，不能主动发现错误与纠正错误，表现为顾此失彼。④动作效能方面：完成某一操作的效能较低，表现在用较长的时间、花费较大的体力与精力来从事某项活动，在该阶段，完成一个动作往往比标准速度要慢，个体经常感到疲劳、紧张。

（3）操作的整合阶段

操作整合即把模仿阶段习得的动作固定下来，并使各动作成分相互结合，成为定型的、一体化的动作。由于学习者在模仿阶段只是初步再现，做出定向阶段所提供的动作方式或模式，故动作整体水平较低。通过整合，一方面动作水平得以提高，动作结构趋于合理、协调，动作的初步概括化得以实现；另一方面，个体对动作的有效控制逐步增强。因此，整合是操作技能形成过程中的关键环节，它是从模仿到熟练的一个过渡阶段，也为熟练的活动方式的形成打下基础。

（4）操作的熟练阶段

操作的熟练是操作技能最后形成的阶段，是由于操作活动方式的概括化、系统化而实现的。操作的熟练既是技能形成中的一个重要阶段，也是由操作技能转化为能力的关键环节。在操作熟练阶段，动作的特点实际上体现了操作技能的关键特征：①动作的灵活性、稳定性和准确性；②动作的连贯性、流畅性和协调性；③动作的控制性增强，能准确地觉察到外界环境的变化并调整动作方式。④紧张感、疲劳感降至最低，可以有效地同时从事两种或多种活动。

操作技能学习的四阶段理论，根据操作技能形成过程中的动作的质的差异划分学习阶段，弥补了传统的学习阶段跨度大的不足，有助于加速操作技能的形成。

2. 影响操作技能形成的因素

从严格意义上讲，不同的操作技能的学习阶段所需要的最佳条件是不同的，应分别探讨。但在技能形成过程中也存在一些共同的影响因素，如示范与讲解，练习，反馈，操作性向，等等。下面就对这些一般的影响因素进行分析。

(1) 示范与讲解

示范、讲解在操作技能形成过程中是不可缺少的，准确的示范与讲解有利于形成准确的定向映象，进而在实际操作活动中可以调节动作的执行。示范的有效性取决于许多因素，如示范者自身的某些特征，示范的准确性，何时给予示范，等等。

首先，示范者的身份对学生学习的效果有一定影响。研究发现当观察熟练的教师的示范操作时，学生的学习效果最好；而观察不熟练的同伴的示范或观察不熟练的教师的示范操作时，学生的学习效果比前者差。另外，无论是何种身份的示范者，对技能学习的影响都要视示范者的技能水平而定。在某些情况下，示范者的身份可能影响学习者的技能掌握，其主要原因有两方面，一是身份较高的示范者可能引起观察者对其示范的更多的关注，进而有可能影响从示范中所获取的信息；二是高身份者可能促进观察者产生较高的动机，使观察者渴望达到示范者所演示的那种水平。

无论是何种身份的示范者，其关键在于能否准确地示范要学习的技能，示范的准确性是影响操作技能学习的直接决定因素。因为学习者通过观察示范动作而加以模仿，错误的示范直接导致错误的模仿，这在技能学习的初级阶段是非常重要的。

在实际进行技能操作之前，让学生观察示范动作，这是一种较好的技能学习方式,这也表明操作技能学习过程中的定向环节是非常必要的。值得注意的是，除在技能学习的最初阶段提供示范外，在技能学习的其他阶段也应根据需要来给予必要的示范，以进一步充实、矫正学者的定向映象。

言语讲解在技能形成过程中也起到重要的作用，对于某种技能学习而言，给予言语讲解比给予视觉示范更能产生较好的学习效果。事实上，言语讲解与视觉示范在技能形成过程中的作用是不能抹煞的，两者作用的大小也很难以高低来区分。讲解与示范能否起作用，其关键在于它们是否提供了促进技能形成的重要信息。为此，如何讲解与示范才能有效提供重要的关键信息是必须注意的问题。首先，示范与讲解要结合。两者的结合可以加强两种信号系统的协调，有利于准确的、稳定的定向映象的形成。当然，如何结合要视具体学习内容而定。如果强调操作的结构及其活动方式则应以示范为主，讲解为辅，讲解时提示观察要点。如果强调学习操作的法则与原理，则应以讲解为主，示范为辅，以示范印证讲解。其次，根据操作活动特点，采取多种示范方式相结合，以有效地提供关键信息。通过整体示范，可以使学习者了解操作活动的全貌；通过分解示范，可以突出重点，有助于学习者有效地观察。无论何种形式的示范、讲解，最关键的是要保证所提供、传递的信息是准确的。为了达到这种目的，可以借助图片、录像、幻灯、影片、计算机模拟等现代化的技术手段，使信息的呈现更准确、更方便、更易于接受。

（2）练习

大量的实验都证明，练习是各种操作技能形成所不可缺少的关键环节，通过大量的不同形式的练习，可以使个体掌握某种技能。在练习过程中，练习的量与练习的方式不同，所形成的操作技能的水平也有所不同。

首先从练习量来看，过度学习是十分必要的。过度学习在操作技能形成中也指过度练习或过度训练，即实际练习时间超过达到某一操作标准所需的练习时间。过度学习对于操作技能的保持尤为关键。但值得注意的是，并非过度学习的量越大越好，学习量过大有时会导致相反的结果，使个体产生疲劳，没有兴趣，使错误动作定型化等。应用过度学习这种方法时，应注意下面几个问题：第一，要了解达到某一操作水平时所需的基本练习次数，在此基础上才能确立过度学习的次数。第二，过度学习的次数并非越多越好，究竟过度学习达到何种程度最佳，不同的研究所得到的结论并不一致，有人主张最保险的次数为100％。第三，对于那些只能在一个特定的时期进行练习，而此后又不马上操作的一些技能学习来讲，过度学习更为有效。这对于职业技术培训有重要意义。过度学习虽然重要，但其作用的发挥要取决于其他许多因素，单纯的过度学习对技能形成的作用是不明显的。

其次，采取何种练习方式也直接影响着操作技能的学习。练习方式有多种，根据练习时间分配的不同有集中练习与分散练习；根据练习内容的完整性的不同有整体练习与部分练习；根据练习途径的不同有模拟练习、实际练习与心理练习，等等。研究表明，对于一个连续性的操作任务而言，分散练习的效果优于集中练习；而对于不连贯的操作任务而言，集中练习的效果优于分散练习。当操作任务不太复杂且各动作成分的内在组织性较强时，使用整体练习可以产生较好的学习效果；当操作任务比较复杂且内在组织性较弱时，采用部分练习容易产生良好的学习效果。将实际练习与心理练习、模拟练习相结合，可以有效地促进技能的形成、保持与迁移。

(3) 反馈

一般来讲，反馈来自两个方面：个体自身的感觉系统的感觉反馈和个体自身以外的人和事给予的结果知识的反馈。前者是个体通过自身的视觉、听觉、触觉、动觉等获取的反馈信息，尤其是动觉反馈信息最有代表性。后者是教师、教练、示范者、录像、计算机等外部信息源对学习者的操作结果及操作过程的反馈。毫无疑问，反馈在操作技能学习过程中的作用是非常关键的，其中结果知识反馈的作用尤为突出，还可以鼓励学习者努力改善其操作。

给予何种内容的反馈信息，关键要考虑该信息能否使学习者改善其错误动作，强化其正确的动作，还可以鼓励学习者在下一次操作中将注意力集中于要改善的某一个动作或某些动作上面。过多与过少的信息都不能有效地使学习者抓住关键问题进行解决。就反馈的方式而言，在学习的初期阶段，外部反馈作用较大，因为个体尚未建立准确的动态感受；在学习的中期和后期，应强调内部反馈的作用，以提高自我调节、控制的能力。

(4) 操作性向

操作性向即个体操作某种活动所具备的生理与心理的素质，这些素质影响着个体操作技能形成的速度与质量。对于许多操作活动来说，都需要个体的肢体与心理参与，而个体的生理与心理特性必然影响着技能的学习过程。

（三）心智技能的学习

1. 心智技能的学习过程

（1）原型定向阶段

原型即事物的原样，由于心智活动具有观念性、内潜性和高度简缩性的特点，不易为人直接感知和把握。但心智活动也有其外化的物质原型，即实际的操作活动程序、实践模式。原型定向即了解这种实践模式，了解动作结构，各动作成分及其顺序等。该阶段个体主要是在头脑中形成程序性知识。

通过原型定向，个体在头脑中形成了有关活动方式的定向映象，而这种定向映象一旦建立，它就可以调节以后的实际心智活动，同时也是心智活动产生的基础。

（2）原型操作阶段

原型操作即把头脑中建立起来的动作程序以外显的方式付诸实施。在该阶段，活动方式是物质化的，即以外部语言、外显的动作，按照活动模式一步步执行。在操作的开始阶段，需要逐步展开，并不断变更活动对象，也就是说，练习者将心智活动的实践模式程序应用于多个问题的解决，以便为将来的内化提供基础。

个体在该阶段的活动是展开的、外显的，并经常借助于外部言语的引导和外部辅助手段，个体尚不能摆脱实践模式，而是依赖实践模式进行活动。

（3）原型内化阶段

原型内化阶段即心智活动的实践模式向头脑内部转化，借助于内部言语，个体可以在头脑内部进行程序化的心智活动，而且能以非常简缩、快速的形式进行。

当面临某一问题时，个体不必以言语表述出活动程序的每一步骤，而是在头脑中运作这些步骤，动作不必一一展开，有些步骤可以交叉或同时进行。有时个体自身都难以意识到操作的每一步，但实际上确实是按照该活动程序进行的。在该阶段，个体摆脱了实践模式，但已经将实践模式内化为一种熟练的思维活动方式，突出表现在外显的言语活动明显减少。个体面临一个新任务，始终复述任务规则，但随着练习的不断进行，法则复述消失。这是内化的一个标志。

原则上讲，新的心智技能应经过上述三个阶段才能形成，但若构成心智技能的某些成分已为学习者所掌握，则可以利用迁移规律而不必机械重复上述三个阶段。

心智技能形成的三阶段理论对于揭示心智技能的实质及其形成规律是非常有益的，对于教学内容的选择、编排、教学活动的实施及其有效地培养心智技能具有重要的指导意义和启发意义。

2．影响心智技能形成的因素

心智技能的形成是一个非常复杂的过程，受到许多因素的影响。此处仅列举几个重要的因素进行论述。

（1）实践模式的确立与选择

心智技能的形成是由外部活动逐步内化的过程，心智活动是实践活动的反映，外部实践模式即心智活动的实际操作程序，它的确立直接决定着心智技能形成的难易和最终形成的水平。由于心智技能是内潜、简缩、自动进行的，所以通过外部观察难以把握和推断其整个过程，加之个体自身也难以准确意识心智活动的进行，这为心智技能的实践模式的确立增加了难度。根据有关研究的实践经验，确立实践模式可以从两方面入手：一是分析专家或有效的学习者的口语报告、问卷调查等。许多专家在某一领域表现出非常熟练的心智技能活动，通过分析他们心智活动时的口语报告，可以获取各种信息，这种方法被广泛应用。二是应用心理模拟和活动分析的方法。心理模拟即用那种与人的心理功能具有相似的关键特征的物质系统来模拟人的心理活动，比如计算机就是经常用于模拟人类心理活动的一个物质系统。无论应用何种物质系统作为人类心理的模拟物，都必须通过活动分析才能使其发挥作用。活动分析即根据系统要完成的具体的功能来确定活动的结构、各动作成分的关系及执行方式。

通过上述两种途径所确立的心智活动模式应符合两个标准，一是实践标准，即该模式是否有效；二是理论标准，即有效性的原因分析。要达到这些标准，除了综合应用上面两种方法确立实践模式外，还应根据实际情况考虑模式的不同种类、不同层次的要求。

确立的实践模式不仅要有效、合理，还应该考虑可接受性，即学习者能否通过该模式形成心智技能。这就要求实践模式能够以外显的方式为学习者操作，应提供一套具体的可操作的实践程序，这是保证心智技能习得的前提条件。

(2) 学习者所获得的知识

技能的形成依赖于学习者所获得的知识。丰富的、组织良好的知识可以促进对新信息的加工，保证了技能的形成、发展与应用，同时也促进各种技能的整合，这为解决复杂的问题提供了前提。

脱离知识的学习而形成技能的捷径是不存在的。能否有效地应用心智技能去解决，这与个体所形成的知识结构有关。应用心智技能解决问题的能力受到知识发展程度的限制，脱离知识而教授技能是徒劳的。当然强调知识在技能形成中的作用并不否定技能对知识的影响，两者具有交互的作用。

(3) 学习心智技能的教学

在过去相当长的一段时间里，对心智技能的教学是欠缺的，这直接导致教学效率的低下，一种突出的表现是学生不会学习。这也表明心智技能的形成不是自发的，更多的是在教学条件下习得的，教学对于心智技能的形成具有直接的作用，有效的教学可以使学习者形成有效的心智技能，使学生学会学习，促使学生成为自主而有能力的学习者。各种学习策略的教学在一定程度上有助于这一目的的实现。

长期以来，研究者们提出了多种学习策略、学习技能的教学方法，如直接教学、交互教学。有的研究者强调直接教授学习策略，即教师直接讲解学习策略中的所有的成分，包括构成策略本身的各组成要素、元认知、有关的知识、动机，等等，并使策略模式化、程序化，学生练习这些策略并接受反馈。有的则强调交互式策略教学，即教学初期教师将学习策略模式化，然后由学生自己应用策略，学生同时扮演教师的角色去教授同伴学习策略，即进行责任转换。教师仅在必要时给予帮助。

此外，是专门教授技能、策略，还是结合某一学科的学习教授技能、策略也存在不同的看法。有人认为专门、单独地教授某种技能、策略可以缩短教学时间，且有助于提高个体的一般思维能力，因而具有广泛的迁移性；但也有人认为，脱离具体的学科进行技能、策略教学，学习者在具体的学习过程中不易应用、迁移这些技能和策略，对实际的学习没有明显的改善，因此，应结合具体的学科来教授。这是一种两难的问题，许多技能和策略教学是脱离具体情境的，学生不能应用；但在某一课程内进行教学又难以广泛迁移。当然，导致不能迁移的原因有许多，如将技能、策略的学习与知识的学习割裂；技能、策略的学习过程不是一蹴而就的，短期内不易产生明显的效果，需要进行长期的训练；再者，只训练几种技能和策略，要产生整体的明显的改善也并非易事，需要有综合性的整体的训练计划。

有效的教学应该注意以下几点：①在某一时期内，只教授几种策略或技能，并保证成功。很少有证据表明短时间内教授大量的策略与技能可以迅速改善学习者的学习能力。②在教授策略、技能的同时，也要教授元认知的有关内容，即告知学习者何时、何处、为何应用该策略、技能，同时要求对策略和技能的应用进行检查、监控。③维持学习动机，通过给予反馈、列举技能和策略的作用等实现。④提倡结合具体的学习课程进行教学。⑤注重策略、技能与知识间的交互作用。脱离知识的技能教学是不可能成功的。⑥无论是直接教学还是交互教学抑或其他的教学形式，都需要教师将策略和技能模式化、程序化。教师可以通过“大声思维”将使用策略和技能的过程外化出来。给学生提供必要的辅助线索、辅助手段，如记录策略的步骤和执行方式等内容的卡片。要求学生整合多种策略，以解决更复杂的任务。⑦策略、技能的教学是长期的、细致的，应始终成为教学的重要内容之一，尽可能地在课堂中创造应用策略与技能的情境，使学生能够掌握、 概括并迁移所学的技能与策略。让学生在熟悉的环境中熟练应用习得的技能与策略，在不熟悉的环境中通过元认知迁移习得的技能与策略。

三、品性的养成过程

态度的一贯性是品性的表现。因此，品性的养成应该基于态度的形成和改变过程。态度的外显性，使品性培养与评价成为可能，为学校进行品性教育找到了有效的途径。

（一）态度及其内涵

心理学研究认为，态度是通过学习形成的影响个体行为选择的内部准备状态或反应的倾向性。它由认知成分、情感成分和行为成分构成。认知成分是个体对态度指向对象带有评价意义的观念和信念。不同个体的态度中所含认知成分不同，如有的人基于理性的思考，有的人则基于情感冲动；有的可能基于正确的信息，有的则可能基于错误的信息。态度的情感成分指伴随态度的认知成分而产生的情绪或情感。态度的行为倾向成分是指个体所表现出来的行为意图，即准备对特定对象做出的某种反应。

职业教育中态度的含义更为宽泛，除一般意义的态度外，它还包括职业精神（敬业精神、创业精神）、职业信念、职业道德等。因此，职业教育要特别注意学生职业态度方面的培养，以利于职业能力的形成。

（二）态度的形成与改变阶段

态度不是先天就有的，而是社会性学习的结果。在家庭、社会和学校等不同情境的作用下，通过他人的社会示范、指示或忠告，将社会的要求内化为学生自己的态度，并会在一定条件下产生迁移和改变。

20世纪60年代，美国学者班杜拉提出了著名的社会学习理论，认为个体的态度形成是通过观察和模仿进行的。观察是指个体以旁观者的身份观察他人的行为表现，以形成个人的态度和行为方式；模仿则是仿照别人的态度和行为举止，使自己的态度和行为方式与被模仿者相同，以被模仿者为榜样。态度的形成和改变一般认为要经过顺从、认同和内化三个阶段。

1. 顺从

顺从是表面接受他人的意见或观点，在外显行为方面与他人一致，而在认识与情感上与他人不一致。在这种情况下，个人的态度受外部奖励与惩罚的影响。这种态度是由外在压力形成的，如果外在情景发生变化，态度也会随之变化。

2. 认同

认同是在思想、情感和态度上主动接受他人的影响，比顺从深入一层。因此，认同不受外在压力的影响，而是主动接受他人或集体的影响。

3. 内化

内化是指在思想观念上与他人的思想观点一致，将自己所认同的思想和自己原有的观点、信念融为一体，构成一个完整的价值体系。由于在内化过程中解决了各种价值的矛盾和冲突，当个人按自己内化的价值行动时，会感到愉快和满意；而当出现了与自己的价值标准相反的行动时，会感到内疚、不愉快。这是，稳定的态度（品德）便形成了。

（三）影响品性修养的因素

1．外部条件

外部条件是指学生自身以外的一切条件，包括家庭、社会、学校、班集体和同伴小集体等。

2．内部条件

影响态度形成的内部条件是指学生自身的各种因素，如智力、年龄、性别、教育程度以及其他各种心理因素。在各种内部条件中，心理因素是最重要的。心理因素一般包括：认知失调、认知不平衡、智力水平、教育程度和道德认知水平等。

四、素质的形成过程——知识、技能、品性的迁移、整合与类化

学校对学生职业能力的培养要与品性培养联系起来，进行职业分析，确定培养目标，都应考虑品性因素。例如，许多学校在图表开发时，要根据能力分析结果，按照不同的能力需要给出所需的品性。品性涵盖从事职业能力的多种成分，如敬业精神、职业信念、职业道德、创业精神、安全意识、环保意识、合作精神、积极的工作态度等。在对学生的品性培养方面，学校应注意如下问题：

（1）教师以身作则，起到榜样的作用。

（2）建立良好的育人环境，形成良好的氛围，来培养学生的良好态度。

（3）开展丰富多彩的社会实践活动，使学生在实践中得到熏陶。

（4）加强实习、实训教学环节，使学生感受正确的职业态度。

知识、技能、品性等的习得或会应用，并不等于已具备了职业能力。学生职业能力的形成和发展，有待于参与特定的职业活动或模拟的职业情境，通过对已有的知识、技能、品性等的迁移，并得到整合与类化，从而形成素质，具备能力。

（一）迁移与整合的基本过程

学习迁移与训练迁移，是指一种学习对另一种学习与影响或习得的经验对完成其他活动的影响。迁移广泛存在于各种知识、技能和行为规范的学习之中。

迁移现象不仅存在于知识间、技能间、行为间，而且知识、技

能、行为三者之间彼此也存在着迁移[①]。如，学生掌握了某一领域的专业知识后，这也将促进他掌握这一领域的某种技能；有效的技能学习也促进个体获得更多的知识。对一些行为规范的理解将影响个体与行为的形成。所以，迁移表明了经验间的相互影响。通过迁移，各种经验得以沟通，经验结构得以整合，这便于形成综合的能力。

1．迁移的分类

迁移的类型不同，实现迁移的过程与条件也有所不同，因此，对迁移进行划分，有助于探明产生迁移的最佳途径。迁移可分为以下几种类型：

（1）正迁移、负迁移与零迁移

正迁移是指一种学习对另一种学习起到积极的促进作用。如阅读技能的掌握有助于写作技能的形成。正迁移表现在个体对于新学习或解决某一问题具有积极的心理准备状态，从事某一活动所需的时间或练习次数减少，学习效率提高。

负迁移指两种学习之间有相互干扰、阻碍。如汉语拼音学习干扰英语中的48个音标的学习。负迁移表现在产生僵化的思维方式、缺乏灵活性、变通性，使某种学习难以顺利进行，学习效率低下。

零迁移也称中性迁移，它指两种学习间不存在直接与相互影响，事实上，许多经验之间存在多种直接或间接的关系，但由于多种原因，个体未能感觉到经验间的内存联系，不能进行迁移，使某些经验处于惰性状态，表现为零迁移。这一现象应引起中专职业教育的高度重视。即教师在教学活动中，如何激活这一障碍点，是值得深入研究的问题。

（2）水平迁移与垂直迁移

水平迁移也称横向迁移，是指处于同一抽象和概括水平的经验之间的相互影响。如直角、钝角、锐角等概念之间为逻辑关系并列的，学习时相互之间影响，即为水平迁移。

先行学习与后续学习是不同水平的学习，是某种下位能力的先行学习，进而对更高一级的后续学习发生迁移，叫垂直迁移。如作为先行学习的加、减、乘法能力的学习，对以后更高级的除法能力学习具有促进作用。也就是说为了学习除法，必须充分掌握作为前提条件的加、减、乘法的运算。必须具备熟练的下位能力作为纵向迁移的条

① S. M. Cormier & J. D. Hagaman (eds.) Transfer of Learning. Academic Press Inc., 1987

件，才能进行迁移。

(3) 顺向迁移与逆向迁移

顺向迁移是指前面的学习影响后面的学习。逆向迁移是指后面的学习影响前面学习所形成的经验结构，使原有的经验结构发生一定的变化，如得到充实、修正、重组或重构等。

(4) 一般迁移与具体迁移

一般迁移也称普通迁移，是将一种学习中习得的一般原理、方法、策略和态度再迁移到另一种学习中去。

具体迁移是一种学习中习得的、具体的、特殊的经验直接迁移到另一种学习中去，或经过某种要素的重新组合迁移到新情境中去。具体迁移对于系统掌握某一领域的知识是非常重要的。

(5) 自迁移、近迁移与远迁移

个体将所学的知识、技能、经验、态度等迁移到结构特征与表面特征都基本相同的其他情境中时，属于自迁移。如果能迁移到表面、结构特征都相似的其他学习情境中，则属于近迁移；如果能迁移到表面特征不相似但结构特征相似的其他学习情境中，则为远迁移。

2. 迁移的作用

迁移对于提高解决问题的能力具有直接的促进作用。要有效地解决某种问题，除需要一些基本的分析、综合、抽象、概括等思维活动外，还需要应用头脑中已有的经验。在学校情境中，大部分的问题解决是通过迁移来实现的，迁移是学生进行问题解决的一种具体体现。能否将原有的经验迁移到目前的问题情境中，这直接决定了能否解决问题。要培养学生解决问题的能力，就必须从迁移能力的培养入手。

迁移是习得的经验得以概括化、系统化的有效途径，是能力与品德形成的关键环节。学习的最终目的并不是将知识经验储存于头脑中，而是要应用于各种不同的实际情境中，形成职业能力，来解决现实工作中的各种问题。只有通过广泛的迁移，原有的经验才得以改造，才能够概括化、系统化，使原有的经验结构更为完善、充实，不断整合为稳定的心理调节机制，从而广泛、有效地调节个体的活动，解决实际问题。稳定心理调节机制的建立也就是能力与品德的心理结构的建立，迁移是习得的知识、技能与行为规范向能力与品德转化的关键。

应用有效的迁移原则，学习者可以在有限的时间内学得更快、更好，并在适当的情境中，主动、准确地应用原有经验，防止原有经验的惰性化。教育者可以应用迁移规律进行教学设计，在教材的选择、编排、教学方法的确定、教学活动的安排、教学成效的考核等方面，加快教学进程，提高教学效果。

3．整合的作用

整合是经验的一体化现象，即通过概括，使新旧经验相互作用，从而形成在结构上一体化、系统化，在功能上能稳定调节活动的一个完整的心理系统。整合可通过三种方式实现，即同化、顺应与重组。

同化是指不改变原有的认知结构，直接将原有的经验应用到本质特征相同的一类事物中去，以提示新事物的意义与作用。

顺应指将原有经验应用于新情境中时所发生的一种适应性变化，当已有经验结构不能将新事物纳入时，需调整原有的经验或对新旧经验加以概括，形成一种能包含新旧经验的更高一级的经验结构，以适应外界的变化。

重组指重新组合原有经验系统中某些构成要素或成分，调整各成分间的关系或建立新的联系，从而应用于新的情境。在重组过程中，基本经验成分不变，只是各成分间的结合关系进行了调整或重新组合。

通过同化和顺应这两种整合方式，可促进新旧经验的概括化；通过重组，可促进经验的系统化。通过不断迁移，经验得到整合，经验系统得以逐步地概括化，系统化，发展成为类化的经验，即基本能力。整合与能力的关系如图1-2-2所示。

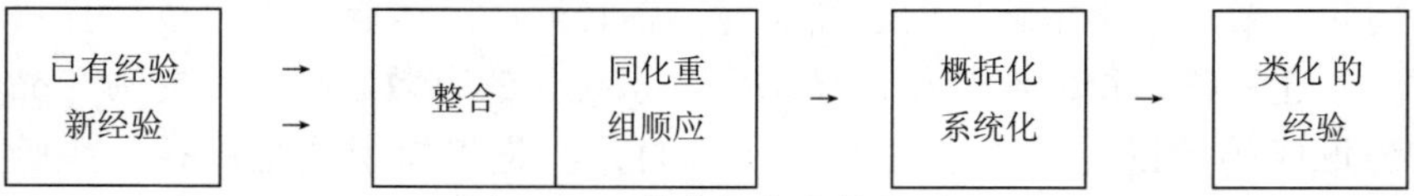

图1-2-2　整合与能力的关系

（二）影响迁移与整合的因素

研究表明，迁移的产生不是自动的，受制于各种条件。对不同类型的迁移而言，起决定作用的影响因素是不同的。

（1）学习材料相似性和学习目标与学习过程的相似性。

（2）原有心理结构。

（3）学习的心向与定势。

另外，除上述因素以外，诸如年龄、智力、学习者的态度、教学指导、外界的提示与帮助等都在不同程度上影响迁移的产生。

第四节 学习的风格

学习风格是由美国学者哈伯特塞伦于1954年首次提出的。学习风格一经提出，便引起教学心理学、学习理论和教学论工作者的广泛关注，并成为一个重要的课题，被誉为“现代教学的真正基础”。

一、学习风格的定义

学习风格是学习者持续一贯的带有个性特征的学习方式，是学习策略和学习倾向的总和。学习策略是指学习者为完成学习任务或实现学习目标而采用的一系列步骤，其中某一特定步骤称为学习方法。每一个体在学习过程中会表现出不同的学习倾向，包括学习情绪、态度、动机、坚持性以及对学习环境、学习内容等方面的偏爱。有些学习策略和学习倾向可随学习环境、学习内容的变化而变化，而有些则表现出持续一贯性。那些持续一贯性表现出的学习策略和学习倾向，构成了学习者通常采用的学习方式，即学习风格。虽然学习领域包括认知、情感和动作技能多方面，但其中主要是认知方面的学习，所以学习风格时常又被称为认知风格。实质上认知风格是学习风格的一个重要组成部分，是指感知、记忆、思维方式的个体表现，或接受、存储、转化、利用信息的不同方式。

学习风格源于沉重的个性特点，是学生个性在学习活动中的定型化、习惯化。教学只能是学生学习风格形成和完善的催化剂，却难改变它的本质特性。而且各种学习风格都有自身的优缺点，并无绝对的优劣之分，所以在分析教学对象时对学习风格做出诊断和验明，其目的绝不是试图去改变学生在学习风格方面的差异，而是在承认、尊重学生学习风格存在差异的前提下，为设计出有利于因材施教的教学方案提供依据。因此，从某种意义上说，因材施教就是“因风格而教”，它对于促进学生个性全面发展、和谐发展具有重要的意义。[①]

学习风格的特征主要表现在三个方面：一是独特性。学习风格是在学习者个体神经组织及其机能基础上，受特定的家庭、教育和社会

① 谭顶良．学习风格论[M]．南京：江苏教育出版社，1995.

文化的影响，通过个体自身长期的学习活动而形成，具有鲜明的个性特征，因人而异。二是稳定性。学习风格是个体在长期的学习活动中逐渐形成的，一经形成，即具有持久稳定性，很少因学习内容、学习环境的变化而变化。三是兼有活动和个性两种功能。具有鲜明个性特征的学习风格与个性特征本身的不同之处在于它对学习活动的直接参与。平时所说的气质、性格等个性因素对学习的影响都是间接的，它们都必须通过学习风格这一“媒体”作用于学习过程。

二、学习风格的要素

关于学习风格的构成，不同研究者提出了不同的标准。这里分别从生理、心理和社会三个层面对学习风格进行了划分。

（一）学习风格的生理要素

生理要素主要指个体对外界环境中的生理刺激（如声、光、温度等），对一天内的时间节律以及在接受外界信息时对不同感觉的偏爱。例如，在生理刺激方面，有的学习者学习时需绝对安静，有的则喜欢在背景音乐中进行学习；在时间节律方面，有些人喜欢清晨学习，有些人则喜欢在晚上或深夜学习。

（二）学习风格的心理要素

学习风格的心理要素包括学习风格的认知要素、学习风格的情感和学习风格的意动三个方面。

1. 学习风格的认知要素

学习风格的认知要素实质上是一个人的认知风格在学习中的体现。所谓认知风格，也称认知方式，指个体偏爱的加工信息方式，表现在个体对外界信息的感知、注意、思维、记忆和解决问题的方式上。认知要素具体表现在认知过程中归类的宽窄、信息的继时加工与同时加工、场依存性与场独立性、分析与综合、沉思与冲动等方面。目前研究较多的是场独立认知方式与场依存认知方式，冲动型认知方式与沉思型认知方式以及整体策略认知方式和序列策略认知方式。

（1）场独立性与场依存性。场独立性与场依存性这两个概念来源于美国心理学家威特金（H.Witkin）对知觉的研究。第二次世界大战期间，威特金为了研究飞行员怎样利用来自身体内部的线索和见到的外部仪表的线索调整身体的位置，专门设计了一种可以摇摆的座舱，舱内置一坐椅。当座舱倾斜时，被试可调整坐椅，使身体保持垂直。研究发现，有些被试主要利用来自仪表的视觉线索，不能使自己的身体恢复垂直。另一些人则主要利用来自身体内部的线索，尽管座舱倾斜，仍能使身体保持垂直。威特金将前一种人的知觉方式称为场依存方式，后一种称为场独立方式。后来的研究发现，场独立性与场依存性是两种普遍存在的认知方式。场独立性者对客观事物作判断时，倾向于利用自己内部的参照，不易受外来因素影响和干扰；在认知方面独立于周围的背景，倾向于在更抽象和分析的水平上加工，独立对事物做出判断。场依存性者对物体的知觉倾向于以外部参照作为信息加工的依据，难以摆脱环境因素的影响。他们的态度和自我知觉更易受周围的人，特别是权威人士的影响和干扰，善于察言观色，注意并记忆言语信息中的社会内容。

场独立性、场依存性与学生的学习有着密切的关系。研究表明，场独立性学生一般偏爱自然科学、数学，且成绩较好，两者呈显著正相关。他们的学习动机往往以内在动机为主。场依存性学生一般较偏爱社会科学，他们的学习更多地依赖外在反馈，他们对人比对物更感兴趣。场独立性者善于运用分析的知觉方式，而场依存性者则偏爱非分析的、笼统的或整体的知觉方式，他们难以从复杂的情境中区分事物的若干要素或组成部分。

此外，场独立性与场依存性学生对教学方法也有不同偏好。场独立性学生易于给无结构的材料提供结构，比较易于适应结构不严密的教学方法。反之，场依存性学生喜欢有严密结构的教学，因为他们需要教师提供外来结构，需要教师的明确指导与讲解。

（2）沉思型与冲动型。沉思与冲动的认知方式反映了个体信息加工、形成假设和解决问题过程的速度和准确性。沉思型学生在碰到问题时倾向于深思熟虑，用充足的时间考虑、审视问题，权衡各种问题解决的方法，然后从中选择一个满足多种条件的最佳方案，因而错误较少。而冲动型学习者则倾向于很快地检验假设，根据问题的部分信息或未对问题做透彻的分析就仓促做出决定，反应速度较快，但容易发生错误。总之，冲动与沉思涉及在不确定的情境中，个人对自己解答问题的有效性的思考程度，对其判别标准题的反应时间与精确性。研究表明，约30%的学前儿童和小学儿童属于冲动型。这里应当指出的是，并非所有反应快的学生都属于冲动型，有的可能是由于对任务很熟悉，或者是思维很敏捷的缘故。

研究发现，沉思型学生与冲动型学生相比，表现出具有更成熟的解决问题策略，更多地提出不同假设。而且沉思型学生能够较好地约束自己的动作行为，忍受延迟性满足，比起冲动型学生，更能抗拒诱惑。此外，沉思型与冲动型学生的差别还在于，沉思型学生往往更易自发地或在外界要求下对自己的解答做出解释；而冲动型学生则很难做到，即使在外界要求下必须做出解释时，他们的回答也往往是不周全、不合逻辑的。

在学习方面，沉思与冲动两种方式存在明显差异。一般来说，沉思型学生阅读成绩好，再认测验及推理测验成绩也好于冲动型学生，而且在创造性设计中成绩优秀。相比之下，冲动型学生往往阅读困难，较多表现出学习能力缺失，学习成绩常不及格。不过，在某些涉及多角度的任务中，冲动型学生则表现较好。

由于像阅读、推理之类的任务需仔细分辨概念，粗心大意的学生处于不利地位，尤其是当一个问题的答案不能直接得到，需要从一开始就仔细阅读材料，注意分析各种可能的条件时，更是如此。为了帮助冲动型学生克服他们的缺点，心理学家着手创造一些训练方法，对他们的不良认知方式进行纠正。研究表明，单纯提醒学习者，要他们慢一些做出反应，对他们并无帮助。但通过教他们具体分析、比较材料的构成成分，注意并分析视觉刺激，对克服他们的冲动型认知行为较为有效。也有人让冲动型学生大声说出自己解决问题的过程，进行自我指导，当获得连续成功以后，由大声自我指导变成轻声低语，而后变成默默自语。目的是训练冲动而又粗心的学生有条不紊地、细心地进行学习和解决问题。这种具体训练收到了较好效果。

（3）整体性策略与序列性策略。有些学生把精力集中在一步一步的策略上，他们提出的假设一般说来比较简单，每个假设只涉及一个属性，从一个假设到下一个假设是呈直线的方式展开的，这种策略被称为“序列性策略”。另一些学生则倾向于使用比较复杂的假设，每个假设同时涉及若干个属性，即从全盘上考虑如何解决问题，这种策略被称为“整体性策略”。采取整体性策略的学习者在从事学习任务时，往往倾向于对整个问题将涉及的各个子问题的层次结构以及自己将采取的方式进行预测，能把一系列子问题组合起来，注重全面看问题，视野比较宽，并依据对主题综合的、广泛的浏览，在大范围中寻找与其他材料的联系。采取序列性策略的学习者，则一般把重点放在解决一系列子问题上。他们在把这些子问题联系在一起时，十分注意其逻辑顺序，通常都按顺序一步一步地前进，所以，只有到学习过程快结束时，才对所学的内容形成一种比较完整的看法。他们往往把注意力集中于小范围，擅长用逻辑严谨、紧抓要点的方法，把学习材料分成许多段落来学习。

2．学习风格的情感、意动要素

学习风格的情感、意动要素涉及很多方面，这里仅就与学习动机有关的内控性与外控性、正常焦虑与过敏性焦虑以及学习坚持性展开讨论。

（1）内控性与外控性。内控性与外控性涉及控制源的概念。所谓控制源，指人们对影响自己生活与命运的那些力量的看法。根据学习者在控制源上的差异，一般分为两种类型：内部控制与外部控制。具有内部控制特征的学习者相信自己所从事的活动（包括学习活动）及其结果是由自身的内部因素决定的，自己的能力和所做的努力能控制事态发展。他们相信奖励依个人的行为而定。具有外部控制特征的学习者则认为自己受命运、运气、机遇和他人的摆布，这些外部复杂且难以预料的力量主宰自己的行为。他们相信奖励不依自己的活动而出现。当然，在全体人群中，极端的外控者和内控者只是少数，大多数是介于两个极端之间。

学习者持有的不同控制源主要是通过影响学生的成就动机、学生投入掌握任务的精力、学生对待任务的态度和行为方式、学生对奖励的敏感性及惩罚或分数对他们的意义、学生的责任心和对待教师的态度等一系列变量，从而影响学生的学习的。

（2）正常焦虑与过敏性焦虑。焦虑指某种实际的类似担忧的反应，或者是对当前或预计对自尊心有潜在威胁的任何情境具有一种担忧的反应倾向。按焦虑的性质，可分为正常焦虑和过敏性焦虑。正常焦虑是客观情境对个体自尊心可能构成威胁而引起的正常的焦虑。如学生面临重要考试而又把握不大时产生的考试焦虑；个人做了错事感到有可能损害自己形象时产生的焦虑等。这里需要指出，正常焦虑并不是指适当水平的焦虑，它同样可能出现过高或过低的不同水平，这取决于自尊心受到威胁的程度。过敏性焦虑不是因客观情境对自尊心构成威胁而引起，而是由遭到严重伤害的自尊心本身引起的。自尊心受伤害程度越高，过敏性焦虑水平越高。对于某些儿童或学生，由于他们在成长过程中没有得到外界，主要是父母的内在认可和评价，从而导致缺乏内在的自尊心和价值感，当他们遭受失败和挫折时，就极易引发神经过敏性焦虑。

无论是正常焦虑还是过敏性焦虑，与学习之间的关系是十分复杂的，其对学习是起促进作用还是抑制作用，取决于多方面因素，包括原有焦虑水平的差异、学习材料的难易程度以及学习者本身的能力水平。许多研究发现，对于机械的学习或不太困难的有意义接受学习和发现学习，焦虑有促进作用。但是当个体遇到了一种新的学习情境，尤其是遇到了一些已有的认识结构中尚无现成答案的问题时，不同的焦虑水平则会对学习产生不同的影响。从学习难度上说，难度大的学习，焦虑水平低较好；难度小的学习，焦虑水平高较好。由此我们可以看出，对于过敏性焦虑者，当他面临解答新问题时，往往会产生过分恐慌或焦虑的反应。如果他不能从现有的解决问题的“仓库”中找到一个现成的、合适的答案，那么就会抑制学习，并丧失学习信心。

此外，就学习情境压力与焦虑的关系来看，一般是低焦虑者在压力大的学习情境下学习效果较好，而高焦虑者则适合于压力较低的学习情境。

3．学习的高坚持性与低坚持性

学习坚持性作为学习风格的意动要素，是指个体为完成学习任务而持续地克服困难的能力，通常以学习者每次学习活动所持续的时间的长短为标志。

在学习过程中，学习者的坚持性的高低表现出较大的个体差异。具有高坚持性的学习者在完成一项较困难的任务时，能够坚持不懈，克服困难，面对挫折不气馁，直至最终完成任务；而学习坚持性较差的学习者则松松垮垮，一遇到挫折就灰心退缩，以致不能完成规定的任务。在需要学习者克服困难、战胜挫折、运用意志努力的任务中，两种学习者的成绩具有显著的差异，高坚持性者明显优于低坚持性者。对于后者来说，增强他的学习坚持性是提高学业成绩的一个重要途径。另外，学习者坚持性的高低受到学习情境、学习任务的吸引程度、学习者的态度、动机水平以及成人榜样等多种因素的影响。此外，教师或家长还可以通过提供积极的反馈来改善学习者的学习坚持性，尤其是根据学习者的个人目标进行反馈，效果更佳。

（三）学习风格的社会性要素

社会性要素包括个体在独立学习与结伴学习、竞争与合作等方面所表现出的特征。例如，有些人喜欢独立学习，与其他人一起时则难以集中注意力；有些人则相反，喜欢和他人一起学习。

三、学习风格的分类

学习风格的分类方法有许多种，每个人都从不同的角度对学习风格进行了考查。

考伯（Kolb）根据学习风格的知觉和加工动力特征，将学习风格划分为善于想象的、善于吸收的、善于逻辑推理的、善于调和的。所谓善于想象的学习者，就是吸收具体的信息进行思维加工，并把他们所看到的进行概括。善于吸收的学习者则从抽象的观念出发进行思维加工，他们边思考边看。善于逻辑推理的学习者从经验中抽象出信息并进行积极加工，他们从一个观念出发然后通过试验验证它。善于调和的学习者感知具体的信息并积极地加工，他们是感觉者、试探者 和操作者。

劳特斯（Lotas）根据心理的类型，将学习风格划分为四种类型：情感I、认知II、认知I、情感II。具有情感I学习风格的学习者喜好在群体中学习，对他人非常敏感，而且根据他人的情感进行决策。具有认知II学习风格的学习者则喜欢用事实建构和理解理论。具有认知I学习风格的学习者所关心的是生活的实践方面，并根据精确的信息进行决策。具有情感II学习风格的学习者关心的是生活的意义和目的，他们根据道德和美学进行决策。

费舍（Fischer）等人则把学习风格划分为情感的（两种类型）、增量的、感知通才—专才的、直觉的。第一种情感风格的学习者需要具有情感氛围的学习环境。第二种情感风格的学习者需要观点和活动的动力重叠。增量风格的学习者要求有一种逻辑—序列的结构。感觉通才的学习者往往是一个多感知的学习者，而感觉专才的学习者则喜欢某一种感知方式（听或看）。直觉的学习者根据不系统的信息和经验，突然洞察和产生意义并精确地概括。

麦卡锡（McCarthy）则综合了前面研究者的理论，形成了一种新的学习风格划分方式。他把学习风格划分为创新的、分析的、常识的和动力的四种类型。创新的学习者通过个人的参与和学习者之间的讨论寻求意义，他感知具体的信息并随意地进行加工，这种类型的学习者具有善于想象的风格。分析的学习者评价权威的事实和观点，抽象地感知信息，并进行思维加工。这种学习者在传统的课堂教学中非常成功。常识性的学习者想要知道事物到底是如何运作的，并寻找事物的关系。动力的学习者是冒险者，他们往往对隐藏的可能性有兴趣，所以他们是很好的问题解决者和创造者。

格莱高克（Cregorc）为了测定学习者的学习风格，设计了一种自我报告的工具。在这个测定工具中，他把学习风格划分为：具体序列、抽象序列、抽象随意、具体随意。格莱高克把具有具体序列学习风格的学习者描述为客观、执着、注意细节。具有抽象序列学习风格的学习者是对研究带有评价性、分析性和逻辑性的。具有抽象随意风格的学习者是敏感的、审美的、明智的和自发的。具有具体随意的学习者是直觉的、试验性的、创造性的和喜欢冒险的。

在托兰斯（Torrance）的学习风格的测定工具中，根据左右半脑思考知识的方式不同对学习者的学习风格进行了分类。研究指明，左半脑主要专长在语言、分析、抽象、时间、数字操作等方面；而右半脑的优势则突出非语言、整体、具体、空间、比喻、创造、直觉和美学的功能。托兰斯等人的学习风格模式把学习者的学习风格描述为左、右和综合风格。左和右风格的学习者反映了与左右半脑优势的特点，综合风格的学习者具有同等程序的左右半脑优势。①

另有一个与教学策略与媒体选用最相关的，即是Bandler与Grinder于20世纪70年代末期所提出的视觉、听觉、动觉的分类。

视觉类（Visual）的学习者：通常是经由“看”来学习，他们喜欢透过看照片、图表、示范、阅读及观看影片来学习事物，在设计数字教材时就可多应用学习者观看的教学策略，及选用可视化的媒体来呈现内容。

听觉类（Auditory）的学习者：通常是经由“听”来学习，他们喜欢透过听录音带、演讲、提问、辩论、讨论及口语化的教学来学习

① 陈晓慧. 教学设计[M]. 北京：电子工业出版社，2005.

事物，在设计数字教材时就可多应用刺激学习者听觉的教学策略，及选用有声多媒体来呈现内容。

动觉类（Kinaesthetic）的学习者：通常是经由身体活动及实际参与来学习。他们喜欢透过自己动手做、角色扮演、移动、接触及体验来学习事物。在设计数字教材时就可多应用做中学的教学策略，及选用能达互动效果的多媒体来呈现内容。学习风格本身并没有好坏之分，事实上，每一种学习风格都具有自己的优势和局限。对于一种学习风格，我们不能断言它是好的还是坏的，而只能说它是否适合于当时的情境。

第五节　应用的偏差

在教育情境中，学习的基本心理规律主要体现在五个方面：学习的动机规律、知识学习的心理规律、技能（包括心智与操作两种）学习的心理规律、社会规范学习的心理规律以及学习的迁移规律。本文无意逐一论述各种基本的学习心理规律，而是基于目前我国职业教育的现状，择取学习动机、技能学习以及学习迁移这三种典型的学习现象，剖析当前职业教育中学习心理规律的应用偏差，以其为科学、有效地将学习心理规律应用于职业教育提供参照。

一、学习动机规律的应用偏差

培养、激发和维持学生的学习动机，是保证有效教学得以实现的必要条件。毫无疑问，大部分教师对此都予以认同。但在实际教学中，学习动机的调动效果并不尽如人意。究其原因，在职业教育情境中，学习动机规律的应用出现了偏差，陷入了某种误区，这突出表现在两个方面：一是过分依赖于某种单一动机的调动，致使其他多种可利用的动机源处于闲置状态；二是学习动机的调动表现出急功近利的倾向，缺乏可持续性的发展后劲。

（一）单一动机源的挖掘和丰富动机源的闲置

采取多种方式、利用多种资源来调动学生的学习动机，大部分教师或许对这条教学原则并不陌生。但在实际教学情形中，由于不合理的教学观念的误导以及复杂的教学情境的制约，该教学原则并未得到切实的贯彻执行。

毋庸讳言，由于基础教育阶段的消极学习体验、社会上对职业教育持有的偏见、课程内容枯燥或实用性不强、教学方式单一等各种原因，许多职业学校的学生普遍存在厌学倾向，内部学习动机明显欠缺。但是，相对于普通学校的学生而言，职业学校学生的外部动机略为丰富些。我们曾对北京市九所职业学校近2500名学生的学习动机进行调查，发现大部分学生具有多种学习动机，其中最为典型的有六种：一是完善生活的动机，即为求得安稳的工作、富裕的生活而学习；二是社会交往的动机，希望通过学习，增进人际交往，得到他人的认同与尊重；三是职业提高的动机，如为获得职业资格认证而学习；四是求知的动机，为满足求知欲、增长才干而学习；五是服务社会的动机，学习是为了更好地助人和服务于社会；六是寻求社会刺激的动机，通过学习，以摆脱单调乏味的生活或令人不悦的环境。在这六种学习动机中，除了求知动机是直接指向学习活动的内部动机之外，其他动机多表现为外部动机。调查表明，职业学校学生的外部学习动机的丰富程度显著超过内部学习动机，外部学习动机的强度也高于内部学习动机。可以说，外部学习动机是职业学校学生进行学习的主导性动机。

有关学习动机的研究证明，从长远和总体的角度来看，受内部动机驱使的学习要优于受外部动机驱使的学习。具有内部动机的学习者，往往具有较强的求知欲、好奇心或者完善自身能力的内在驱动力；在学习过程中主动地进行自我调控，主动地选择有效的学习策略和问题解决策略，即使遇到困难与挑战，也能够坚持。相比而言，受外部动机驱使的学习者，无论从学习态度、学习方法的选择以及学习成效来看，其状况远不如内部动机驱使者。为此，许多研究者和教育者极为重视内部动机，将内部动机的有无、强弱视为学业成败的决定性因素。

内部动机的作用是毋庸置疑的，但是，没有内部的学习动机并非意味着没有学习动机。内部动机仅仅是学习动机的源泉之一，丰富多样的外部动机也可以促动学生参与学习活动，成为学习的动机源泉。教育者若无视目前职业学校学生的学习动机现状，一味地强求学生具有内部动机，这不仅是徒劳的，而且也很容易让学生产生无助感或者抵触情绪，无法从根本上转变学生的学习态度。同样，苛求学生具有学习的内部动机，这有可能使教师产生两种极端的做法：要么将此类学生视为不求上进、朽木不可雕的另类，慨叹、抱怨学生的被动、懒惰，进而放弃教育的职责；要么采取强制手段，迫使学生从事学习活动。事实上，这些现象或做法在目前许多职业学校中都是非常普遍的。

从课程内容的改革入手，加强所学知识技能的实用性、有趣性、科学性等，以激发学生的内在求知需要，这无疑是调动学习动机的最为直接、也极为有效的一种方式。但是，教育者也应该正视目前职业学校学生的动机状况，采取迂回或间接的方式，充分利用他们多元化的外部学习动机，因势利导，这也能够在一定程度上促使学生参与学习活动，进而达到殊途同归的效果。外部学习动机的合理使用也将有可能使学生在参与学习活动的过程中体验学习的乐趣，产生学习的兴趣，由此，外部动机有望转化为内部动机。总之，外部学习动机和内部学习动机都是促动学习的有效动机源泉，应根据职业学校学生的具体情况，广泛利用多种动机源。

（二）短近动机的依赖和长远动机的放弃

有效、合理的动机系统应该既包括短近、直接的动机成分，也包括长远、间接的动机成分。短近动机在学习进程的启动方面具有独到作用，长远动机则有助于明确学习方向，为学习活动的维持提供潜在动力。若只有短近动机，学习者虽然可以启动某种学习活动，但该活动通常会因为困难的出现、情境的变化等诸多原因而终止，学习者容易放弃、退缩。此外，学习中也经常表现出急功近利的倾向，缺乏远虑和系统规划，致使发展后劲不足，学习目标不明。若只有长远动机，学习者的学习活动虽然有一定的指向性，但容易好高骛远，无法将学习活动落实到具体行动中。长远目标的遥遥无期或高不可攀，也使得学习者因无法得到及时强化、回馈而逐渐放弃，或者自我否定、产生自卑感。因此，从学习活动的启动与维持来看，短近学习动机和长远学习动机都是不可缺少的，两者相互促动才能真正发挥动机的合力作用。

如前所述，目前职业学校学生普遍缺乏稳定的内部学习动机，所具有的外部学习动机多是比较短近的，诸如谋取一份稳定的工作，摆脱令人厌恶的环境，结识新的朋友，获取资格证书，通过考试，等等。直接、短近的外部动机是促使职业学校学生参与学习活动的主要动机源，在学习活动启动之初发挥重要作用。与普通学校学生相比，职业学校学生的学习动机较为多元，其就业取向较为明显，这在一定程度上体现了学习动机的长远特性。尽管如此，从总体来看，这类学习动机的目标层次相对较低，作用时效较短且不稳定。此外，由于学习动机大部分源自外部诱因，很少涉及学习者自身的生涯发展，因此，此类动机也很容易受多种因素的影响而动摇、放弃。长远动机的缺乏不仅使得学习目标不明、学习后劲不足，而且也在一定程度上削弱了短近动机的作用，致使动机系统无法发挥其正常的作用。无论是从改善当前的学习成效来看，还是从促进终身学习和生涯发展来看，短近动机可被利用，但不可完全依赖，应该着力培养学生的长远、稳定的学习动机。然而，就目前职业教育的现状来看，长远动机的培养有所弱化，其中生涯发展辅导的缺失无疑是主要原因。

学习的长远动机是与生涯发展密切联系的，学生在职业学校中的学习实际上是其生涯发展过程中的一个重要阶段。学习者如果能够有意识地了解自己的学习方式、职业性向、价值观、个性特点等，如果能够准确、客观地了解所学专业的特点与工作要求、该专业领域的发展现状与前景等，如果能够在自我觉察与专业觉察的基础上，合理、积极地进行生涯规划，那么，当前的学习与生涯发展就能够有机融合，短近的学习动机与长远的学习动机也能够相互呼应与促动。然而，无论是职业教育还是普通教育，生涯规划的辅导尚未列入教育日程。由此，学生当前的学习与生涯发展被无形地割裂，可利用的长远动机源也被阻断。

诚然，生涯辅导或生涯教育不是一时一事即可完成的，也并非只是由职业教育阶段来承担，而应从义务教育阶段开始，并延伸至后续的高中教育、高等教育乃至继续教育阶段。但是，鉴于当前我国职业教育的特殊定位，对学生进行生涯规划方面的辅导也就显得更为必要与迫切。一味地谴责或抱怨基础教育的遗留问题，这是无济于事的，直面现实并尽力改变现状才是解决之道。生涯辅导的方式可以多样化，既可以开设专门课程，也可以举办相关讲座。就目前来看，将生涯辅导与学科专业课程的教学相融合，在学科专业学习中渗透生涯教育，这不失为一种可行、有效的方式，尤其在长远动机与短近动机的相互促动方面，将会产生独到作用。在职业教育阶段，生涯辅导的主要目的就是帮助学生了解自身和社会脉动，选择适合自己的职业生涯道路，发展生涯所需的各种素质，拓展生涯成长的空间。当眼前的学习与自我的人生发展密切相关时，学习的价值易于被认可，学习的主动性也易于调动和生发出来。更为重要的是，通过生涯辅导，学生的自我认知、自我规划、自我抉择、自我引导等各种自我调控能力与自我负责态度也将有所改善。

二、技能学习规律的应用偏差

与基础教育以及其他普通教育相比，职业教育的一个明显特征是面向工作实际，培养具有一技之长乃至一专多能的专业技术人才。专业技能培训是职业教育所关注的核心问题，围绕该问题所展开的有关探讨，如实践能力与理论知识的关系、技能培训的方式、专业课程内容的选编等，都为技能培训的优化提供了有益的参考。长期以来，由于历史遗留问题及其教育资源匮乏，职业教育一度是重知识，轻技能。现在这种状况虽有所改观，但鉴于对技能的内涵以及技能学习规律的认识存在偏差，又相伴而生了另类问题，突出表现在两个方面：重外显操作技能训练、轻内隐心智技能培养，将具有密切联系的技能学习的不同内容成分割裂开来甚至对立起来；在操作技能培训的方式上，重视操作动作的实际操练，忽视心理调控方法在其中的重要而独到的作用。这无疑在很大程度上制约了技能学习的速度与水平，也制约了学生的综合素质的发展。

（一）外显操作的强化和内隐心智的弱化

熟练掌握专业技能，这是职业学校学生就业的基本保障。因此，专业技能的学习对职业学校的学生具有举足轻重的作用。就专业技能的基本成分而言，主要包括两大方面：操作技能和心智技能。前者是外显的、一系列合法则的操作活动方式，可以通过肢体动作的速度、幅度、力量、准确性、连贯性、协调性、灵活性等行为指标反映出来。后者是在头脑内部进行的一系列的认知加工活动，是内隐的心智活动方式，其最基本的形式通常表现为信息的编码、存储与组织、表象的建构、经验的类比与推理等以及在此基础上建立起来的各种综合性的认知加工策略和问题解决策略。高水平的专业技能的掌握依赖于操作技能和心智技能二者的协同发展。

操作技能的形成需要反复的操练，但绝不是简单的机械操练，其中蕴涵着心智技能的调控。从操作技能形成的过程来看，无论是对操作动作的认知，还是模仿、整合等，都涉及多种复杂程度不同的心智技能活动，比如，如何编码动作信息、如何建构动作表象、如何建构动觉感受、如何采用有效策略来记忆一系列连贯的操作动作、如何分配练习时间、如何监督和调节自己的操作过程、如何根据工作情境将不同操作动作加以创造性组合等。正是借助于这些心智技能，学习者的操作活动才能有序、准确、灵活，才有可能根据具体情形做出创造性的重组、变革。缺乏心智技能调控的操作活动是刻板的，形式化的，即使具有“一技之长”，也只能发挥操作技能的工具性价值，学习者也只是成为了某种工具，而不是利用工具进行创造、进行变革的、具有高度适应性的主体。重视操作技能的培训是极为必要的，但若因此而偏废心智技能的培养，既直接制约了高水平的操作技能的形成，也使得学生缺乏发展后劲和职业竞争力。

但大部分职业学校在专业技能培训中，或多或少、或显或隐地持有“专业技能＝操作技能”“心智技能＝理论知识”等不合理的观念。因此，无论是在校内的各种实训、实践类课程中，还是在企业中的见习、顶岗实习活动中，都将操作技能或“动手”能力作为培训的重中之重、乃至唯一内容，而对“动脑”的要求则有所降低。导致这种偏差的原因主要有以下几种：第一，从技能的特性来看，操作技能具有外显性，从无到有、从不熟练到熟练的一系列变化过程易于被感知，其成效也易于被认可；相对而言，心智技能比较内隐、简缩，其变化、发展及其作用机制都不易被察觉，其成效也不易被外化出来。第二，从技能的学习来看，其进程是负加速的，即学习初期的进步速度比较快，中后期的进步速度有所减缓。对于职业学校的大部分学生而言，都是进入职校后才开始接触具体专业的，因此，其操作技能的学习进程处于初期，相应的进步程度比较明显，从不会到会的转变也让学生主观感觉有质的飞跃。而心智技能的学习至少从小学阶段就开始了，即使现在有所改善或提升，但相比于操作技能，其进步幅度略小些。第三，就学生的心理感受而言，操作技能的直观性、新异性、实用性等，都有助于提升学生的学习兴趣和学习效能感，进而促进学习的成效。与之相对，心智技能是不少职业学校学生的弱项，基础教育阶段的消极体验使得他们厌恶、回避、应付那些心智成分含量较高的科目或课程，当然也就不可能主动地锻炼自己的心智技能，而由此导致的潜在弊端短期内也不会显露出来。鉴于这些原因，操作技能很容易被视为专业技能的标志性成分，自然成为专业技能培训及其评估的核心内容，甚至是唯一内容。

若从培养可持续发展的人力资源的职业教育目标出发，心智技能的培养无疑是职业教育的重要内容。虽然心智技能是内隐、简缩的心理活动，但就其形成的基本过程而言，是一个由外到内、由展开到简缩的逐步内化、逐步精简的过程。在学生的心智技能形成之初，教师可以选择具有代表性的样例、原型等来示范、讲解，引导学生感知、体验、练习心智技能中的每一步。之后，不断变换样例和原型，使学生的心智技能在练习中不断地概括、精熟、完善。至于职业教育中应该培养学生的何种心智技能，这要视具体的学习内容、学习阶段而定。但就教师而言，其专业水平必在学生之上，其头脑内部有许多优于学生、且能够为学生仿效、学习的心智技能或各种思路、策略等。因此，若教师能够有意识地梳理、外化自己在解决专业问题时的心智技能或思路，为学生提供可参照、可仿效的模板，并不失时机、恰如其分地将心智技能的培养与专业知识的传授有机融通，那么，对于那些缺乏必要的心智技能的学习者而言是极有助益的。这也是被大量的研究与实践所证明了的有效的教学模式。需要澄清的是，心智技能的培养不是由某个专职教师、某些理论课程来承担的，相反，每个教师、每门课程都应承担起此项任务，将心智技能或学法的培养作为重要的教学内容之一。这样做并非是增加教师的负担，而是帮助教师优化教学，提升教学水平。

此处强调心智技能在学生专业技能形成中的作用，但绝无淡化或弱化操作技能之意。过去曾因重理论、轻技能而制约了学生的专业成长；同样，重操作、轻心智的教育方式也必将埋下隐患，其代价或许比前一种偏差更大，因为后者导致的弊端更为隐蔽，更为持久，也更为严重。当然，在培训的不同阶段，侧重于不同的技能，这是合理的，但绝不能将两者割裂或对立，也不能偏废任何一种技能。及早地意识到可能出现的问题并加以防患，这不啻为上策。

（二）动作操练的重视和心理训练的冷落

操作技能的形成需要实际的动手操练或练习，唯有通过反复的练习与实践，才有可能达到熟练化。操练是保证技能形成的决定性因素，这是毋庸置疑的。但要提高操练的效率与水平，借助于各种有针对性的心理训练是非常有必要的。广义的心理训练泛指采用一定的方法和手段对大脑进行专门化的训练。此处拟从技能学习的角度取其狭义，将心理训练视为学习者在头脑中积极复演操作技能程序或结构的认知过程。除上面所强调的心智技能外，心理训练亦是直接改善动作操练的心理调控方式。但心理训练在目前技能培训中并未得到有效的利用，其原因主要有两个：一是对心理训练的独到作用缺乏充分的认识，致使心理训练的意识淡薄；二是对心理训练方法不甚了解而产生的高不可攀的畏惧心理。

操作技能形成的关键是练习，但练习的方式是多样的。大量研究表明，就操作技能的形成而言，心理训练具有其他训练方式所不可替代的独到作用，这至少体现在三个方面：①促进动作技能的存储与习得。在技能形成的初期，需要多种心理认知成分参与其中，如对操作情境的感知与注意、建构并存储动作表象、转换及组合表象等。与单纯的身体动作练习相比，心理训练更强化了多种高级认知资源的利用，更有助于形成准确的动作表象，并利用这种表象来调控动作的执行，纠正错误的动作。②促进动作技能的提取与应用。虽然在操作技能学习的后期，其动作已达到熟练化，对认知成分的依赖性逐渐降低，但是，就高水平的操作技能而言，认知仍发挥其高端的调控作用。尤其当操作情境变化或出现异常现象时，学习者如何集中注意力、提取并重组技能、灵活应对等，都依赖于高级认知过程的参与。而心理训练的主要目的恰恰是促进这些活动的顺利完成。③整体提高操作技能学习的效率。由于心理训练基本上不受时间、地点和设备等因素的限制，当设备或仪器的数量有限时，学生可以分组轮换进行肢体动作操练和心理训练，或者在肢体训练间隙进行心理训练，身体不易产生疲劳，同时也可巩固所学技能，改善学习方式。总之，心理训练作为一种辅助手段，无论是在操作技能形成的初期还是中后期，都能够发挥其独到的作用。若只是狭义地将肢体动作操练视为操作技能练习的全部内容，而无视心理训练或将其排除在外，这无疑是一大损失，也在一定程度上制约了操作技能学习的效率。

即使教师意识到心理训练在操作技能形成中的独到作用，也往往因对心理训练程序本身缺乏了解而心生畏惧，认为心理训练是一项专业技术性的工作，非普通教师所能掌握。其实，这是对心理训练的一种误解，也正是由于这种误解，在很大程度上限制了心理训练在技能培训中的作用发挥。虽然心理训练有其特定的、规范的执行程序，有针对不同的学习内容、不同的学习阶段以及不同的学习者的各种单一或综合的训练方式，有些心理训练确实需要专业人员的参与，但就职业学校的操作技能学习而言，仍有一些简便易行的心理训练方式可作为辅助手段加以利用。况且不少教师自己在学习某项操作技能时，或者在培训他人掌握操作技能时，都在有意或无意地利用不同形式的心理训练，如在头脑中复演动作流程、应用视觉遮掩法加强肢体的动觉感受等。可以说，将心理训练融入常规的操作技能培训中，这不仅是必要的，也是可行的。

为确保真正发挥心理训练的实效，教师首先应了解可用的心理训练方式，然后结合具体培训内容以及个人在学习与教学过程中的亲身体验，选用适宜的方式。心理训练的方式有多种，既有旨在提高一般心理技能的，如动作记忆训练、表象训练、注意力控制训练等，又有旨在改善专项操作技能的，如手感训练、手眼协调感训练等；既可以使用某种单一的训练方式，以着力解决某个特殊问题，也可以综合或成套使用，以整体改善学生的学习方式与学习成效；既可以在某个特殊阶段进行短期的心理训练，也可以定期地进行系统长期的心理训练。虽然方式多种多样，但是法无定法。教师若能明确意识到心理训练在操作技能培训中的作用，了解几种可用的方式，并主动尝试利用，那么，经过一段时间的摸索体验，教师终将能够掌握这类训练方法，也能够灵活、创造性地应用。心理训练方法的使用不仅可以改善教学方式，提高教学效率，也可以调动学生的主动参与性，改善其学习方式。当然，这项工作应由任课教师结合技能培训课程来完成，独立开设心理训练课程是无效的，这已被许多研究所证明。

三、学习迁移规律的应用偏差

无论是普通教育还是职业教育，培养学以致用的迁移能力都是重要的目标之一。但鉴于普通教育的性质及其定位，对学以致用达标程度的衡量较为间接。相比而言，职业教育则必须直面迁移问题，可以说，学生迁移能力的强弱通常是衡量职业教育质量的一项综合而直接的指标。学生能否将学校中习得的知识技能迁移到真实的工作场所？或者学生在学校中习得的经验是否适用于就业岗位？显然，迁移可以看作是检验教育成效的试金石。当社会对智能型、复合型、创新型等人才的需求越来越迫切时，职业教育面临的挑战也就越来越大，社会对其培养质量的质疑也越来越多。诚然，将高水平人才培养的重担压于职业教育，确实有些勉为其难；将出现的问题归咎于职业教育，也有失公允。但反观职业教育本身，确实在诸多方面有待完善。就学生迁移能力的培养而言，虽然愿望良好，目标明确，并在硬件条件上着力建设，但软性条件的建设与开发的力度不够；避重就轻、急功近利的倾向也比较明显。

（一）迁移硬件的建设和迁移内涵的欠缺

无论是从职业教育自身的功能来看还是从社会要求来看，培养学习者的迁移能力都毫无疑问地成为优先关注的目标。如何最大程度地实现这一目标？就目前来看，最为突出的改革举措之一就是建立各种形式的实训基地或实训室。不管是校内实训基地、企业内实训基地或者是公共实训基地，都是试图为迁移能力的培养搭建平台，创设环境。实训基地究竟是常规教室的替代、补充还是附属？虽然在此问题上看法不一，但毫无疑问，实训基地建立的出发点就是试图帮助学生搭建一座桥梁，以沟通学校和真实的工作场所，使他们能够协调好各种关系，如理论知识与实践技能，零散单一经验与系统整合经验，文化课程与专业课程，学习者角色与工作者角色，学习过程与工作过程，等等，进而能够适应真实的工作环境，胜任就业岗位。

但是，从当前实训基地的建设现状来看，对建筑及其设备等硬件因素考虑较多，对基地所应承载的实训功能、如何实现这些功能等缺乏科学、系统的规划与开发，对其中所应依据的教育与心理学规律缺乏深入思考和内涵挖掘，尤其对迁移能力形成的机制缺乏准确认识，这在一定程度上制约了实训功效的发挥。衡量一个实训基地的成效大小应该综合考虑多种因素或条件，若仅就促进迁移能力培养这个目标而言，至少要考虑以下两个实质性的问题：

首先，实训基地是否营造了一种真实的工作情境？根据学习的情境理论，个体的学习活动实际上是主动参与实践活动、与环境保持动态适应的过程。学习不可能脱离具体的情境而产生，情境是整个学习中重要而有意义的组成部分。场景或情境不同，所产生的学习也不同，学习受到具体的情境特征的影响。假定实训基地的空间布局、设备摆放方式等都带有明显的展示或演示目的，摆脱不了传统教室的痕迹，那么，这种实训基地的情境特征就比较单一、失真，基于这种情境而形成的认知结构是不完备的，所产生的心理感受和期待是有偏差的，学生无法形成真实工作的体验及其相应的能力，因此也就难以迁移。反之，实训基地越能够真实再现实际工作情境，学生的主观相似感就越强，迁移意识越强，也越有助于较为完备的实践能力的建立及其迁移。值得注意的是，实训基地所营造的真实情境不仅体现在物理设备或装置的保真或仿真方面，必要时也应考虑到社会资源的介入。真正的实践能力既表现为与设备等物理环境的有效互动，也表现为与社会环境的有效互动，在人际互动中不断提高社会化水平。

其次，实训基地是否给学生提供了充分条件与机会来形成整合的、适应性的活动经验？当我们强调实训基地的保真性时，并非意味着对真实工作场景的原样复制。保真固然重要，但其成本也相应较高，没有必要过分追求高保真性。就迁移能力的形成来看，实训基地所具有的功能等效性比物理保真性似乎更为重要。顾名思义，功能等效性强调的是实训基地与真实情境具有同样、甚至更优的培训效果，能替代真实情境来完成相应的实训任务。在规划和开发实训基地时，不仅要考虑保真性，更要注重如何依据学习的心理规律、尤其是迁移规律来布置实训场景、设计活动内容，以最大程度地发挥其实训的功能。在常规的职业教育情境中，专业技能培训多是分散在不同的专业课程中分步、分项、单独进行的，学生缺乏机会将各科知识和各项技能综合性地加以应用，而实训基地无疑为弥补这一缺陷提供了平台与机会。如果教师及其相关人员能够结合教学内容及工作岗位任务要求，精心设计实训课程，精选典型、关键的综合性工作任务及其流程作为训练重点，监控与调节练习进程，并根据学生的进度与水平适时而合理地组合、变换实训项目或活动，那么，学生就有可能从对个别岗位的个别知识点和技能点的了解发展到对岗位群的全面了解与掌握，从对单一工作环节的掌握到多岗位轮换、完整项目流程的顺利实施，从常规情境下的基本技能的熟练掌握到变化的特殊情境下的灵活应对。借助于实训基地，学生加快了从学到用、从简单应对到主动适应，乃至创造的转变过程。

（二）近迁移的追求和远迁移的回避

当学生走向实际工作岗位时，能否将学校中习得的各种经验加以应用？换言之，习得经验的迁移范围有多大？只能迁移于极为相似、有限的工作任务上，还是能够迁移于多种不同的工作任务上？前者可视为近迁移，后者可视为远迁移。当然，近与远是相对而言的。毫无疑问，从教育效率及社会需求的角度来看，远迁移似乎更受人青睐，因为它更符合复杂多变的就业环境对人的适应能力所提出的较高要求，更能显示教育的成效。但从目前的实际状况来看，在理念和态度上，远迁移是被认同的，在具体实施过程中，远迁移又是被忽略、甚至挤压的。导致这种状况出现的原因既与远迁移的特点有关，又与职业教育的发展现状有关。

与近迁移相比，远迁移的实现更依赖于多种内外条件的联合支撑或支持。所掌握的某一领域的专业经验在一定程度上可以保证近迁移的实现，但对于远迁移而言，这种专业经验只是一个基本条件而已。学习者的迁移意识、经验的整合性与灵活性、内隐经验的丰富性以及外部的组织支持、人际氛围、物理环境线索等内外因素都同时决定着远迁移能否发生。此外，从时间进程上看，远迁移具有一定的滞后性，其存在与否往往是通过学习者在后续的一系列活动中能否成功地应用所学经验来检验的。也就是说，职业教育的远迁移效应通常是在学生离开学校之后的就业过程中得以体现的，这种时间上的延后也在一定程度上弱化了学生在校期间的学习状况对远迁移效应的有效支持和准确预测作用。总之，由于远迁移效应在短期内不易得到证明，且其产生又受到多种因素的制约，因此，远迁移似乎就成了一种高不可攀、遥不可及的长远目标，并被暂时搁置一边。

就我国目前的职业教育现状而言，就业导向的现实要求使得职业教育在培训内容、培训方式以及培训时间上都力求专门化、短平快，尤其强调专项技能的反复操练，以试图培养学生的一技之长。但由于历史以及现实的多种原因，大部分职业学校学生的文化基础相对薄弱，学习技能比较欠缺，学习态度也存在不同程度的偏差，这无疑增大了职业培训的难度。处于内外压力困境中的职业教育在设定培养目标时，自然更注重其时效性，近迁移能力的培养成为优先考虑的因素。至于远迁移能力的培养，似乎只能存于理念层面，而无法付诸于实际。

虽然职业教育领域对远迁移的回避有着某种必然性或者合理性，但无论是从远迁移能力培养的必要性来看，还是从其培养的可能性来看，都需要职业教育去直面这一问题。既然如此，职业教育如何顺应社会要求，综合考虑学生能力特点和意愿以及学校自身优势来着力培养迁移能力、开发具有可持续发展后劲的人力资源，以充分体现职业教育在社会发展中的特殊价值及不可替代性呢？首先，从观念层面上看，既要认同远迁移在学生职业生涯发展中的重要作用，又要摆正近迁移与远迁移的关系。近迁移是基础，不积跬步，无以至千里。但不能停留于近迁移，更不能以损害、抑制远迁移为代价而急功近利地机械训练。应该以发展的、前瞻性的眼光，从战略的高度将远迁移能力的培养融于常规培训中，为学生的职业发展注入可持续发展的活力元素，避免步入就业即失业的怪圈。其次，从实际操作层面上看，除了协调、处理好文化课程与专业课程、理论知识与实践技能、心智技能与操作技能、课堂教学与实训基地训练等各种关系外，还应高度关注促进远迁移能力形成的其他关键因素。比如，培养和树立学习者的主动迁移意识、迁移精神和迁移动机；设计正式学习与非正式学习的双向沟通、互为支持的跨情境学习环境，营造适宜氛围，以充实学生的内隐经验与观念；为学生创设机会，使其体验成功，以培养积极的学习与生涯发展的自我效能感；建立学习共同体，促进学生的认知发展和社会身份认同，加速社会化的进程。为此，职业教育者和培训者首先应具有明确的培养学生远迁移能力的意识，否则很难将上述活动融于常规的职业教育活动中。

随着国家对职业教育的日益重视以及经费投入的日益增多，有必要深入、系统地探讨如何遵循学习与教育规律来改革当前的职业教育。其中避免误用学习的心理规律，力求协调好外显经验与内隐经验，短近成效与长远成效，专项技能与综合素质，个体与共同体，课堂环境与实训环境等之间的交互关系，这无疑是矫枉过正、从根本上提升职业教育的水平与成效的一个有效途径。

第三章 职业教育传播理论

传播理论就是运用现代传播学的理念与方法等，对相关信息传送的过程与方式、信息的结构和形式、信息的效果和功能等方面做出相应的解释与说明。用信息传播理论来分析教学活动，教学内容（各类知识、各种技能、思想观念、意识等）则是多样化的教学信息，教学过程就是一种信息传播的活动。从教学设计的角度所关心的是：教学内容如何安排和设计才能使之既反映学科知识的科学与合理性，又能适合学生的心理特点与认知规律；如何设计教学信息，才能使教学活动比较顺利地达成教学目标，又能取得最佳的学习效果；从信息传播的渠道来看，不同的传播媒体也会产生不同的传播效果。

第一节 职业教育传播模型

人类传播主要有四种类型：人际传播、组织传播、大众传播和教育传播。其中，人际传播是研究个人与个人之间的传播，以面对面传播为主；组织传播是研究组织与组织之间的传播，以印刷媒体传播为主；大众传播是研究组织对不确定的大众的传播，以印刷媒体、广播、电视、计算机网络等媒体传播为主；教育传播是研究学校对学生的教育传播活动，包括课内、课外，近距离、远距离的教育传播活动。职业教育是教育的一种类型，它有着自身特殊的规律。因此，职业教育也就有着自己的传播模式。

一、职业教育传播的模型

职业教育的传播一般也包括信源、信息、通道和受者。职业教育的信源是社会、学生和职业。这些信源提供了社会、学生和职业的需要。职业教育的信息包括社会、学生和职业需要的内容和对于这些内容的编码。这些内容包括社会、学生和职业需要知识、技能和态度；对这些内容编码包括逻辑结构与呈现形式。职业教育的通道也是视觉、听觉、触觉、味觉、嗅觉。职业教育的受者是学生。职业教育传播模型如图1-3-1所示。

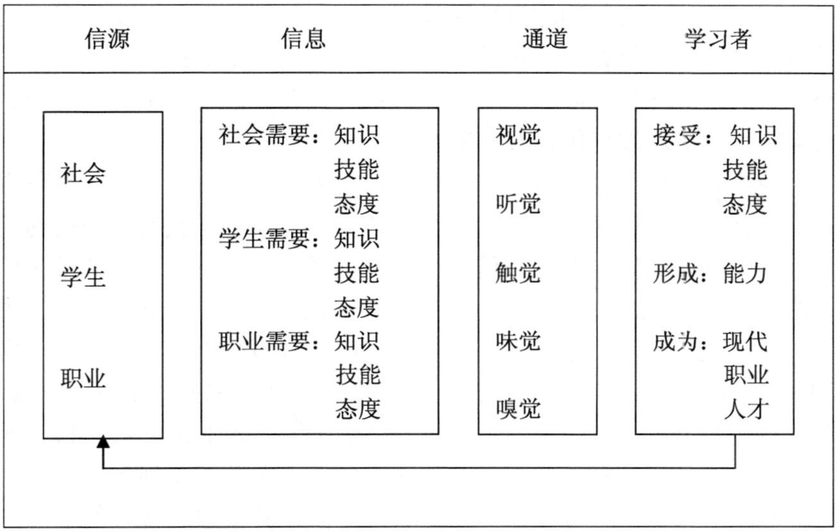

图1-3-1　职业教育传播模型

二、教育传播的一般规律

职业教育因为属于教育的范畴，所以教育传播的一般规律也是职业教育的传播规律。教育传播一般归纳为七大规律：[①]

规律一：学习者对教育者发出的信息具有选择性。一种选择是教育者发出的信息量常常和学习者得到的信息量不相等，会发生信息缺损或者失真；一种选择是不同的学习者，甚至是同一个学习者对教育者发出的同一个信息，常常有不同的理解，这主要取决于接受者的经验和水平。

规律二：学习者对于教育者发出的信息，了解的越少，得到的越多；反之，了解的越多，得到的越少。这条规律要求教育者发出的信息要有新异性。

规律三：教育者发出的信息，必须在可以被学习者接受的条件下，教育者和学习者之间的信息传递过程才能实现。这条规律要求教育发出的信息具有可感受性，是学习者能接受的。按照学习迁移原理，只有当两种学习中存在共同因素时，一种学习才能够影响到另一

① 南国农，李运林. 教育传播学[M]. 北京：高等教育出版社，1995.

种学习，即产生迁移。教育者传递的信息，必须与学习者原有知识结构有相同因素，才会有可感受性，为学习者所接受。

规律四：在实际的教育传递过程中，一般都具有多余度。多余度又为冗余度，是指在表达和传递信息时所必须使用的符号、信号外之外多余的符号、信息。多余现象在日常的教育传递过程中是常见的。大量的教育传递过程包含着多余度。

规律五：教育传递过程中，通道信率的提高是有限度的，编码方式不同，信号传递速度也不同。通道传信率与编码方式有着密切的关系。编码方式不同，通道传信率也有所不同。实验研究表明通道传信率的差异：用语言描述使人识别，需2.8 s；用线条图使人识别，需1.5 s；用黑白照片使人识别，需1.2 s；用彩色照片使人识别，需0.9 s；直接看实物使人识别，需0.7 s。可见，编码方式不同，识别所需时间也不同。编码方式对于传信率有着重要的影响。科学实验证明，人类接受信息主要靠视觉和听觉，占总数接受能力（包括视觉、听觉、触觉、嗅觉）的85%，除视觉以外其他感觉接收的信息只占很少比例，这对于我们进行不同媒体形式的教材设计具有指导意义。

规律六：任何实际的教育传播过程中都存在干扰。干扰是教育信息传递过程中一个几乎不可避免的现象。要采取有力措施，尽量减少语意环境和信息传递过程中的各种干扰，提高传播效率。

规律七：要增强教育传播效果，反馈是必不可少的。反馈对于教育传播过程来说，极为重要，它可以使教育传播过程成为双向交流系统，使教育者了解到信息的传递结果，并对学习者的学习状况做出评价，对自身的传播行为做出有针对性地改进，以不断增进教育传播效果。

第二节　职业教育信息的呈现

从职业教育传播模型和传播规律可以发现，职业教育信息的逻辑结构和呈现形式对于提高教育教学效能具有十分重要的作用。而职业教育信息的逻辑结构和呈现形式也恰恰是教材研究的重要内容。

一、信息呈现与符号

符号学研究表明，一个事物可以用三种不同类型的符号表示：图像、标志和象征。图像是由客体的本质决定的符号、图像和它的客体之间总是存在一定的差距；标志是与它的客体有着事实或因果关系的符号；象征是代表超过自身的含义的、由同一社会上的一个领域的人默认的符号或行为。①

（一）文字符号的特点

文字（语言）是象征符号。就象征语言，能指和所指的关系是武断任意的，需要做出统一的规定，并得到大家的承认，共同使用。语言文字是学习在学习过程中重要的感知目标之一，具有以下特点：

（1）文字符号的显示可引起心理表象（类似图像）和心理语言。例如一个中文词或一个外文单词的显示都会引起人的心理表象和心理语言。

（2）文字符号保留时间长。文字符号与电视图像一类的图像符号和音响符号相比，印刷的文字（包括插图）符号保留的时间很长，便于应用。因而印刷材料更适合于需要较长注意的复杂内容的呈现。

（3）文字符号系统发展比较完整，加上大量的人工符号，可以描述抽象的概念，并且表达得科学、准确。文字符号比较容易和其他类型的符号结合，尤其重要的是，文字教材的内容（文、图、表等）经过作者的仔细推敲、出版社的编辑加工和严格审查、修改，从而内容表达科学、准确、统一、规范。

（4）文字符号系统比其他符号系统（如形象符号）容易掌握，易教易学。

（5）文字符号便于大量复制，易于传播，便于准确的被翻译和编辑，更便于信息加工处理，在人类社会活动中用得最多、最广、最方便。

（6）文字符号的排列、组合遵守响应的语法规则，科技汉语还应遵守科学逻辑，用逻辑学规则来规范语言，使之科学化、规范化、标准化。

另外，文字教材使用比较方便，不像影视教材那样呈现时受录放设备和音响设备质量的限制。而且，由于阅读是人类接受教学信息的主要方式，因此，文字教材（印刷媒体中的主题部分）是人类学习的主要媒体。

① 范印哲. 教材设计导轮[M]. 北京：高等教育出版社，2003.

文字符号的主要不足是，它只能以线性形式排列，是一维表达形式。不像图像那样以二维形式表达信息，全方位信息的感觉比较强。

（二）图像符号的特点

图像也是学生在学习过程中感知的最重要的目标之一，具有以下特点；

（1）图像的显示能引起心理语言和表象，所以图像能传递教学信息。图像是一种二维显示，全方位信息感比较强，有利于开发形象思维。

（2）图像只能通过视觉接收，这种感觉上的不同影响教学效果。

（3）在技能教学中，用图像符号和文字符号相结合的方式最合适。向学生展示并使之模仿某些技能，如运动技能、操作技能等，图像在其中起到独特的作用。

（4）图像和语言具有互补作用，语言能限定和揭示图像，图像也有助于定义的阐述，并使语言易于识记。

（5）图像是比较具体的显示，具体的东西易于记忆。但是，抽象的东西往往是教学的核心，教学的根本目的是使学生形成概念，所以要把文字符号和图像符号结合起来使用。

（6）利用图像易于突出关键信息，对学习更加有效。如用知觉（包括视觉）组织方法把图中的信息进行分区设计，对相关的信息用不同颜色加以组织，可突出关键，强化感知，有利于记忆。

（7）图像设计的一个创作过程、用图像呈现教学信息，一要正确地了解学科内容，二要正确的构图。正确使用构图画面的基本要素是点、线、体、色彩、明暗、空间等。

（8）在图像设计过程中正确使用有关学科的图像符号，如电工学、电子学图形符号、地图图例符号、气象学符号、建筑学符号、材料学符号，等等。

（9）在图像设计中要正确使用数字、物理学、化学、生物学、制图学等学科的专门符号，以保证图像内容的科学性、规范性和统一性。图中使用的符号要和文字叙述相一致。

（10）图表也是一种想象表示方法。图像是以图形和数字，简明、形象地表达事物的一种形式。图表主要用于表现各种统计数字及其变化，可以使枯燥、抽象、难以用文字表达的内容一目了然地展示出来。

(11) 照片也是一种形象表示法。照片应图像清晰正确，构图巧妙，突出主题，与正文配合好。

(12) 图像的细节难以保证清楚，图像只能通过视觉感知，不像文字那样可通过声音感知。

(三) 标志符号的特点

标志符号在文字材料中不太常用，在音像教材中经常使用。标志和事物的关系是具体的、显示的，通常是因果关系，能对其所指的关系以标志的关系出现。汽车的喇叭声是汽车来到的标志，火车的汽笛声是火车到来的标志，敲门声是有人到来的标志。

二、信息呈现与媒体

媒体 (media) 代表信息的载体和传递、加工信息的工具。其有两层含义，一是指承载信息所使用的符号系统，如文字、符号、语言、声音、图形、图像、软件程序等，媒体呈现时采用的符号系统将决定媒体的信息表达功能。二是指存储和加工、传递信息的实体，如书本、挂图、投影片、录像带、微缩胶片、计算机磁盘等以及相关的采集、播放、处理设备。教学媒体是采集、传递、存储和加工教育、教学信息的工具和载体（或中介），包括教与学两方面的媒体，它是在教与学活动中传递、承载和控制教育、教学信息的载体或中介，是教学系统的重要组成部分。现代教学媒体的运用形式主要有：①基于视听媒体技术的教学形式；②基于卫星通信技术的远程教学形式；③基于多媒体计算机的教学形式；④基于计算机网络的教学形式；⑤基于计算机仿真技术的“虚拟现实”教学形式。

教学媒体在教育教学中发挥着重要作用。从微观上讲，教学媒体有助于传递教学信息标准化，使教学活动生动有趣，有效的运用学习理论和教学理论，提高教学质量和改进教学方法；从中观上讲，教学媒体的应用方式灵活多变、既可用于学校的教学活动，又可用于学校的教育教学管理，适用范围非常广泛，将大大改进学校教学条件和学习环境，推动学校教育改革和素质教育的进行；从宏观上讲，教学媒体或信息技术的发展和应用，为业余学习和终身教育提供物质条件，影响传统教师、学校在教育教学中的作用和角色发生改变，并将推动教育内容结构、教育组织结构和教育方式结构的深刻变化。

媒体在教学中的作用主要有：①展示事实，形成表象；②创设情境，建立共同经验；③提供示范，便于模仿；④呈现过程，解释原理；⑤设疑思辨，解决问题；⑥提供分析评价等。

选择教学媒体主要考虑其表现力、重现力、接触面、参与性和受控性几个方面。表1-3-1中列出了几种教学媒体的特性。①

表1-3-1　几种教学媒体的特性

特性 \ 种类		录音	投影	电影	广播电视	录像	计算机
表现力	空间特性	−	+	+	+	+	−
	时间特性	+	−	+	+	+	+
	运动特性	−	−	+	+	+	+
重现力	即时重现	+	−	−	−	+	+
	延时重现	+	+	+	−	+	+
接触面	无限接触	−	−	−	+	−	−
	有限接触	+	+	+	−	+	+
参与性	感情参与	+	−	+	+	+	−
	行为参与	−	+	−	−	−	+
受控性	易控	+	+	−	−	+	+
	难控	−	−	+	+	−	−

① [美]R.M. 加涅．教育技术学基础[M]．张杰夫，译．北京：教育科学出版社，1992.

第四章 职业教育教学理论

任何一种教育类型都有自身独特的价值追求，而教学活动是实现这种价值追求的最基本的途径。职业教育作为一种教育类型，也有着自身的特殊价值追求。这种特殊价值追求就是学生职业能力和职业特质的培养。因此，职业教育教学理论应该在一般教育价值追求的基础上，以学生职业能力和职业特质为特殊价值追求，解决好职业教育教学的基本问题。

第一节 职业教育教学目标

教学目标是教学活动实施的方向和预期达成的结果，是一切教学活动的出发点和最终归宿，更是教学价值的具体体现。因此，对职业教育教学目标的研究，应从职业教育教学目标的价值取向入手，提出职业教育教学目标及其结构。

一、职业教育教学目标的价值取向

职业教育教学的价值虽然在满足个体发展和社会发展的需要方面仍然发挥着重要作用，但在满足职业发展需要方面的作用更加显现。因此，职业教育教学目标的价值取向于个体发展、社会发展和职业发展的需要。

1．个体发展的需要

在学生个体发展需要方面，职业教育教学目标的价值具体体现在学生个体发展的方向和水平上。长期以来，在教学目标的研究和使用上，人们一直十分关注学生个体发展的水平，忽视学生个体发展的方向，而学生个体发展的方向往往比学生个体发展的水平更重要。

20世纪80年代，美国著名发展心理学家、哈佛大学教授霍华德·加德纳博士在他提出的多元智能理论中指出，人类的智能是多元的而非单一的，主要是由语言智能、数学逻辑智能、空间智能、身体运动智能、音乐智能、人际智能、自我认知智能、自然认知智能八项组成，而每个人都拥有不同的智能优势组合。

（1）语言文字智能（Verbal/Linguistic intelligence）是指有效的运用口头语言或及文字表达自己的思想并理解他人，灵活掌握语音、语义、语法，具备用言语思维、用言语表达和欣赏语言深层内涵的能力结合在一起并运用自如的能力。具有语言文字智能的人适合的职业主要有政治活动家、主持人、律师、 演说家、 编辑、 作家、 记者、教师等。

（2）数学逻辑智能（Logical/mathematical intelligence）是指有效地计算、测量、推理、归纳、分类，并进行复杂数学运算的能力。这项智能包括对逻辑的方式和关系、陈述和主张、功能及其他相关的抽象概念的敏感性。具有数学逻辑高智能的人适合的职业主要有科学家、会计师、统计学家、工程师、电脑软体研发人员等。

（3）视觉空间智能（Visual/Spatial intelligence）是指准确感知视觉空间及周周一切事物，并且能把所感觉到的形象以图画的形式表现出来的能力。这项智能包括对色彩、线条、形状、形式、空间关系很敏感。具有视觉空间智能的人适合的职业主要有室内设计师、建筑师、摄影师、画家、飞行员等。

（4）身体运动智能（Bodily/Kinesthetic intelligence）是指善于运用整个身体来表达思想和情感、灵巧地运用双手制作或操作物体的能力。这项智能包括特殊的身体技巧，如平衡、协调、敏捷、力量、弹性和速度以及由触觉所引起的能力。具有身体运动智能的人适合的职业主要有运动员、演员、舞蹈家、外科医生、宝石匠、机械师等。

（5）音乐旋律智能（Musical/Rhythmic intelligence）是指人能够敏锐地感知音调、旋律、节奏、音色等能力。这项智能对节奏、音调、旋律或音色的敏感性强，与生俱来就拥有音乐的天赋，具有较高的表演、创作及思考音乐的能力。具有音乐旋律智能的人适合的职业主要有歌唱家、作曲家、指挥家、音乐评论家、调琴师等。

（6）人际关系智能（Interpersonal intelligence）是指能很好地理解别人和与人交往的能力。这项智能善于察觉他人的情绪、情感，体会他人的感觉感受，辨别不同人际关系的暗示以及对这些暗示做出适当反应的能力。具有人际关系高能的人适合的职业主要有政治家、外交家、领导者、心理咨询师、公关人员、推销等。

(7) 自我认知智能 (Intrapersonal intelligence) 是指自我认识和善于自知之明并据此做出适当行为的能力。这项智能能够认识自己的长处和短处，意识到自己的内在爱好、情绪、意向、脾气和自尊，喜欢独立思考的能力。具有自我认知智能的人适合的职业主要有哲学家、政治家、思想家、心理学家等。

(8) 自然认知智能 (Naturalist intelligence) 是指善于观察自然界中的各种事物，对物体进行辩论和分类的能力。这项智能有着强烈的好奇心和求知欲，有着敏锐的观察能力，能了解各种事物的细微差别。具有自然认知高智能的人适合的职业是天文学家、生物学家、地质学家、考古学家、环境设计师等。

多元智能理论为学生个体发展方向的选择提供了科学依据。尽管职业教育是培养技能型人才的教育类型，但是技能型人才的职业发展方向也取决于个体的智能结构。因此，职业教育教学目标体现学生个体发展的需要，就需要依据不同学生不同的优质潜能确定发展方向和发展水平。

2. 社会发展的需求

在社会发展的需要方面，职业教育教学目标的价值不但要体现在学生适应社会发展上，还要体现在承担起推动社会发展责任上。当今社会，政治上民主进程加快、经济上知识经济已见端倪、文化上以人为本、科学技术上空前发展等，都对学生个体的发展提出了较高的要求。

职业教育是与经济社会发展最密切一种教育类型。以高新技术产业为支柱的知识经济时代的到来，对接受职业教育的学生个体提出了更高的要求。知识经济时代以创新为灵魂，以资产投入无形化、经济发展可持续化、世界经济一体化、价值取向智力化、学习终身化、市场竞争合作化、低碳环保绿色为主要特征，对劳动者的素质、就业方式和职业生涯发展等都提出了新的要求①。因此，职业教育教学目标关注社会发展的需要，就需要注重对学生民主意识、创新能力、绿色理念的培养。②

3. 职业发展需求

在职业发展的需要方面，职业教育教学目标的价值不仅要体现在

① 邓泽民，等. 知识经济与创新[M]. 北京：煤炭工业出版社，2002.

② 邓泽民，等. 职业学校学生职业能力形成与教学模式研究[M]. 2版. 北京：高等教育出版社，2004.

越来越高的职业特质上，还在体现在职业迁移能力上。

长期以来，职业发展存在两大趋势。一是各类职业对其从事者的职业特质要求越来越高。以高技术含量、高附加值、强竞争力为特征的高端制造业对技能型人才技术特质的要求、以个性化服务为理念向社会提供高附加值的生产服务和生活服务的现代服务业对技能型人才服务特质的要求，以及现代文化艺术产业对技能型人才文化艺术特质的要求，都是前所未有的。二是新职业出现和旧职业消失速度在不断加快。职业是社会分工的结果，是人类社会生产和社会生活进步的标志。随着经济和社会的不断发展，科学技术的突飞猛进，职业的数量、种类、结构、要求都在不断地发生着变化。这种职业发展趋势加速了个人职业的变化，对个人的职业迁移能力提出更高的要求。

二、职业教育教学目标的结构设计

职业教育教学目标要承载个体发展、社会发展和职业发展的需要，体现个体发展、社会发展和职业发展的价值，需要多维指标来变现，必然形成结构化的职业教育教学目标。

1. 方向性目标的设计

（1）方向性目标的提出

多元智能理论研究，提供了人的智能结构是不同的科学依据，而不同智能结构在一定程度上决定着人们擅长于什么职业。对我国接受职业教育的毕业生工作10年以后的发展调查也表明：一般分布在四个职业生涯方向上，一是技能得到充分发展，成为行家里手；二是营销能力得到开发，成为营销人才；三是进行管理层，成为管理人才；四是自己创业，成为企业家。因此，职业教育教学应设定方向性目标。

（2）方向性目标的结构

职业生涯发展的成功从个体分析，取决于个体智能结构与职业生涯发展的匹配。因此，职业教育教学的方向目标是智商、情商、财商、逆境商数、创业商数、创意商数、职业商数、领导影响力商数、机遇商数、成功商数、压力商数、健康商数、完美商数、人际/社会交往商数、学习商数、魅力商数、系统商数、判断商数、精神商数、发展商数、道德商数、胆气商数、心理商数、意志商数、灵感商数等的组合。

2．层次性目标的设计

（1）层次性目标的提出

1989年，职业分析方法被我国职业教育界所认识，并在我国职业教育教学改革中广泛应用，由于增强了职业教育教学目标的针对性，专业教学目标与职业岗位要求接轨，毕业生的职业能力明显增强，我国职业教育学质量和教学效率明显提高。但20多年的职业教育教学改革，仍没有解决一流技能型人才的培养问题。当职业教育发达国家，运用能力本位的教学目标，辅以优良的师资、较高的投入和企业的配合等培养出世界一流的技能型人才的时候，我们却在师资质量、资金投入和校企业合作等方面遇到了困难，虽然通过努力，师资和校企合作等问题能得到解决，但作为一个发展中国家，不可能做到通过大量训练培养出一流的技能型人才。我们需要找出一种代价小，又能培养出一流技能型人才的方法。层次性教学目标的提出，使职业教育教学目标的针对性更强，不但知识、技能、态度、能力目标明确，而且职业要求情感、思维、行为和语言目标也明确起来，将弥补我国职业教育遇到的师资质量、资金投入和校企业合作等方面的不足。

另外，职业教育的教学价值追求一流技能型人才的培养。实际上，任何一类教育的追求都是培养精英。特别是随着现代农业、高端制造业和现代服务业的发展，对技能型人才提出了很高的要求，技能附加值也成数十倍增长。这时，如果职业教育教学目标还停留在学生能干，而不是能干到卓越和怎样才能干到卓越上，就赶不上时代的发展和产业发展的要求。面对激烈的国际竞争和我国经济发展方式的转变、产业结构调整升级要求，职业教育教学目标也需要定位在一流技能型人才的培养上。

（2）层次性目标的结构

职业教育教学的层次性目标，分为三个层次。第一层是知识、技能和态度目标；第二层是教学目标是职业能力目标。第三层是教学目标是职业特质目标。

第一层：知识、技能和态度目标

知识是个体通过与其环境相互作用后获得的信息及其组织。知识分为陈述性知识和程序性知识。前者用于说明事物是什么、怎么样、为什么等问题，如描述某种事实，陈述某种观点、信仰等；后者主要回答做什么、怎么做的问题，是一种实践性知识，该类知识也称为操作性知识。因此，知识目标包括陈述性知识目标和程序知识目标。

技能是通过学习而形成的合法则的活动方式。技能一般可分为两类：操作技能和心智技能。操作技能又叫运动技能或动作技能。因此，技能目标包括操作技能目标和心智技能目标。

态度是通过学习形成的影响个体行为选择的内部准备状态或反应的倾向性。它由认知成分、情感成分和行为成分构成。认知成分是个体对态度指向对象带有评价意义的观念和信念。不同个体的态度中所含认知成分不同，如有的人基于理性的思考，有的人则基于情感冲动；有的可能基于正确的信息，有的则可能基于错误的信息。态度的情感成分指伴随态度的认知成分而产生的情绪或情感。态度的行为倾向成分是指个体所表现出来的行为意图，即准备对特定对象做出的某种反应。职业教育中态度的含义更为宽泛一些，除一般意义的态度外，它还包括职业精神（敬业精神、创业精神）、职业信念、职业道德等。

第二层次：职业能力目标

在心理学上，能力常常定义为直接影响活动效率，并使活动顺利完成的个性心理特征，是在知识学习、技能训练、态度养成后，通过完成任务形成的。所以，能力目标是比职业教育教学第一层知识、技能和态度目标更高层次的目标。在职业教育教学实践中，能力是指能够完成一项任务的能力。因此，能力目标一般用一项项完整的任务来描述。

第三层次：职业特质目标

调查发现，在从事不同职业的技能型人才中，那些卓越者之所以卓越，不是因为他知晓什么、也不是能干什么，甚至也不是因为具备了各种职业所要求的共同的职业素质，而更重要的是他们把握了自己所从事职业的职业活动的价值所在，具备了与所从事职业相匹配的、特有的职业素质。这种从事不同职业所特有的职业素质就是特质，是能够将工作中成就卓越与成就一般的人区别开来的深层特征。职业特质表现在职业情感、职业思维、职业行为、职业语言等多个方面。由于职业特质只有通过多次完成职业任务才能形成，也是比职业能力更为稳定的个体心理特征①，因此，职业特质目标是在职业能力目标之上形成的，是职业教育教学的最高层次的目标。

① 邓泽民．职业教育教学论[M]．北京：中国铁道出版社，2012

第二节　职业教育教学内容

为了实现职业教育的教学目标，需要选择合适的职业教育教学内容，并加以科学组织，形成各种课程。因此，对职业教育教学内容的研究，需要解决职业教育教学内容的选择和组织两个重要问题。

一、职业教育教学内容的选择

教学内容的选择是为了教学目标的实现。为此，职业教育教学内容的选择应依据职业教育的教学目标进行。

（一）职业教育教学内容选择的范围

人的成长，依靠直接经验和间接经验。直接经验是指亲身参加变革现实的实践而获得的经验；间接经验是从别人，甚至说从人类积累的那些经验里获得的经验。在接受教育期间，人的成长主要依靠间接经验。因此教学内容的选择，是从人类间接经验中，选择适合于学生学习特征和学生成长需要的经验。因此，从人类教育教学实践分析，教学内容的选择取向主要分为以下七种：道德主义取向、百科全书取向、文艺复演取向、形式训练取向、唯科学取向、经验取向和社会取向。

职业教育是培养技术技能型人才的教育类型，这种类型的人才需要的人类积累的经验是以理论知识体系、技术方法体系和职业活动体系存在着。因此，职业教育教学内容应从理论知识体系、技术方法体系和职业活动体系中进行选择。

（二）职业教育教学内容选择的方法

从理论知识体系、技术方法体系和职业活动体系中进行选择职业教育教学内容，选择的方法也因不同体系的特点不同而不同。

1. 理论知识选择的方法

对照职业能力目标，分析相关学科理论知识与职业能力目标的关系。选择学科理论知识时，追求的是学生对知识整体框架的把握，不追求学生只掌握某些局部内容，而求其深度和难度；强调这门学科及其各部分理论知识的用途，不强调这门学科及其各部分理论的学术研究，如图1-4-1所示。

序号	职业能力目标		教学内容
1	职业能力 1	→	知识点 1
2	职业能力 2	→	知识点 2
3	职业能力 3	→	知识点 3
…	…		…

图1-4-1　理论知识

2．技术/方法的选择

对照职业能力目标，分析相关技术/方法与职业能力目标的关系。选择技术/方法时，注重让学生了解这种技术的产生与演变过程，培养学生的技术创新意识；注重让学生把握这种技术的整体框架，培养学生对新技术的学习能力；注重让学生在技术应用过程中掌握这种技术的操作，培养学生的技术应用能力；注重让学生区别同种用途的其他技术的特点，培养学生职业活动过程中的技术比较与选择能力，如图1-4-2所示。

序号	职业能力目标		教学内容
1	职业能力 1	→	技术/ 方法 1
2	职业能力 2	→	技术/ 方法 2
3	职业能力 3	→	技术/ 方法 3
…	…		…

图1-4-2　技术/方法的选择

3．典型任务选择的方法

对照职业能力目标，分析学校和企业可能提供的教学条件，选择典型任务，作为职业教育教学的内容。选择职业活动时，要注重所选择的任务具有典型性和趣味性，并要难易适度。典型性是指所选择的职业活动是学生毕业后从事职业活动时，经常遇到的、具有代表性的活动；趣味性是指符合学生的心理特点、足以引起学生学习的兴趣，使学生不仅好学而且乐学；难易适度是指所选择的职业活动与学生的能力相适应，如图1-4-3所示。

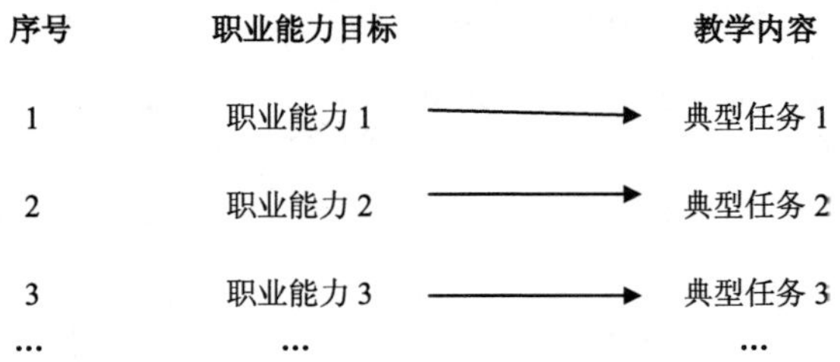

图1-4-3　典型任务选择的方法

二、职业教育教学内容的组织

职业教育教学内容的组织形成课程和课程体系。在职业教育教学内容的组织过程中，首先通过职业教育教学内容的分类形成一门门课程，构成一个专业的课程体系；然后是每一门课程内部结构的设计和内容的组织。

（一）职业教育教学内容宏观组织

职业教育教学内容的宏观组织是指职业教育专业课程体系的形成和各类课程间的逻辑关系。

1. 课程体系的形成

职业教育教学内容的宏观组织方法如图1-4-4～图1-4-6所示，形成有活动课程、学科课程和技术/方法课程形成的专业课程体系。

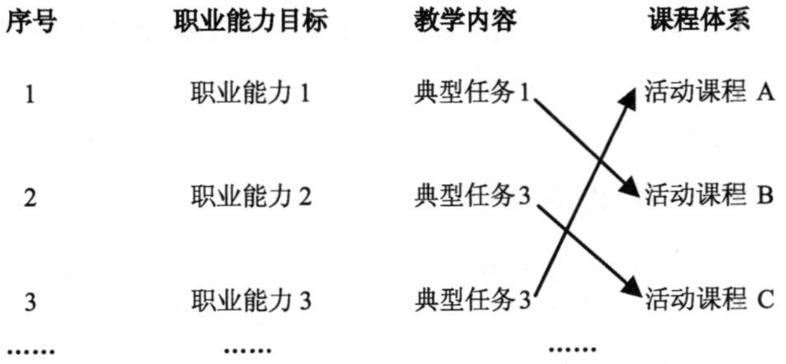

图1-4-4　活动课程体系形成

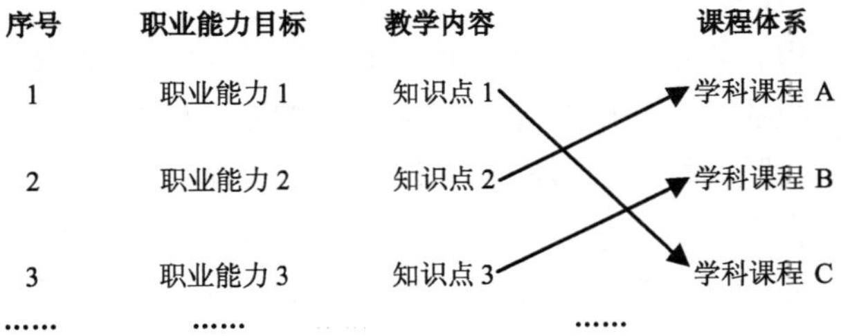

图1-4-5　学科课程体系形成

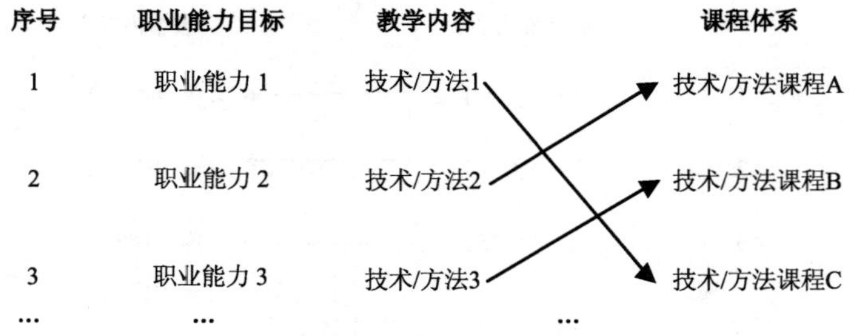

图1-4-6　技术/方法课程形成

2．课程间的逻辑关系

职业教育是能力本位的教育，而能力只有通过活动才能形成，职业特质的形成更需要职业活动。所以活动课程在职业教育教学中，承担着能力和职业特质形成的任务。因此，活动课程是专业核心课程。学科课程和技术方法课程开设的目的是让学生掌握学科的理论知识框架和技术方法体系框架，但更重要的是理论知识框架和技术方法体系的用途，但这还不是最终目的。最终目的是为活动课程服务，形成职业能力和职业特质，并使学生成为具有持续发展能力的知识和技术型技能人才。

这里的学科课程、技术方法课程和活动课程的关系，与三段式学科教育的课程间的逻辑关系是有本质的区别。在三段式学科教育中，（实践）活动课程是为更好地掌握学科课程的理论知识和技术方法课程的技术方法服务的，最终目的是掌握学科理论和技术方法。因此，学科教育的三段式教学是知识本位的，不是能力本位的。

（二）职业教育教学内容微观组织

职业教育教学内容微观组织是指各类课程内部结构的设计和内容的组织。活动课程、学科课程和技术方法课程开设的目的不同、各类课程功能的不同决定了其不同的内部结构设计和内容的组织形式。

1．活动课程的结构

活动课程开设的目的是职业能力培养，因此，活动课程的功能是构建学生的职业活动逻辑顺序和能力学习的心理逻辑。

1）活动课程垂直组织原则

一般垂直组织标准有连续性和顺序性两个标准。连续性是指直线式地陈述主要的课程要素；顺序性是强调每一后继内容以前面的内容为基础，同时又对有关内容加以深入、广泛地展开。这两个标准在职业教育课程的垂直组织上，体现在以下三个方面：

（1）职业活动难易序列。职业活动完成起来难易程度不同。遵循先易后难的教学原则，职业教育活动课程的垂直组织一般应遵循由易到难的逻辑设计。

（2）职业活动逻辑序列。任何一个职业活动的完成都需要经过一个完整的工作过程，而这个工作过程，从开始到结束都具有程序逻辑序列。职业教育课程应按照职业活动的逻辑序列进行垂直组织。

（3）职业能力形成逻辑序列。根据心理学研究成果，职业能力形成需要由多个环节构成，而每个环节又具有不同特点的较为复杂的过程，[①]如图1-4-7所示。

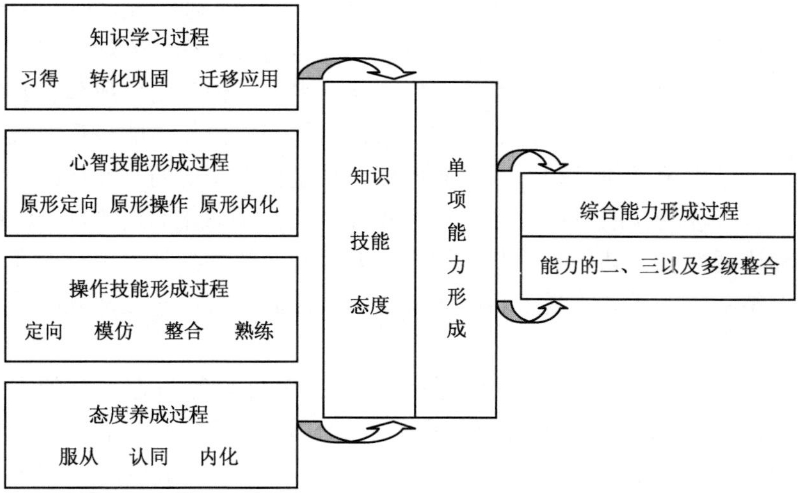

图1-4-7　职业能力形成逻辑示意图

习得是指在学习目标的指引下，学习者有选择地接受新的信息，并与原有知识相互作用，形成联系，被存储下来。在学习的第一阶段，所有的知识都是陈述性的，对于程序性知识来说，习得的是它的前身，即程序性知识的陈述形式。转化和巩固是指新知识有两种发展方向：一部分知识存储下来，通过适当的复习，这部分知识将形成知识结构的新的有机组成部分，有的甚至能改变原有的知识结构，而得到巩固。另一部分知识经过各种变式练习，转化为程序性知识。迁移

① 邓泽民. 职业学校学生职业能力形成与教学模式研究[M]. 北京：高等教育出版社.

和应用是指在知识的应用阶段，不同类型的知识被用来解决不同的问题，通过应用的目的是更好地掌握知识。陈述性知识被提取出来，用来解决“是什么”一类的问题。程序性知识被提取出来用来解决“怎么办”的问题。

原型定向是指个体在头脑中形成了有关活动方式的定向映像，而这种定向映象一旦建立，它就可以调节以后的实际心智活动，同时也是心智活动产生的基础。原型操作是指把头脑中建立起来的动作程序以外显的方式付诸实施。原型内化是指心智活动的实践模式向头脑内部转化，借助于内部言语，个体可以在头脑内部进行程序化的心智活动，而且能以非常简缩、快速的形式进行。

操作的定向即了解操作活动的结构，在头脑中建立起操作活动定向映象的过程。操作的模仿即实际再现出特定的动作方式或行为模式，实质是将头脑中形成的定向映象以外显的实际动作表现出来。操作的整合即把模仿阶段习得的动作固定下来，并使各动作成分相互结合，成为定型的、一体化的动作。操作的熟练是操作技能最后形成的阶段，是由于操作活动方式的概括化、系统化而实现的。操作熟练的特点有：①动作的灵活性、稳定性和准确性；②动作的连贯性、流畅性和协调性；③动作的控制性增强，能准确地觉察到外界环境的变化并调整动作方式。④紧张感、疲劳感降至最低，可以有效地同时从事两种或多种活动。

顺从是表面接受他人的意见或观点，在外显行为方面与他人一致，而在认识与情感上与他人不一致。在这种情况下，个人的态度受外部奖励与惩罚的影响。这种态度是由外在压力形成的，如果外在情景发生变化，态度也会随之变化。认同是在思想、情感和态度上主动接受他人的影响，比顺从深入一层。因此，认同不受外在压力的影响，而是主动接受他人或集体的影响。内化是指在思想观念上与他人的思想观点一致，将自己所认同的思想和自己原有的观点、信念融为一体，构成一个完整的价值体系。由于在内化过程中解决了各种价值的矛盾和冲突，当个人按自己内化的价值行动时，会感到愉快和满意；而当出现了与自己的价值标准相反的行动时，会感到内疚、不愉快。这时，稳定的态度（品德）便形成了。

在课程垂直组织时，应注意遵循能力形成的一般过程，保证课程心理逻辑顺序得到贯彻，要避免因出现违背能力形成逻辑而影响学生能力形成的情况发生。

2）活动课程水平组织原则

整合是水平组织的标准。整合是针对所选出的各种课程要素，在尊重差异的前提下，找出彼此之间的内在联系，然后整合为有机的整体。职业教育课程水平组织的标准也是整合。它包括：①职业活动的整合，即多个职业活动整合成为较大的职业活动，或者叫做多个任务构成项目；②心理特征的整合，即由知识、技能和态度整合形成单项职业能力，多个单项职业能力整合形成综合职业能力如图1-4-8所示。

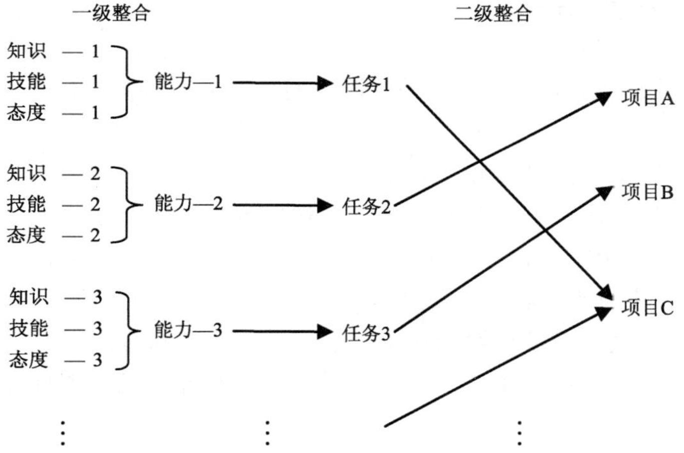

图1-4-8 职业教育课程水平组织示意图

2. 学科课程的结构

学科课程开设的目的是掌握学科的理论知识框架，为活动课程学习、职业能力的形成服务。因此，学科课程的功能是构建学生的学科理论知识逻辑框架，这个逻辑框架是以使用为目的展开的。

1）学科课程垂直组织原则

（1）学科发展的时间序列。学科是怎么产生的，发展经历了多少个阶段，每个发展阶段的契机是什么，应做一般性的介绍。由于只需一般性的介绍，因此，一般放在教材的绪论中。

（2）理论知识应用的逻辑。任何学科理论都是因用而出现和发展起来的。从用引出理论知识，不但便于与活动课程的衔接，更重要的是能够引发学生的学习兴趣，形成学习动机。

(3) 学科理论结构的逻辑。学科结构具有很强的系统性和逻辑性。学科理论知识的系统性和逻辑性，符合学生一贯的思维方式，可以提高学习效率。

2) 学科课程水平组织原则

(1) 理论知识逻辑的框架。理论知识是分专题的，但不同专题的理论知识只有综合起来才能解决综合问题。因此，在水平组织上，要考虑不同理论知识点的衔接。

(2) 理论知识的应用整合。不同理论知识点为完成某项工作任务或项目常常需要整合到起来。

3. 技术课程的结构

技术课程开设的目的是掌握技术体系框架，为活动课程学习、职业能力的形成服务。因此，技术课程的功能是构建学生的技术体系框架，这个技术体系逻辑框架是以使用为目的展开的。

1) 技术课程垂直组织原则

(1) 技术发展的时间序列。这种技术是怎么产生的，技术发展经历了多少个阶段，每个发展阶段解决的问题是什么，应做一般性的介绍。由于只需一般性的介绍，因此一般放在教材的绪论中。

(2) 技术方法应用的逻辑。任何技术方法都是因用而出现和发展起来的。从技术方的应用引出技术方法，便于与活动课程的衔接和引发学生的学习兴趣，形成学习动机。

2) 技术课程水平组织原则

技术方法逻辑的框架。技术和方法都是为了解决不同问题而出现的。若相互间关系不密切，在水平组织上可以并行安排。若不同技术方法组合解决综合性问题，可以将不同技术方法整合起来。

第三节　职业教育教学过程

教学过程是为教学目标的实现服务的，是建立在动机发展过程、职业活动过程和职业能力形成过程之上的。也可以说，职业教育的教学过程是兴趣发展过程、职业活动过程和能力形成过程的统一。因此，对职业教育教学过程的研究，需要在不同教学目标下，遵循兴趣发展过程、职业活动过程和能力形成过程，考察职业教育的教学过程。

一、从兴趣发展考察教学过程

爱因斯坦说“兴趣是最好的老师。” 美国教学心理学家华尔特·科勒斯涅克指出：“兴趣可以看作是学习的原因，又是学习的结果。就像兴趣是过去学习的产物一样，兴趣也是促进今后学习的手段。”[①]陶行知先生从自己丰富的教育经验出发，认为“学习有了兴趣，就肯用全部精神去做事，学与乐不可分”[②]。由此可见，浓厚的兴趣会使个体产生积极的学习态度，推动他兴致勃勃地去进行学习。一个对某一学科产生强烈而稳定兴趣的学生，会把这门学科作为自己的主攻方向，并且在学习过程中自觉地克服困难，排除干扰。因此，根据学习动机形成发展规律，来考察教学的一般过程是十分有意义的。

1．设趣阶段

设趣是教师通过分析学生本身的个体需要或者可能的外部诱因，为学生的学习设定学习目标和创设新异的学习情境。初学者往往感到知识是抽象枯燥的，有时甚至会产生某种畏惧心理。带着这种心理去学习，个体将仅仅是被动地、机械地应付外界的要求，不可能真正地投入到知识学习中去。所以教师应该通过设置恰当的学习目标，创设问题情境，消除学生的这种心理，提高学习者的学习兴趣。

2．激趣阶段

设趣为学生的学习提供了新异的学习环境，但这还是不够的，学生学习的发生，还需要激趣。激趣是激发学生的好奇心和求知欲。学习心理学研究表明：好奇心和求知欲不仅可以成为学生学习的动力，甚至会导致具有重大意义的发明或发现，而求知欲不仅是学生走上科学之路的诱因，并且是促使学生进行创造性活动的主要动机。因此，在教学中，一方面教师要促使学生好奇心尽快地向求知欲发展，最终通过激趣，培养学生良好的学习兴趣；另一方面教师也要珍惜学生的好奇心，增强求知欲，提高兴趣水平。

3．诱趣阶段

学习是一个逐步深入、逐步达到学习目标的过程。诱趣就是诱发学生“生疑—思疑—释疑、再生疑—再思疑—再释疑”的螺旋式上升过程。通过诱趣，使学生逐步深化其学习，同时能较好地培养学生的问题意识。

① 邹忠敏. 教改初见成效，努力再攀高峰[J]. 安徽教育学刊，1998(6).

② 陶行知. 陶行知全集（第一卷）[M]. 长沙：湖南教育出版社，1985.

陶行知先生说：“发明千千万，起点在一问。”确实，发现创新都是由疑问开始的。在激发学生的好奇心和求知欲的基础上，教师在教授过程中，要依靠对内容的精心组织、科学安排，使其对学生产生诱惑。针对教学重点、难点，采用恰当的教学方法，一环扣一环地提出问题，诱发学生“生疑—思疑—释疑”，不仅要学生有所知，更要有所思。学生每解决一个问题，就有一种战胜难点的兴奋，就会多一份自信。

4．扩趣阶段

扩趣是引导学生不断探究，培养创造思维，引发创新精神。在教学中，教师还要抓住时机，进一步引导学生主动去发现问题，养成质疑问难的习惯。教学后，让学生再质疑，开拓思维的广度和深度，鼓励学生多向思考，尝试发现问题，解决问题。在求多、求深中点燃创造的火花。使学生带着问题走进课堂，问题解决了，又带着问题走出课堂，在如此的循环往复中培养学生的创新精神和创造能力。如果说，到诱趣教学阶段结束，教学目标得以实现，那么，扩趣教学阶段的任务主要是实现课程目标中要求的表现目标。

二、从职业活动过程考察教学过程

任何职业活动都要经历过程，这个过程是具有逻辑性的。教学过程的逻辑与职业活动过程的逻辑应保持一致性，以促进学生职业活动逻辑思维的而形成。

1．过程导向的教学过程

有些职业活动的过程是固定的，一旦确定下来将不再随着职业情景的变化而发生任何改变。这类职业活动常常出现在技术类专业，当人们面对各种机械设备时，职业活动的过程常常被固定下来。职业活动的价值是追求活动的标准和规范，以求得职业活动结果的标准。对于这种职业活动，其教学过程应遵循过程导向的教学过程，如图1-4-9所示。

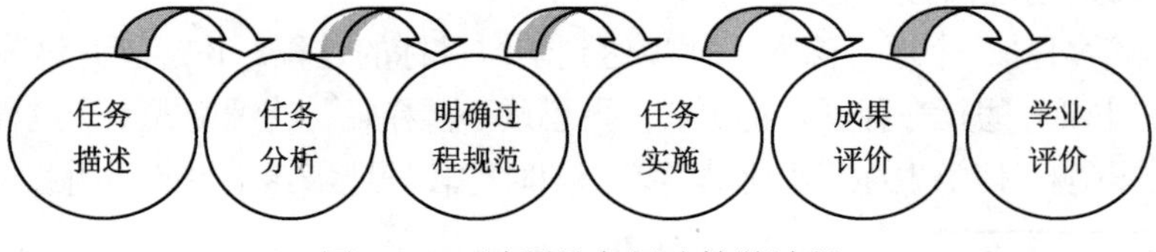

图1-4-9　过程导向行动教学过程

其中，任务描述是提出任务、明确要求、给出设备工具等条件；任务分析是在质量、成本、时间等要求下，提出的科学、先进、可行、经济的方案。明确过程是向学生展示方案实施完整过程的各个阶段；任务实施是通过做中学，形成职业技能；成果评价是评价任务完成达成目标情况；学业评价是评价学生职业技能学习目标掌握的情况。

2. 情景导向的教学过程

有些职业活动的过程是不固定的，而是随着职业情景的变化不断调整。这类职业活动多出现在服务类专业，当人们面对客人时，随着客人或者情景的变化，职业活动就需要随时调整。职业活动的价值是追求不同情境下，通过服务以求得客户满意或惊喜的消费体验。对于这种职业活动，其教学过程应遵循情景导向的教学过程，如图1-4-10所示。

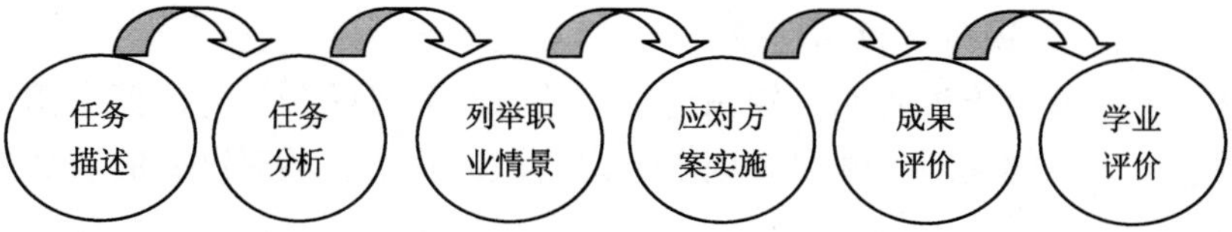

图1-4-10　情景导向行动教学过程

其中，任务描述是提出任务、明确要求和条件；任务分析是在质量、成本、时间等要求下，提出的科学、先进、可行、经济的方案。职业情景是分析可能出现的各种职业情景；任务实施是情景分析采取最佳措施，通过做中学形成职业技能；成果评价是评价任务完成达成目标情况；学业评价是评价学生职业技能学习目标掌握的情况。

3. 效果导向的教学过程

有些职业活动的过程不固定，且不受职业情景变化的影响。这类职业活动一般出现在艺术类专业。在这类专业人员的职业活动中，人们关注的是职业活动的效果。为了达到某种效果，尝试不同的职业活动过程甚至改变职业情景，如图1-4-11所示。

图1-4-11　效果导向行动教学过程

其中，任务描述是提出任务、明确要求和条件；任务分析是在质量、成本、时间等要求下，提出的科学、先进、可行、经济的方案。效果展示是把已有成果展示出来；效果达超是通过分析产生效果的原因和产生出同样的或更佳的效果，通过做中学形成职业技能；成果评价是评价任务完成达成目标情况；学业评价是评价学生知识、技能和态度目标掌握情况。

三、从能力形成心理考察教学过程

教学的具体过程，根据学习对象或所处学习阶段的不同，可分为理论知识教学、心智技能教学、操作技能教学、品性形成教学、能力整合形成五个教学过程。

1. 理论知识教学过程

（1）知识习得教学阶段

学习理论告诉我们，知识的学习始于学习者的预期与注意。由于对学习目标的期望，学习者处于一定的激起状态，随时准备吸收新知识。在学习目标的指引之下，学生有选择地接受新的信息，将它暂时存储在短时记忆中，新知识相互间产生联系，并与处于激活状态的原有知识相互作用，最后，新知识以一定的方式与头脑中原有的知识形成一定的联系。在这一阶段中，学生所接受的知识都是陈述性的。对程序性知识来说，习得的是它的前身，即程序性知识的陈述性形式。这样，在此阶段，教学的关键是吸引学生的注意，激活学生的原有知识。奥苏伯尔指出：“影响学习的最重要的因素是学生已知的内容。所以，教师必须从感知材料入手，通过明确知识学习的目标等各种形式引导学生，使其形成鲜明生动的表象，并且指导学生深入理解教材结构及其内容，充分发挥学生的思维能力和学习积极性，引导学生进行分析、综合、抽象、概括，进行判断和推理，以形成概念，使学生掌握规律性知识”[①]。

（2）知识转化教学阶段

本阶段的特点是陈述性知识不断转化为程序性知识。本阶段的目的是为形成技能做准备。在教学中，教师应促使学生将习得阶段获得的新知识，转化为程序性知识。而变式练习是程序性知识由第一阶段

① D.P.Ausubel, et al. Educational Psychology, A Cognitive View, 2nd. ed, 1978.

的陈述性形式向第二阶段的程序性形式转化的最重要条件。这部分知识以不同的表征方式存储在长时记忆中，以备日后提取使用。在这一阶段，教师应在指导学生复习已有知识的同时，使学生完成由陈述性知识向办事能力转变的任务。并注意与心智技能和操作技能学习过程的衔接，促使学生对程序知识的熟练掌握。

(3) 知识巩固教学阶段

学生在第一阶段习得的知识一部分通过第二阶段转化为程序性知识，另一部分知识将被存储下来。学生获得理性认识，还必须在教师的指导下巩固认识成果，牢牢保存在记忆之中，以便为以后学习新知识打好基础。人们的认识必须经过反复实践才能巩固，而在教学中学生比较迅速而简捷地获得了人类长期积累的知识和经验，实践简化，历时短暂，也少反复，因此，学生印象浅薄，容易遗忘。教师必须在学生习得教材知识后，及时引导学生深刻领会，反复记忆。巩固知识不是让学生死记硬背，而是在理解的基础上完整地、准确地、牢固地记住。学生对教材的理解越深刻，记忆就越牢固。因此，在教学过程中，教师应指导学生积极而正确地进行复习，使学生习得的知识更加牢固地存储在记忆中，以备日后随时提取使用。

(4) 知识迁移教学阶段

迁移是指在一种情境中获得的技能、知识或形成的态度对另一种情境中技能、知识的获得或态度的形成的影响，简言之就是“一种学习对另一种学习的影响”[①]。一切新的知识学习都是在原有的学习基础上形成的，不受原有认知心理结构影响的学习并不存在，也就是说，任何的知识学习都必然包含着迁移。教学中教师不可能把所有知识、技能都传授给学生，但必须使学生具备迁移的能力，这就要求教师要培养学生利用他们所学的知识、技能来成功地解决问题或在新情境中快速学习的能力。在教学过程中，教师应积极创设各种情境，使学生在记忆中牢固存储下来的知识及时获得迁移，达到知识的活学活用。但应注意的是，正、负迁移的不同作用与效果。

(5) 知识应用教学阶段

在知识的应用阶段，不同类型的知识被用来解决不同的问题。陈述性知识被提取出来，用来解决“是什么”一类的问题，另一部分程序性知识被提取出来用来对外解决“怎么办”的问题。陈述性知识的

[①] J.M. Royer Theory of transfer of learning. Educational Psychologist, Vol.14，1979.

提取是一个有意识的依据线索的提取过程，对外办事的程序性知识的提取往往是一个快速、自动化的激活过程。这个阶段的任务主要是完成知识的习得向能力培养转化，使学生在习得、巩固新知识的基础上获得一种能力。对学习者而言，是知识的灵活运用，把学习的知识运用于实际。因为①学生学习的最终目的是把所掌握的知识用于社会实践，为国家建设服务；②知识的应用有利于技能、技巧的形成；③把知识应用于实际，有利于锻炼学生分析问题和解决问题的能力。学生对知识的应用，有多种多样的形式，如完成解题、答问、实验等各种形式的作业，或在实践活动中综合运用所学的知识等。对教学过程而言，是进行学习结果的测量和评价。由于陈述性解决“是什么”的问题，程序性知识解决“怎么办”的问题，教师应当针对不同类型的知识，采用不同的行为指标，设计不同的问题情境，以获得真实可信的评价结果。

2．心智技能教学过程

心智技能是通过学习而形成的合法则的心智活动方式。目前研究较多的学习策略、认识策略以及元认知策略都可以视为心智技能，它是影响知识学习的一个非常重要的因素。知识的学习是通过一系列的心智动作完成的，心智动作是获得知识的最直接的基础。心智技能又是由合法则的心智动作组成的，它调节着心智动作，直接影响知识掌握的整个过程。心智技能的形成一般分成三个阶段：①原型定向阶段。原型即事物的原样，心智活动外化的物质原型是指实际的操作活动程序、实践模式。原型定向即了解这种实践模式，了解动作结构、各动作成分及其顺序等。通过原型定向，个体在头脑中形成有关活动方式的定向映象。这是心智活动产生的基础。②原型操作阶段。原型操作即把头脑中建立起来的动作程序以外显的方式付诸实施。为原型内化做准备。③原型内化阶段。原型内化即心智活动的实践模式向头脑内部转化，借助于内部言语，个体可以在头脑内部进行程序化的心智活动，而且能以非常简缩、快速的形式进行[①]。

教学对于心智技能的形成具有直接的作用，有效的教学可以使学习者形成有效的心智技能，使学生学会学习，促使学生成为自主而有能力的学习者。依据心智技能的形成规律，设计以下教学过程模式：

① 邓泽民，等. 职业学校学生职业能力形成与教学模式研究[M]. 北京：高等教育出版社.

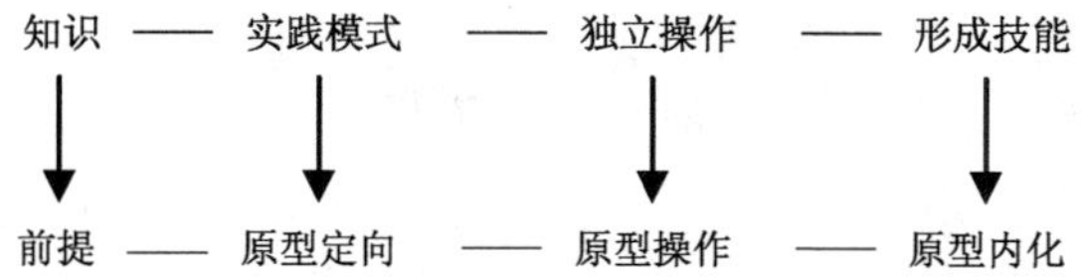

在应用上述教学模式时，需要注意四点：

（1）心智技能的形成依赖于学习者所获得的知识，脱离知识的技能教学是不可能成功的。因此，在心智技能教学中，教师首先要讲授丰富的知识，以促进学生对新信息加工，保证技能的形成、发展与应用，为促进各种技能的整合，为解决复杂的问题提供前提。

（2）心智技能的形成是由外部活动逐步内化的过程，心智活动是实践活动的反映，外部实践模式即心智活动的实际操作形式的确立直接决定心智技能形成的难易程度和水平。由于心智技能是内潜、简缩、自动进行的，通过外部观察难以把握和推断其整个过程，这无疑为心智活动的实际操作形式的确立增加了难度。为保证实践模式的有效、合理，可通过对专家（或学习者）心智活动信息分析或应用心理模拟活动分析的方法，确立实践模式。而且还要考虑可接受性，即学习者能否通过该模式形成心智技能。在运用外部实践模式进行心智技能教学时，应坚持以下原则：①在讲授策略、技能的同时，也要教授元认知的有关内容，即告知学习者何时、何处、如何应用该策略、技能；②激发和维持学习动机，使学生自始至终充满浓厚的学习兴趣，为活跃思维创造条件；③无论采用直接教学还是交互教学或其他教学形式，都需要教师将策略和技能模式化、程序化。教师可以通过“大声思维”将使用策略和技能的过程外化出来，并指导学生运用卡片记录策略的步骤和执行方式等内容。

（3）学生在教师的指导下进行独立操作，要求教师尽可能在课堂中创造应用策略和技能的情境，使学生掌握、概括所学的技能与策略。在这一阶段要求学生把头脑中建立起来的动作程序以外显的方式付诸实施。在教学中，教师要指导学生开拓思维、整理思路，将动作结构、各动作成分及前后顺序组织起来，逐步展开，并且不断变更活动对象，使学生将心智活动的实践模式程序应用于多个问题的解决，为下一步形成技能做好准备。

（4）教师重新布置任务，让学生去解决。教师指导学生不必以言语表述出活动程序的每一步骤，而是在头脑中运作这些步骤，运作也不必一一展开，有些步骤可以交叉或同时进行。在这个阶段，学生难以意识到操作的每一步，但实际上确实是按照该活动程序进行的。在该阶段，学生摆脱了实践模式，但已经将实践模式内化为一种熟练的思维活动方式，突出表现在外显的言语活动明显减少。随着练习的不断进行，言语复述消失，新的技能培养起来。

3. 操作技能教学过程

操作技能学习是在学生具备相应知识，特别是在转化为程序知识后，进行的学习内容。根据操作技能的形成过程，把操作技能教学过程设计如下：

1）操作示范教学阶段[①]

示范就是指教师在教学中陈示各种实物、模型、挂图进行示范性实验以及示范操作表演使学习者通过观察获得感性知识，获得对学习对象的印象，帮助学习者形成正确的概念，掌握操作技能。在职业技术教育的教学过程中，为了有目的的培养学习者的操作技能（技术课程中表现突出）和智力技能（普通课程中表现突出），首先通过教师或技工的操作演示，使学习者获得事物的清晰表象。示范可以变抽象为具体，变枯燥为生动，富有极强的趣味性。但是，学习者并非对所有的示范都满意。为了保证教学的优质高效，在实际运用示范时，一般应注意以下几点：

(1) 教师要具有过硬的技能示范本领。操作技能教学，对示范教师提出了很高的要求，教师不但要能够将原理讲透，又要能够熟练操作。因此，对职业院校的专业老师提出了“双师”型的要求。

(2) 教学前需要进行必要的媒体设计。运用教学媒体，可以将学习者无法直接感知的事实和现象，形象地展现在学习者面前。手段多种多样，如借助图片、录像、幻灯、影片、计算机模拟等现代化的技术手段，以使信息的呈现更准确、方便、更易于接受。

(3) 示范的动作要正确、规范、熟练。首先，示范操作必须在“范”字上下工夫，操作一定要正确、规范。因为学习者通过观察示范后进行模仿，错误的示范直接导致错误的模仿。如餐饮教师示范上茶水，不仅水量要合乎要求，而且倒水的姿势要优雅，动作也要十分准确。否则，学生一旦学习了错误的操作动作再进行纠正，恐怕要比学习一个新动作更难。其次，示范操作还必须熟练。研究发现，当学

① 邓泽民. 职业学校学生职业能力形成与教学模式研究[M]. 北京：高等教育出版社，2002.

生观察动作熟练的教师进行示范时，学习的效果较好；当学生观察动作不熟练的教师的示范时，学生学习的效果要比前者差。因此，示范质量的好坏，示范动作是否正确，对于学生能否获得良好的操作技能，往往具有决定作用。

（4）使学生观察好示范的主要特征和重要细节。教师在示范之前，要对学生提出观察注意事项，如哪些是重点、难点，哪些是不容忽视的细节，让学生带着问题和浓厚的兴趣去观察，示范会收到事半功倍的效果。

2）过程讲解教学阶段

在职业技术教育的教学过程中，通过教师的示范，学生获得了对事物的表面映象，这只是对事物的概要感知。只有通过教师的进一步讲解，学习者才能较为概括地了解现象与过程之间的联系，了解事物构成的基本原理及操作步骤，获得更多的促进技能形成的重要信息，掌握每个操作步骤的要点及关键所在，从而具体、全面地掌握操作知识，为最终达到教学目标的要求奠定基础。教师运用讲解时应注意以下几点：

（1）讲解要与示范相结合。首先，分步讲解与分步示范相结合。分步示范是把某一工序分解成若干工步呈现给学习者，以便逐个工步地学习。使学生从个别的工步入手，形成具体的、单个的映像；分步讲解使学习者了解某种技能的有关知识、性质、作用、工步的难度、要领、注意事项、工序进程等。其次，整体讲解与整体示范相结合。将某一工序的各个工步联为一体，按顺序依次展现给学习者，并将每一工步应注意的要点、细节进行强调，使学生进一步了解工序的全貌。

（2）讲解要有系统性和逻辑性。教师在讲解时，要从学生的认识规律入手，由浅入深、由易到难、由简单到复杂。又要符合知识本身的系统，由整体到局部，再由局部到整体。例如，教师在讲解铅球的投掷技能要求时，在示范的基础上，教师从全套动作的作用出发，采用分析法，将全套动作划分为几个工步进行分析，使学生注意全套动作的每个部分；最后采用综合法，对全套动作重新作一个总的叙述和分析，从而使学生具体而又全面地掌握应该学到的知识和应达到的技能。

(3) 讲解要有高度的科学性和思想性。教师在讲解时，无论是概念、理论的解释还是对各操作步骤的分析介绍，都必须正确可靠。在讲解过程中，依据教学内容的需要，还可以对科学技术发展史上一些杰出专家的创业精神、研究问题的思路进行适当讲解，激发学生热爱专业的感情，树立勇敢、顽强、克服困难的勇气和信心，养成严谨的科学态度和认真踏实的工作作风。

(4) 讲解要善于激发学生的思维。在讲授的过程中，教师要善于运用课程内容本身的意义和作用来鼓励学习者的求知欲。要给学生提出质疑的机会，鼓励他们敢于提出问题，探究问题，学生由“有疑”，到“问疑”，再到“解疑”，整个讲解过程可以促使学生进行积极的思维，从而增进智力的发展。

3）模拟训练教学阶段

在职业技术教育的教学过程中，学习者在教师示范、讲解的基础上，要进一步通过模拟实习，将头脑中形成的定向映象以外显的实际动作表现出来。操作技能最终表现为一系列的合法则的操作活动方式，仅在头脑中了解这种活动结构及其执行方式是不够的，如果没有实际操作，不可能形成操作技能。通过模仿，个体可以检验已形成的动作定向映象，使之更完善、更巩固。在模拟训练中，教师可以人为地制造故障，让学生判断、排除，从而可以全面复习、检查学生的知识运用情况。并且让学生知道如果操作错误，将会造成多大的损失，从而提高学生工作的责任感。由此看来，模拟环境的建立对模拟训练的质量起着关键作用。模拟场所的环境布置，要力求与真实现场相似，力求接近真实。只有置身于“真实”的工作环境中，学生才能形成明确的职业意识，培养合作与共事能力，才能熟练掌握职业所要求的知识、品性和技能。

4）操作整合教学阶段

操作整合即把模拟阶段习得的动作固定下来，并使各动作成分相互结合，成为定型的、一体化的动作。由于学习者在模拟阶段形成的动作及认识是初步的、零散的、表面的。通过整合，学习者的动作水平不仅可以得到提高，形成整体的连贯性，动作结构趋于合理、协调，还可以使个体对动作的有效控制逐步增强。因此，整合是操作技能形成过程中的关键环节，它是从模拟到熟练的一个过渡阶段，从而为学习者动作熟练打下坚实的基础。

在这一阶段，为了巩固学生在模拟训练中获得的技能，教师可以根据不同专业的需求，布置一些工序复合作业，使学生在反复的训练中对各工序的操作要领进行内化和整合。并且要根据学生情况决定进行复合作业的时间及复合作业的复杂程度。

5）现场实习教学阶段

模拟的职业环境和真实的职业活动之间毕竟存在一定的距离，因为真实的职业活动中会出现各种各样较为复杂的情况，况且，学生的心理状态也会在现场环境中有较大改变。真正的职业能力的形成，必须在工作现场这种真实的环境中，通过亲身实践才能形成。因此，现场实习、实训是操作技能转化为能力的关键环节。在这一阶段中学习者的动作将进一步达到灵活、连贯、协调和准确。并且在真实的职业环境中，学生将从师傅身上学到兢兢业业、一丝不苟的工作态度和乐于奉献的精神。以上五个教学阶段实施是一个从实践到理论再到实践的过程，符合人们认识客观事物的规律，这是一个使学习者素质、能力不断提高的过程，第二次实践的意义和内涵与第一次相比产生了质的飞跃。

4．品性养成教学过程

品性即品质和性格，它并非先天具有，而是社会性学习的结果，尤其是职业精神（敬业精神和创业精神）、职业信念、职业道德等。学生的良好品性是在家庭、社会和学校等不同情境的作用下，通过他人的社会示范、指示和忠告，将社会的要求内化为学生自己的品性，并在一定条件下产生迁移和改变。

一般来讲，品性的形成和改变要经过顺从、认同和内化三个阶段，其中认同是最重要的一环。依据这一规律，在职教教学中，将品性养成教学过程设计如下。

（1）引起欲望

任何学习，没有欲望，便得不到进步。养成理想，增进品性，更须有自内而发的动机，教师要学生做一件好事，不为别的，只因他认为这件事是应当做的。这样，适当的行为才能变成习惯。如果学生不了解，不能从思想、情感和态度上接受，教师去强迫他们去做不愿意做的事情，良好的习惯就不会形成。

（2）分析情境

学生有为善的动机，而缺乏鉴别是非的能力，还会走入歧途，所以智慧与品性有密切的关系。智慧聪颖的人品性不一定好。但没有相当的智慧，对于一件事的判断不能从各方面来衡量轻重，他也就不能养成最高的道德观念。因此，教师还应帮助学生分析具体情境。

（3）拟定计划

有为善的动机，并且知道了什么是善，但没有实行的计划，还是不行。教师要指导学生拟定实施计划。

（4）加强实习

增进品性，不能凭空虚的理论，须从实际的行为来养成。一种行为，反复练习，成为习惯，才算是可靠的品性。在职教教学中，应加强实习、实训教学环节，使学生在具体的职业环境中深刻感受创业意识、敬业精神和积极的工作态度等。由于学校是学生生活最重要的环境，因此必须要注意学校环境对学生良好品性养成产生的潜移默化的影响。如教师人格品德方面的感召；良好的育人环境；和谐的师生关系等。

5. 能力整合形成的教学过程

知识、品性、技能等的习得或应用，并不等于形成了素质、具备了能力。学生素质的形成和能力的具备，必须通过参与特定的职业活动或模拟的职业情境，通过对已有的知识、品性、技能等的迁移、整合与类化，才能完成。迁移现象不仅存在于知识之间、技能之间、品性之间，而且知识、技能、品性三者之间彼此也存在着迁移。例如，学生掌握了某一领域的专业知识后，也将促进他掌握这一领域的某种技能；有效的技能学习也促进个体获得更多的知识。对一些行为规范的理解将影响个体与行为的形成。所以，迁移表明了经验间的相互影响。通过迁移，各种经验得以沟通，经验结构得以整合，这才会形成素质、具备能力。由此看来，迁移是习得的经验得以概括化、系统化的有效途径，是能力与品德形成的关键环节。学习的最终目的并不是将知识经验储存于头脑中，而是要应用于各种不同的实际情境中形成能力，来解决现实工作中的各种问题。只有通过广泛的迁移，原有的经验才得以改造，才能够概括化、系统化，使原有的经验结构更为完善、充实，不断整合为稳定的心理调节机制，从而广泛、有效地调节个体的活动，解决实际问题。整合与类化是经验的一体化现象，即通过概括，使新旧经验相互作用，从而形成在结构上一体化、系统化，在功能上能稳定调节活动的一个完整的心理系统。教师在教学中能自觉应用迁移、整合与类化规律，对优化教学过程，提高教学效果非常有利。

依据这一规律，可将职业教育学生通过迁移、整合、类化等教学阶段，形成素质、具备能力的过程描述如下。

（1）确立整合训练题目

教师首先根据课程目标和学生心理结构构建目标的要求，提出问题和要求。在整合训练题目确定上一般应考虑以下几方面：①能够涵盖课程目标，并完成学生心理结构构建的任务。②能引起学生的兴趣，也有能力研究。③具有较强的实用价值，可行性强。

（2）拟订整合训练计划

学生根据确立的题目，利用自己学到的知识、技能和态度，通过亲自动手分析研究，发现了事物的规律，提出自己的整合训练计划。这一过程充分满足了自我实现的需要，也为下一步进行实践训练做好了充足的准备。

（3）实施训练计划

按照计划要求，学生通过探究式的学习研究活动、能力训练、态度养成等，将原有的知识、技能、品性进行了迁移、整合、类化，形成了优良品质，具备较强的能力，甚至促进创新思维和创新能力得到了进一步发展。

（4）评价

评价包括自我评价、教师评价，有时甚至可利用同学进行互相评价。评价项目与标准要与课程目标中关于通用能力和职业能力的各项指标要求相一致，并特别注意对学生在品性和能力等方面的表现进行综合评价。

（5）交流提高

教师引导学生将成果拿到课堂上进行交流，学生在互相展示学习成果的过程中，对结果进行补充和提高。教师应自始至终参与学生的交流活动，并给予帮助和指导。在讨论交流的气氛中，达成一致意见，最后形成科学的结论。为了巩固既成的结论，教师还要布置适当的练习，使学生进一步完成知识的消化和迁移。

第四节　职业教育教学情境

有人把教学情境定义为一种特殊的环境，是教学的具体情境的认知逻辑、情感、行为、职业、社会和发展历程等方面背景的综合体。而且认为教学情境这种环境不同于教学系统外的、宏观“环境”（社会环境、自然环境等），它作为课程教学系统的内在组成部分，不仅是物理的、现实的，又是心理的、人工的，是一种通过选择、创造、构建的服务于学习的微环境。

一、教学情境的功能

1. 教育导向功能

职业教育教学情境的教育导向功能是指通过教学情境自身各种环境因素集中、一致的作用，引导学生主动接受职业价值和职业行为准则，使他们朝着职业教育者所期望的方向发展。职业教育教学情境是根据学生身心发展的特殊需要、培养人的社会需要和职业活动需要而组织、设计的育人环境。它往往体现了一种文化精神和价值取向，体现了教育者对受教育者的一种期望。这些要求和期望渗透在学校的各种环境因素中，形成一种具有教育和启示意义的教育资源，导引着学生的思想，规范着学生的行为，塑造着学生的人格。

2. 凝聚激励功能

教学情境的凝聚激励功能是现代教学环境的心理功能。良好的教学情境具有很强的凝集力，可以通过自身特有的影响力，将人聚合在一起，使他们产生归属感和认同感。同时，良好的教学情境中的各种环境因素还可以成为激励师生教学积极性的动力因素。

3. 传播整合功能

在现代学校教学中，一方面，教师可以根据教学需要，借助各种教学媒体的综合运用，将内容在大与小、远与近、快与慢、零与整、虚与实、微观与宏观之间互相转化，从而使教学内容中涉及的事物、现象、过程再现于师生面前，让教学真正成为实现“耳闻目睹”的教学活动；另一方面，人们将科学研究与生产实际整合到课程中去，实现产学研的结合，为现代学校教学提供最理想的教学环境。

4. 愉悦身心功能

环境心理学和现代教学论研究认为：教学情境不仅只是教师教、学生学的教学园，它还应是学生学习和生活的乐园。现代教学环境应是集校园、花园、乐园为一体的教学环境。学校的各种教学环境对于人的身心健康会产生直接和间接的影响。学校的各种教学环境对于人的身心健康会产生直接和间接的影响。优美健康的校园自然环境可以给人愉悦感和轻松感。现代网络化教学环境为教学提供了广阔的教学空间和崭新的教学手段，学生不仅能从网络获得知识，还可以增加学习的乐趣。另者，良好的教学情境有利于激发学生的美感，培养学生正确的审美观和高尚的审美情趣，丰富他们的审美想象，提高他们感受美、鉴赏美和创造美的能力。

二、教学情境的特征

这里主要论述职业教育教学情境中的行动导向教学情境与其他教育类型的教学情境比较，有着鲜明的特点。

1. 真实性

职业教育行动导向教学情境要来自真实，超越真实。首先，职业教育行动导向教学情境要具有真实性。如果职业教育行动导向教学情境模拟企业的真实工作环境搭建，以工位模式区别于学校传统教室授课方式，学生的学习会有一种进入企业工作的感觉，这对帮助他们缩短日后进入工作环境的心理适应期。因此，职业教育行动导向教学情境的真实性，可以帮助实现教学系统的职业工作环境导向功能。第二，管理制度要具有真实性。学生通过行动导向教学从学校的教学管理转变成完全的公司管理。学生以职员身份，开展工作，进行管理、接受管理和考核。学生要组成班组或项目小组，小组之间的沟通和协作以及工作分配调试等完全贯穿正规公司的企业管理制度，在工作中严格贯穿执行国家或者国际标准规范。第三，学生的学习任务要具有真实性。学生面对的工作任务要源于工作实际。无论是任务、还是项目，应是企业实际的案例，并要紧随目前本行业技术的发展动向，时刻保持教学内容和教学工具的“新”和“实用性”，所有技术点的传递和开发工具的使用都与目前企业项目实际操作所要求的保持一致和同步。

2. 重复性

重复性是指在较短时间内，可以重复设置学生职业教育行动导向教学需要的情境以及各方面的条件，保证学生能够反复进行训练。这也是可控制性，即学校或者教师，甚至学生，可以根据需要随时设置或者调整职业教育行动导向教学的环境，安排需要的学习项目。

3. 科学性

首先，要符合职业教育教学规律。职业教育行动导向教学过程按照任务或者项目完成的过程设计。项目化不但能够提高个人的技能水平，还为培养个人的团队合作精神和与其他成员的沟通协作能力提供了条件。第二，要符合职业活动规律。不同的职业活动，其活动规律有所不同。有的职业活动沿着时间顺序进行，有的则是逻辑顺序，或者空间顺序。

4. 规范性

在设计职业教育行动导向教学项目时应明显区别于基础教育的实验教学。如电工实验，一般采用软导线连接，测量线路中的相关物理量，以验证某个定理或公式的正确性。而职业教育行动导向教学则不然，一般它给出的线路应有明确的功能应用性，如多层民宅的通道照明线路、抢答器的线路、机床控制箱某一部位的线路，让学生了解各类电路的实际应用。同时职业教育行动导向教学应要求学生按照电工操作规范进行导线、辅料的选择及布线。

5. 经济性

职业教育行动导向教学成本较高，为了减低成本，模拟职业教育行动导向教学环境是人们的首选。它一般有下列优点：①节约经费。一个数控机床仿真软件需几千元人民币，而一台国产的数控机床至少要十几万元。②减少占地。一个电子线路设计自动化的软件只需计算机及工作台，软件中存放了大量先进的测量仪器设备、器件和元件，无需空间堆放。③更加安全。对使用大型重装备设施的职业教育行动导向教学项目，采用软件系统或仿真运行后再使用实物系统，既能避免设施的损坏，更能有效地保护师生的人身安全。④增强自信力。一道数控加工工序可由不同的程序完成，一个电子产品的功能可由不同的线路来实现，采用仿真、模拟软件能较快地证明学生不同构思的可行性。

三、教学情境的技术

在设计教学情境时，为了充分地激发学生的学习动机，应从注意力、针对性、自信心、满足感四个方面着手，运用好四项技术。

1．引起并维持注意力的技术

主要有三个方面：变化材料的呈现方式；用具体的事例说明；似是而非和令人惊奇，即用各种方法使教学材料中包含一些矛盾、冲突和惊奇。

2．加强针对性的技术

主要包括三个方面：确保学习内容与学习者已有的知识经验联系起来，降低所呈现的新学习材料（内容）的生疏程度；说明正在学习的知识、技能和态度等的现有价值；逐步使学习者相信现在所学习的东西对将来有价值。

3．建立自信心的技术

主要包括三个方面：清楚明确地阐明学习目标。学习者一般都希望知道学习目标，即希望预先知道学习结束后要掌握什么；课堂教学和学习任务循序渐进，使得学习内容容易掌握；允许学习者不断提高自我控制学习进程和达到成功结果的程度，如果给学习者以控制教学过程的适当的权限，那么他们的自信心将能得到维持与增强。

4．产生满意感的技术

就每一个学习行为而言，要达到满意感，需要通过提供反馈产生强化。而满意感一经形成，不仅能够增强学习者的自信心，维持学习者的注意力，而且能够发展成为一种自我管理能力。包括两个方面：对学习者的学习业绩提供反馈，当学习者完成某一学习任务，达成某一学习目标时，就给他们提供适当的反馈，那么就能够向他们展示他们所形成的能力，使他们产生满意感；鼓励进行概括和迁移，当学习者掌握了一种技能之后，鼓励他们将这种技能加以概括并迁移到类似的或新的情境中去，有助于他们形成满意感，并进而强化学习动机。

第五节　职业教育教学原则

教学原则是根据教育教学目的、反映教学规律而制定的指导教学工作的基本要求。所以，教学原则具有合目的性和合规律性。它既指教师的教，也指学生的学，应贯彻于教学过程的各个方面和始终。它反映了人们对教学活动本质性特点和内在规律性的认识，是指导教学工作有效进行的指导性原理和行为准则。由于许多教学论对教学原则都有系统的论述，所以这里只介绍具有职业教育特色的教学原则。职业教育是培养高技能型人才和高素质劳动者的一种教育类型。因此，职业技能是职业教育教学的核心目标之一。所以，职业技能教学原则的研究，在职业教育教学理论研究中处于十分重要的地位。

一、心智技能在技能形成中的关键作用

技能分为心智技能和操作技能。前者是外显的、一系列的合法则的操作活动方式，可以通过肢体动作的速度、幅度、力量、准确性、连贯性、协调性、灵活性等行为指标反映出来。后者是在头脑内部进行的一系列的认知加工活动，是内隐的心智活动方式，其最基本的形式通常表现为信息的编码、存储与组织、表象的建构、经验的类比与推理等以及在此基础上建立起来的各种综合性的认知加工策略和问题解决策略。高水平的职业技能的掌握依赖于操作技能和心智技能两者的协同发展。

操作技能的形成需要反复的操练，但绝不是简单的机械操练，其中蕴涵着心智技能的调控。从操作技能形成的过程来看，无论是对操作动作的认知，还是模仿、整合等，都涉及多种复杂程度不同的心智技能活动，比如，如何编码动作信息、如何建构动作表象、如何建构动觉感受、如何采用有效策略来记忆一系列连贯的操作动作、如何分配练习时间、如何监督和调节自己的操作过程、如何根据工作情境将不同操作动作加以创造性组合等。正是借助于这些心智技能，学习者的操作活动才能有序、准确、灵活，才有可能根据具体情形做出创造性的重组、变革。因此，心智技能在技能形成过程中处于主导地位。

二、实践模式对心智技能形成的影响

心智技能学习一般通过原型定向阶段、原型操作、原型内化三个阶段。原型即事物的原样，由于心智活动具有观念性、内潜性和高度简缩性的特点，不易为人直接感知和把握，但也有其外化的物质原型，即实际的操作活动程序、实践模式。原型定向即了解这种实践模式，了解动作结构，各动作成分及其顺序等。该阶段个体主要是在头脑中形成程序性知识。通过原型定向，个体在头脑中形成了有关活动

方式的定向映象，而这种定向映象一旦建立，它就可以调节以后的实际心智活动，同时也是心智活动产生的基础。原型操作即把头脑中建立起来的动作程序以外显的方式付诸实施。在该阶段，活动方式是物质化的，即以外部语言、外显的动作，按照活动模式一步步执行。在操作的开始阶段，需要逐步展开，并不断变更活动对象，也就是说，学习者将心智活动的实践模式程序应用于多个问题的解决，以便为将来的内化提供基础。个体在该阶段的活动是展开的、外显的，并经常借助于外部言语的引导和外部辅助手段，个体尚不能摆脱实践模式，而是依赖实践模式进行活动。原型内化阶段即心智活动的实践模式向头脑内部转化，借助于内部言语，个体可以在头脑内部进行程序化的心智活动，而且能以非常简缩、快速的形式进行。因此，实践模式在心智技能形成过程中具有定向作用。

三、职业活动中实践模式的基本类型

技能型人才的职业实践，根据其价值追求和活动特点，可以划分为职业活动过程导向、职业活动情景导向和职业活动效果导向三种模式。

（一）过程导向实践模式

过程导向实践模式的特点是职业活动的过程固定，一旦确定下来，将一般不再发生任何改变。这类职业活动常常出现在技术类专业，当人们面对各种机械设备时，职业活动的过程常常被固定下来。技术类技能型人才职业活动的最终结果是加工的产品达到设计要求的各项指标，因此这类职业活动的价值具体体现在操作的规范和标准。因为只有严格按照工艺流程、操作规范和安全规程进行职业活动，才能达到产品的设计要求。否则，就可能造成设备台时、原材料、能源的浪费，甚至影响工期或交货时间。图1-4-12所示是从事技术类职业技能型人才过程导向实践模式。

	过程阶段1	过程阶段2	过程阶段3	……
任务 A	活动 A1	活动 A2	活动 A2	……
任务 B	活动 B1	活动 B2	活动 B2	……
任务 C	活动 C1	活动 C2	活动 C2	……
……				

图1-4-12　技术类职业技能型人才过程导向实践模式

从图中可以看出，技术类职业技能型人才采取什么行动，取决于任务的不同和所处过程阶段的变化。任务和过程阶段一旦确定，操作规范和标准就确定了。技术类职业技能型人才职业活动的特点是由事先确定的过程程序所支配的，即技术类职业技能型人才的职业活动具有典型的过程导向特点。

（二）情景导向的实践模式

情景导向的实践模式的特点是职业活动的过程不固定，而是随着职业情景的变化不断调整。这类职业活动多出现在服务业。现代服务业的个性化服务理念要求服务人员服务时，随着服务对象或者服务情景的变化及时做出调整。服务类技能型人才职业活动的最终结果是使服务对象满意并获得惊喜的消费体验，因此这类职业活动的价值具体体现在对服务对象接受服务心理预期的把握。因为只有把握住服务对象接受服务的心理预期，才能做到服务在服务对象开口之前，使服务对象满意并惊喜。社会和谐发展是人们的普遍追求，服务类技能型人才职业活动价值的实现，具有更广泛的价值和意义。图1-4-13所示是从事服务类职业技能型人才情景导向实践模式。

	情景1	情景2	情景3	…
服务对象A	服务活动A1	服务活动A2	服务活动A2	…
服务对象B	服务活动B1	服务活动B2	服务活动B2	…
服务对象C	服务活动C1	服务活动C2	服务活动C2	…
…				

图1-4-13　服务类职业技能型人才情景导向实践模式

从图中可以看出，服务类职业技能型人才采取什么服务活动，取决于服务对象的不同和情景的变化。服务对象可能因文化、年龄、身份、性别、信仰、情感等而不同；服务情景可能因所处环境、所办事项、时机等因素而变化。如果把服务对象也考虑到情景当中，服务类职业技能型人才职业活动特点是受情景所支配的，即服务类职业技能型人才的职业活动具有典型的情景导向特点。

（三）效果导向的实践模式

效果导向的实践模式的特点是职业活动的过程不固定，且不受职业情景变化的影响。这类职业活动一般出现在文化艺术产业。艺术类技能型人才职业活动的最终结果是使有关人群获得美好的艺术享受。

因此这类职业活动的价值具体体现在对相关人群的情感、文化、审美、情趣等的把握上。因为只有把握住了相关人群的情感、文化、审美、情趣等，才能使有关人群获得美好的艺术享受。美是人类社会的追求，艺术是美的高级形式。艺术类技能型人才职业活动价值的实现，也同时承载着社会责任。图1-4-14所示是从事文化艺术类职业技能型人才效果导向实践模式。

	效果1	效果2	效果3	……
人群A	活动A1	活动A2	活动A2	……
人群B	活动B1	活动B2	活动B2	……
人群C	活动C1	活动C2	活动C2	……
……				

图1-4-14　文化艺术类职业技能型人才效果导向实践模式

从图中可以看出，文化艺术类职业技能型人才采取什么活动，取决于不同人群和希望达到的不同效果。人群可能因文化、年龄、身份、性别、信仰、情感等而不同；根据这些不同的人群，通过职业活动达到所追求的艺术效果。因此，文化艺术类职业技能型人才职业活动特点是受效果所支配的，即文化艺术类职业技能型人才的职业活动具有典型的效果导向的特点。

四、职业教育中技能教学的基本原则

教学原则是根据教育教学目的、反映教学规律而制定的指导教学工作的基本要求。它反映了人们对教学活动本质性特点和内在规律性的认识，是指导教学工作有效进行的指导性原理和行为准则。为了促进学生职业心智技能形成，按照职业活动实践模式，提出相应的教学原则。

（一）过程导向行动教学原则

依据过程导向实践模式具有职业活动情景相对固定，活动过程相对稳定，活动结果标准一致的特点，在教学时应遵循过程导向行动教学原则，以促进学生相应心智技能的形成，从而进一步掌握具有顺序过程思维和严格行为标准规范的职业技能，以保证职业活动结果达到设计要求的标准。

（二）情景导向行动教学原则

依据情景导向实践模式具有职业活动情景多变、千差万别，过程随情景变化而变的特点，在教学时应遵循职业活动情景导向原则，以促进学生能把握服务对象接受服务的心理预期心智技能的形成，从而进一步掌握服务技能，以保证服务对象满意并惊喜的消费体验。

（三）效果导向行动教学原则

依据效果导向实践模式具有关注效果，职业活动情景和过程关系不密切的特点，在教学时应遵循职业活动效果导向原则，以促进学生能把握相关人群的情感、文化、审美、情趣的心智技能形成，从而进一步掌握艺术技能，以保证艺术效果。

职业技能教学原则的运用，不但使学生分析问题、解决问题的能力得到加强，更为重要的是学生把握了不同职业实践模式的特点，技术类技能型人才形成严格程序逻辑思维习惯和对操作标准规范的敏感与重视；服务类技能型人才形成了情景导向、关注情感、灵活的思维与应对习惯；艺术类技能型人才形成了创新意识、发散型创造思维艺术人才的特质。

第六节　职业教育教学的组织

教学组织形式就是根据一定的教学思想、教学目的和教学内容以及教学主客观条件组织安排教学活动的方式。职业教育教学活动中，技能教学、任务教学、项目教学和岗位教学是职业教育教学典型的教学活动。这里主要研究技能教学、任务教学、项目教学和岗位教学的组织形式。

一、技能教学的组织

在职业教育教学中，有的技能需要较长时间教学和训练才能形成，如果把这些技能安排在任务教学、项目教学或岗位教学中完成，就使得这些任务教学、项目教学和岗位教学的目的不突出，为此，常常把需要较长时间教学和训练才能形成的性能独立出来单独进行教学。技能形成过程一般包括定向、模仿、整合和熟练四个阶段。技能教学的组织要根据技能形成阶段的特点进行设计。

（一）定向阶段的教学组织

技能的定向阶段是操作活动的气氛、节奏、姿势、动作等在学习者头脑中形成映象的过程。定向映象应包括两个方面，一是操作活动的结构要素及其关系，即有哪些要素构成某一操作活动，各动作要素间的关系和顺序如何。二是活动的方式，即操作的轨迹、方向、幅度、力量、速度、频率、动作衔接等。

操作定向是操作技能形成过程中的一个重要环节，这个阶段的特点是时间短，但最为关键。因此，准确的定向映象可以有效地调节实际的操作活动，缺乏定向映象的操作活动经常是盲目尝试，效率低下。因此，不应忽视该环节在操作技能形成过程中的作用。因为一旦定向出现了偏差，改正起来会十分困难。因此，操作技能定向阶段的教学组织，一般采用个体或者小组教学的组织形式。在借助于录像、动画或者图片等教学媒体的帮助下，也可采用班级教学的组织形式。

（二）模仿阶段的教学组织

操作的模仿即实际再现出特定的动作方式或行为模式，实质是将头脑中形成的定向映象以外显的实际动作表现出来。模仿阶段要严格要求，不能出偏差，也不要贪眼前速度，而不顾定向所确立的操作规范。

因此，模仿阶段教学时，强调学生的模仿操作不能离开教师的眼睛，在教学组织上一般采用小组教学组织形式，关键技能甚至采用个体教学组织形式。

（三）整合阶段的教学组织

整合即把模仿阶段习得的动作固定下来，并使各动作成分相互结合，成为定型的、一体化的动作。通过整合，一方面动作水平得以提高，动作结构趋于合理、协调，动作的初步概括化得以实现；另一方面，个体对动作的有效控制逐步增强。因此，整合是操作技能形成过程中的关键环节，它是从模仿到熟练的一个过渡阶段，也为熟练的活动方式的形成打下基础。因此，通过整合阶段，要形成标准的操作。

所以，整合阶段的教学组织也不宜采用班级教学组织形式，但没有必要采用个体教学组织形式，小组教学组织形式是比较有效的。教师应主要关注每个人操作的连续性和规范性。

（四）熟练阶段的教学组织

操作的熟练是操作技能最后形成的阶段，是由于操作活动方式的概括化、系统化而实现的。熟练阶段用时最长，最艰苦，学习者常常在这一阶段失去自信心。一般学习者的成长过程分为四个阶段：初阶学习期、基本能力形成期、瓶颈期（再训练期）和专业能力成长期。在初阶学习期，每个学习者的差异性不是很大。而在基本能力形成期，学习者的成长幅度是不同的，而经过一定的时间训练会使学习者达到趋同的速度瓶颈。瓶颈期（再训练期）是一个平台期，也是技能训练的枯燥期，是能否进入更高的技能专业能力的分水领，是考验学习者和实训教练练习方法和教学方法科学性的关键时期。专业能力成长期是经过积累每个学习者各自形成自己的技能风格和技能熟练程度而达到的程度。

在这个阶段，由于学生的技能已经十分规范，不必关注每一个人的每一个动作，只需要关注学生整体的熟练程度。为了形成学生学习的竞争氛围，宜采用大班教学组织形式。

二、任务教学的组织

在实际工作中，有些任务需要一个人独立完成。这时就需要学生独立分析问题、解决问题、完成任务的能力。这样的任务教学如果放到项目教学或者岗位教学中完成，就使得项目教学和岗位教学的目的不突出。任务教学过程包括任务描述、任务分析、完成任务、学习评价四个阶段。任务教学的组织可据此过程不同阶段的特点进行设计。

（一）任务描述阶段的教学组织

任务描述是对典型任务的描述，目的是让学生了解任务的背景、内容、要求。这里的要求包括时间、成本、安全等。为了让学生对将要完成的任务掌握的信息一致，教师可以采用班级教学组织形式。

（二）任务分析阶段的教学组织

任务分析阶段是完成一项任务所需能力形成的第一个环节。这个环节对于培养学习者接受任务后，形成分析的习惯、分析的思路以及严谨态度，都是十分重要的。任务分析阶段，需要根据给出的任务描述，通过分析明确以下几个问题：①这是一件什么样的工作任务？②任务的核心问题在哪儿？③任务的具体要求是什么？ ④怎样才能满足任务要求？⑤已经具备了哪些经验？⑥需要哪些支持/帮助？⑦哪些信息及其渠道可供使用？

计划制订是根据任务分析的结果，做出完成任务的实施计划。在计划中要明确以下问题：①面对一项工作任务怎样怎样理清头绪是专业的？②以什么次序来安排各工作步骤符合逻辑？③可能遇到哪些问题？④实施过程中需要哪些材料、工具、各机器设备？⑤在哪些阶段所做的工作必须要得到检验？⑥依据哪些原则、方法来检验？⑦对评价工作方面的建议。

任务分析是以学生为主体，应用各种信息渠道，获得有关信息，结合教材提供的相关知识，对完成任务的途径、方法、成本和时间等进行分析。为了培养学生的创新能力，学生可以根据自己可能获得的条件，选择各种不同的工具和手段，形成完成任务的方案。为了培养学生独立分析问题、解决问题的能力，在任务分析阶段，可以采用学生个别教学组织形式。

（三）完成任务阶段的教学组织

完成任务是学生按照已形成的方案，按要求逐步实施，通过完成各个实施环节，形成独立完成任务的能力的重要环节。主要培养学习者工作的逻辑顺序、方法的运用、工具的操作以及认真的态度等。仍然需要采用学生个别教学的组织形式。在学生个别学习的过程中，教师要注意原理的科学性和技术的安全性。

（四）学习评价阶段的教学组织

学习评价包括工作评价和学习评价，包括工作成果和职业能力两个方面。职业能力包括任务分析、计划制订、计划实施和工作评价能力。学习评价包括同学间对任务完成情况的评价和教师对学生完成情况和教学目标达成情况的综合评价。可以采取小组和班级两种教学组织形式完成。同学间的评价，为了节省时间，可以采用小组评价的方案进行；教师综合评价可采用班级教学组织形式。

三、项目教学的组织

一般职业任务分为两类，一类是由一个人独立完成，有的需要和他人一起合作才能完成。在和他人合作完成的工作中，有的是比较复杂的，需要组成团队在有效的协调、沟通和配合下，才能完成。这些工作可以称为项目，利用这样的项目可以培养学习者的通用能力，诸如组织、协调、沟通等。项目导向教学程序包括六个阶段：①项目开发动员；②成立项目开发小组；③编写项目开发计划书；④实施项目计划书；⑤项目评估；⑥项目总结。

（一）项目开发动员阶段的教学组织

项目开发前，教师要做好学生的学习动员工作。让学生了解本项目开发的意义、项目应完成的功能、项目开发所需的技术及学习方法以及项目开发的流程及考核办法等方面的内容。可以通过展示案例效果来启发学生的学习兴趣，使他们能够积极主动地参与到项目的开发工作中来。这里教师可以采用班级教学组织形式。

（二）成立项目小组阶段的教学组织

项目开发小组的成立一般是根据班级人数、项目的难易程度、学生的个人能力等方面的因素来考虑的。每个项目开发小组由其成员选定一个项目组长。组长的职责是在教师的指导下编写本小组的项目开发计划书，负责本组各成员的工作任务分配、监督实施等各个方面的工作。

这里形式上是小组教学，但实际上，为了培养项目组长的领导、组织、沟通能力、培养承担不同角色的项目组组员的能力，教师应采用个别教学组织形式，针对学生扮演的角色进行个别型教学指导。

（三）编项目计划书阶段的教学组织

教师提供一份项目开发计划书的样板，解释清楚项目实施的步骤，讲清楚计划书的编写原则及注意事项。

讲解项目计划书的编制，主要是讲解项目计划书的格式、内容、编制方法等。属于信息传递和知识学习，为了提高教学效率，这里教师应采用班级教学组织形式和讲授教学法。

（四）实施项目计划阶段的教学组织

项目实施阶段是项目教学法实施的核心环节。在此阶段教师要及时恰当地对学生进行指导，解决学生开发过程中遇到的难题，并督促学生按时按量完成项目计划书中的各个开发环节，以保证学生能够顺利地在计划内完成项目的开发，达到教学目标。

为了培养学生团队意识、合作能力，教师不宜采用针对某个个别学生的个别教学组织形式，可采用针对项目小组的个别教学组织形式，这一点与任务教学组织中完成任务阶段教学的组织形式是相背的。

（五）项目评估总结阶段的教学组织

项目完成后要进行项目评估和总结，方法通常是采用分组讲解、展示项目开发成果，由学生评价和老师评价构成。项目总结包括思路总结和技巧总结。思路总结可以帮助学生明晰项目完成的最佳思考方法，找到自己理论上的不足。技巧总结中，要重视各个开发环节中遇到的难题的解决方法的总结，这样，学生才能学到更多的操作技巧，全面吸收整个项目活动的精髓。另外，教师应该指导学生对项目进行拓展和延伸，针对学生以后可能遇到的类似问题能够想到用该知识进行解决。这里，无论是小组展示、学生的评价、教师的评价，还是项目总结都应采用班级教学组织形式。

四、岗位教学的组织

岗位教学，一般称作岗位实训，它是学生系统了解企业生产过程、理解企业生产制度、把握职业岗位职责、理解企业劳动制度、熟悉设备的功能与性能、掌握设备操作规程的有效手段。其过程一般包括明确岗位实训目标、系统理解职业岗位、履行岗位职责、形成良好的职业习惯。

（一）工作岛教学组织形式

在企业，选择一些典型工作岗位，由师傅、教师、学生组成工作小组，负责这个工作岗位的工作，这是职业教育岗位教学的一种组织形式——工作岛教学组织形式。

在这种教学组织形式中，师傅在教师和学生的辅助下完成工作任务；教师在师傅的帮助下完成教学任务；学生通过工作完成学习任务。学生进入工作岛学习的前提是学生已完成了技能学习、任务学习和项目学习，具备了上岗学习的能力。

（二）影子岗教学组织形式

在企业，挑选典型岗位的优秀工作人员，将学生安排到优秀工作人员身边，像他们的影子一样，通过协助做他们每天做的事情，学习他们的优秀职业特质。影子岗是培养高级技能型人才的一种十分有效的教学组织形式。

（三）学徒制教学组织形式

学生在学校注册成为学生，在企业注册成为企业的学徒。企业在生产过程中，安排师傅带自己的徒弟学习，为企业人力资源进行必要的储备。这种形式，在我国受到相关法律的制约，特别是中等职业学校的学生，一般年龄不满18岁。随着我国新学徒制试点的进行，这也将成为职业教育岗位教学的一种组织形式。

（四）工业中心教学组织形式

工业中心、实训车间、教学工厂等，都是通过建设一些车间，形成一些典型的工作岗位集中到一起，形成巨大的岗位教学资源。学生根据自己的时间安排和需要，经教授自己课程教师同意后，到工业中心领取工装、工具、材料和必要的安全装备，到岗位自行进行训练。

第七节　职业教育教学方法

教学方法是教师和学生为了实现共同的教学目标，完成共同的教学任务，在教学过程中运用的方式与手段的总称。[①]目前在教学实践中运用的教学方法，不胜枚举。有人曾进行过不完全统计，目前在教学中卓有成效的教学方法有700余种。[②]本章主要对职业教育行动教学法进行分析。

行动导向教学是系统的、有目的地组织学生在实际工作情境或学习性工作情境中，参与资讯、决策、计划、实施、检查和评价等工作过程，提高发现、分析和解决问题能力，总结和反思学习的过程。常用的行动导向教学方法包括四阶段教学法、头脑风暴法、项目教学法、案例教学法、模拟教学法、角色扮演法、卡片展示法、引导课文教学法等。为了便于教师选择合适的教学方法，依据这些行动教学法对学生职业特质形成的作用不同，下面分类介绍。

① 张明兰，丁详坤．优化课堂教学方法丛书、教学方法运用技能[M].北京：中国人事出版社，1998.

② 黄甫全．现代教学论学程[M].北京：教育科学出版社，1998.

一、过程导向的行动教学法

过程导向行动教学方法适用于过程固定、情景不变的职业活动教学。这种教学方法的价值在于学生操作规范习惯的养成，追求职业活动操作的准确和职业活动结果的精度，是培养高端制造业高技能型人才最常用的教学方法。

1. 四阶段教学法

1）四阶段教学法的含义

四阶段教学法是一种起源于美国，主要用于操作技能教学的方法。四阶段教学法建立的理论基础是行为主义的学习理论。在行为主义的学习理论中，操作技能的形成要经过定向、模仿、整合和熟练四个阶段。四阶段教学法就是以示范——模仿为核心，由准备、示范讲解、学生模仿和教师评价四个阶段构成的教学方法。

2）四阶段教学法的实施

（1）准备。这一阶段主要以教师行为为主，其中，包括教师知识内容上的准备，对教学对象情况的掌握及相关设备的准备等，同时还为了引起学生对所学知识和技能的兴趣，通过设置问题情境，说明学习内容的意义。

（2）示范讲解。这一阶段关键是要求教师对操作要熟练和准确。教师操作的熟练、准确程度不仅保证了学生模仿的准确性，而且有助于教师树立形象、增强学生的信心。另外，在这一阶段中，教师要在示范的同时，附以生动的讲解，让学生了解工作对象、工作方法和其中的道理。教师在分段、分步示范时，要注意突出重点，剖析操作规程，并可根据教师的实践经验指出经常会出现的错误。

（3）学生模仿。这一阶段是挑选多个学生按教师的示范进行模仿操作。教师在这个阶段要密切观察、积极指导。模仿阶段在时间和空间上与前一阶段（即教师示范阶段）要连续、不要间断，及时地将讲、听、看、做、记有机地结合起来，以达到更好的效果。在这个阶段主要是做好教学组织方面的工作，根据教学内容操作步骤的难易及复杂程度，可以采用学生独立模仿和先分组观摩后独立模仿操作（小组讨论式）的两种教学组织方法。学生独立模仿操作这种教学组织方式，其操作步骤相对单一，注重提高熟练程度的；分小组观摩后独立模仿操作的方式（小组讨论式）其操作步骤是多层次的，并具有相应的情况分析、判断。

（4）教师评价。教师评价要有职业活动的环境分析、过程分析和结果分析及其评价。分析评价的重点是学生职业活动程序的科学性、职业操作的正确性和规范性、职业活动结果的质量和精度等，并对学生给予及时表扬和鼓励。

3）四阶段教学法的特点

（1）使用频率较高。四阶段教学法的教学目标是通过教学使学习者掌握某项技能。技能是职业活动最基本的要素，因此，四阶段教学方法不但单独使用，在其他教学方法中也经常使用。所以这种方法是每一位职业教育教师必须熟练掌握的一种教学方法。

（2）方法简单有效。这种教学方法的教学目标单一，是一项技能的掌握；教学内容也只是这项技能操作的陈述性知识、程序性知识、心智技能、操作技能和相应的态度；教学程序也只有简单的四个阶段。由于教学目标明确、教学内容单一、教学程序简单，许多教师对这种方法不屑一顾，但确是一种十分有效的技能教学方法。

（3）方法实践性强。尽管方法简单，但这种方法确有很强的实践性，对教师的要求也很高。不但要求教师自身的技能操作水平达到当前企业要求的最高水平，而且还要能够指导学生在一定的时间内掌握这项技能，认识到操作规范的重要性和追求精度的价值。

2．项目教学法

1）项目教学法的含义

项目教学法是由美国著名儿童教学家、伊利诺伊大学教授凯兹博士和加拿大儿童教育家、阿尔伯特大学教授查德博士共同开创的。因其对学生综合能力的培养有独特作用，被越来越多地应用于职业教育教学。另外，在技术领域，很多小产品都可以作为项目，如门（木工专业）、模型汽车（机加工专业）、报警器（电子专业）、测量离合器（仪器仪表专业）及简单的工具制作。因此，项目教学法广泛应用于技术类专业教学。在商业、财会和服务行业，所有具有整体特性并有可见成果的工作也都可以作为项目，如销售专业不同场合的商品展示、产品广告设计、应用小软件开发等。

项目教学法建立的理论基础是构建主义的学习理论。构建主义学习理论认为，当人的心理结构发生了变化，意味着学习发生了变化。而心理结构的变化是学生自主构建的结果。因此，项目教学法的实质是以学生为主体，旨在把学生融入有意义的完成任务的过程中，让学生积极地学习、自主地进行心理结构的构建，教师是引导者和学习管理者利用项目情景、项目过程、项目结果等学习要素，充分发挥学生的主体性和创新精神，使学生获得各种综合能力。

项目教学法，顾名思义，是通过一个完整的项目，来进行实践教学的一种方法。作为一个项目，可以是开展一项调查、进行一项决策、提供一种服务、提出一个策划、生产一件产品等。它应该满足八个条件：①项目有清晰的任务说明，工作成果有一定的应用价值，完成项目过程中有可学习的教学内容；②能将某一教学课题的理论知识与实践技能结合在一起；③与企业实际生产过程或现实商业经营活动有直接的关系；④学生有独立制订计划并实施的机会，在一定时间范围内可以自行组织、安排自己的学习行为；⑤有明确而具体的成果展示；⑥学生自己克服、处理在项目工作中出现的困难和问题；⑦具有一定的难度，要求学生运用新学习的知识、技能，解决过去从未遇到过的实际问题；⑧学习结束时，师生共同评价项目工作成果。

2）项目教学法的实施

项目教学法的目的明确：首先，将课堂讲学与“经验世界”联系起来。继而，教师指导学生完成教学项目过程的同时，传授学生专业知识。最终，培养学生独立、富有责任感的意识；培养学生团队工作的能力；培养学生解决复杂的专业问题的能力等。根据项目教学法的目标，可将项目教学法的实施大致分为七个阶段。

（1）确定项目任务。原则上项目教学法中的项目要基于所有现实问题进行开发，这样的话项目的目标和其中的任务就能与职业现实紧密联系。这一阶段的工作主要有教师来完成，教师的主要任务有：开发一个与职业工作实践相关的项目主体，项目中有待解决的问题应同时包含理论和实践两个元素，项目成果能够明确定义；将设计的项目融入到课程教学中；明确项目工作进行的空间、技术和时间等前提条件；和项目参与人一起确定项目的目标和任务。在这个阶段，项目的选择是关键，好的项目不是凭运气创造的，好的项目需要前期严密的计划，包括对项目成果、时间进度以及管理策略的深思熟虑。项目可大可小，重要的是，项目的选择必须以课程标准为基础，以锻炼学生的技能与思维习惯为目标。

（2）项目开发动员。项目开发前，教师要做好学生的学习动员工作。让学生了解本项目开发的意义、项目应完成的功能、项目开发所需的技术及学习方法以及项目开发的流程及考核办法等方面的内容。可以通过展示案例效果或者讲述历届毕业生的就业情况等手段来启发学生的学习兴趣，使他们能够积极主动地参与到项目的开发工作中来。

（3）进行组织分工。项目小组的成立一般是根据班级人数、项目的难易程度、学生的个人能力等方面的因素来考虑的。每个项目开发小组由其成员选定一个项目组长。组长的职责是在老师的指导下编写本小组的项目开发计划书、负责本组各成员的工作任务分配、监督实施等各个方面的工作。

（4）制订项目规划。编写项目开发计划书，教师提供一份项目开发计划书的样板，解释清楚项目实施的步骤、编写原则及注意事项。工作计划的内容包括：各个工作步骤综述；小组工作安排；权责分配；时间安排。并且，教师可以根据需要给学生提供咨询，项目规划阶段，各小组可以通过制定所需相关资源的筹备表来明确后期各项任务展开的具体程序和方式。同时，各小组应积极在小组内部展开讨论与回报工作。

（5）组织项目实施。本阶段多以小组的形式进行，学生分工合作，创造性地独立解决项目问题。基于项目计划，学生通过调研、实验和研究有步骤地解决项目问题，最后，将项目目标规定与当前工作结果进行比较，并做出相应调整，这项固定工作要同时进行。项目实施阶段是项目教学法实施的核心环节。在此阶段教师要及时恰当地对学生进行指导，解决学生开发过程中遇到的难题，并督促学生按时按量完成项目计划书中的各个开发环节，以保证学生能够顺利地在计划内完成项目的开发，达到教学目标。

（6）检查评估总结。评价在项目教学中具有重要意义，要完成评价，首先要进行成果汇报。成果汇报是各小组选派一个或多个代表汇报其项目成果，汇报的形式可以多种多样，如开会的形式，或是将其安排到某个庆祝活动中。项目完成过程是各个小组成员共同努力探索钻研的过程，为了能学众人之长，它应包括思路总结和技巧总结。思路总结可以帮助学生明晰项目完成的最佳思考方法，找到自己理论上的不足。技巧总结时，要重视总结各个开发环节中遇到的难题及其解决方法，这样学生才能学到更多的操作技巧，全面汲取整个项目活动的精髓。

（7）成果迁移应用。将项目成果迁移运用到新的同类任务或项目中师项目教学法的一个重要目标。学生的迁移运用能力并不能直接反应出来，而是在新的任务的完成过程中体现出来。

3）项目教学法的特点

（1）实践性。用于教学的项目来自生产实际，主题与真实世界密切联系，学生的学习更加具有针对性和实用性。

（2）自主性。在项目教学中，学习过程成为学生积极参与的动手创造实践活动，它注重的不是最终的结果，而是完成项目的过程。学生在这个过程中锻炼各种职业能力，教师已经不是教学中的主导地位，成为学生学习过程中的引导者、指导者和监督者，学生的学习积极性很高。学生在项目实践过程中，理解和把握课程要求的知识和技能，体验工作的艰难与乐趣，培养分析问题和解决问题的方法和能力。所以，项目教学法提供学生根据自己的兴趣选择内容和展示形式的决策机会，学生能够自主、自由地进行学习，从而有效地促进学生创造能力的发展。

（3）综合性。项目教学法要求学生在完成“项目”工作时要经历一个相对完整的工作过程。即学生能明确项目任务、收集有关信息，独立制订计划、进行决策，组织实施计划，并在一定时间范围内可以自行组织、安排自己的学习行为；学生自己克服、处理在项目工作中出现的困难和问题；进行过程检查，由于项目工作具有一定的难度，要求学生运用新学习的知识、技能，解决过去从未遇到过的实际问题；学习结束时进行结果评估，项目教学有明确而具体的成果展示，师生共同评价项目工作成果。教学中可以根据教学实际需求灵活应用。所以具有学科知识运用的交叉性和单项能力综合运用的特点，是学生综合能力，特别是团队合作能力、组织领导能力、语言沟通能力等培养的有效工具。

（4）发展性。教师根据行业企业岗位的实际需求和教学内容从实际生产生活中选取相关项目，项目确定后，整个教学过程也就确定了，学生通过完成项目来达到对本课程教学内容的掌握。运用项目课程，可使长期项目与阶段项目相结合、单一项目和综合项目相结合，最终实现职业教育教学目标。

（5）开放性。项目教学中，学生学习的形式是以小组为单位，采取合作学习方式，每个小组负责完成自己所选定的子项目或任务，小组成员在学习过程中共同探索或发现的信息和材料为全班学生共享，对学生的学习评价要以学生完成项目的情况为依据，体现在学生围绕主题所探索的方式、方法和展示，评价具有多样性和选择性。

二、情景导向的行动教学方法

情景导向的行动教学方法适用于职业情景变化频繁，工作过程不能固定的职业活动教学。这种教学方法的价值在于学生对工作对象心理预期的把握和应变能力的培养，追求工作对象满意和惊喜的体验，是培养服务业高技能型人才最常用的教学方法。

1．模拟教学法

1）模拟教学法的含义

模拟教学法是由Fannin Shaftel和George Shaftel于1967年建立的，通过表演相关情境和讨论表演的方式来探索感情、态度、价值、人际关系问题以及这些问题的解决策略。模拟教学法是一种以教学手段和教学环境为目标导向的行为引导型教学模式。模拟教学分为模拟设备教学与模拟情境教学两大类：①模拟设备教学主要是靠模拟设备作为教学的支撑，其特点是不怕学生因操作失误而产生不良后果，一旦失误可重新操作，而且还可以进行单项技能训练，学生在模拟训练中能通过自身反馈感悟正确的要领并及时改正。②模拟情境教学主要是根据专业学习要求模拟一个社会场景，在这些场景中具有与实际相同的功能及工作过程，只是活动是模拟的。

2）模拟教学法的实施

模拟教学法的具体实施主要是围绕管理四阶段展开，即Plan(计划)、Do（执行）、Check（检查）、Action（处理）。

（1）计划阶段。主要是制订教学计划，布置模拟任务。在这个阶段相当于情景创设步骤，首先，教师应根据专业的教学目标和要求，并结合学生的实际情况，制定出模拟教学课堂的教学目标和教学要求。教学目标着重包括知识目标和能力目标，知识目标主要是拓展学生的知识面，能力目标着重培养学生的动手能力、实践操作能力、协调沟通能力和灵活应变能力。第二，设计模拟任务单元。教师必须根据教学目标的要求，将本次模拟课程中所涉及的问题细化和分解成不同的单元。第三，教师在布置模拟任务时，选择的材料应是学生实际生活中熟悉的对象，可操作性很强，而且富有挑战性，能够调动学生参加模拟训练的积极性和主动性，激发学生强烈的求知欲；教师备课不仅要将教材内容精化，而且还要翻阅大量的报纸杂志，收集案例，以保证案例具有一定的代表性、真实性、启发性、针对性。

（2）执行阶段。主要是执行计划，组织小组模拟表演。这个阶段包括角色选定和剧情演绎两个步骤。模拟角色选定阶段要求：①教师先结合学生的实际情况，把学生分成几个相应的模拟小组，让各个小组接受不同的任务单元，并着手准备模拟现场操作。②在各小组选择了模拟任务单元后，教师要对各任务单元进行排序，并列出学生所需要的参考资料，给予学生充分的时间利用图书馆和网络对任务进行分析、综合判定，熟悉模拟角色。使学生把角色模拟的前期工作做细、做好。③各小组成员对问题进行深入分析探讨，按照学生自主选择和易于操作相结合的原则来安排岗位。让学生自由选择合适的道具，布置场景，并对自己所模拟的角色进行揣摩，从社会现实性和资料充足度等方面做好准备工作，力求提高模拟的真实性。

剧情演绎是学生进入实践的中心环节，学生在做好充分准备的基础上，凭借已有的专业知识，带着老师提出的问题进入所创设的教学情景，组织小组成员进行模拟表演，以检验专业理论。在一个小组进行角色模拟时，教师和其他小组的同学要仔细观看，并把该小组出现的问题一一记录下来。在模拟表演过程中，教师应当适时引导，适当启发，保证模拟现场不会冷场，能够有序进行。学生要根据自己所扮演的角色特点，进行现场发挥，完全依赖自己的创造性去发展自己的角色。在这一阶段，学生的主体创造力能够得到充分的发挥。此外，还要求其他小组的同学必须保持现场的安静，不发表任何意见，不能打断模拟表演，有不同的意见或看法先做好记录，等模拟表演结束后再进行分析和讨论。

（3）检查阶段。这个阶段包括自主总结和知识构建两个步骤。自主总结的任务是将学生的模拟表演结果与教学计划和教学目标要求进行对照，看看是否达到了预定的教学目标要求，表演中是否还存在哪些问题。演练结束后，首先，各小组对本组的演练进行介绍、分析和总结，以便相互了解，取长补短。其次，小组互评。各小组对其他小组的演练内容和角色表现进行评价或者质疑。最后，教师根据学生角色模拟的实际情况以及同学对模拟过程的反应，予以归纳总结，指出模拟表演中哪些是比较成功的，值得肯定和表扬；同时也要委婉地指出学生在模拟表演中存在的问题，应该如何去解决。

知识构建是在总结步骤完成后，对知识进行巩固和梳理的环节，也是培养学生创造性思维的阶段。本阶段要求教师针对出现的新问题为学生打开创造性思维之窗，引导学生进行发散性思维。而学生听了其他同学和教师对自己的评价后，可以对自己的行为表现进行反思，结合理论知识思考如何可以将角色发挥得更好。这样，既可以使学生通过模拟表演来锻炼自己的实践能力，又可以使学生在讨论中拓展知识面，从而认识自己的缺陷和不足。

（4）处理阶段。这个阶段包括再次扮演和考核评价两个步骤。再次扮演阶段主要是在前一次模拟表演的基础上，对前次角色的再模拟或者转换角色进行模拟。一般上次模拟成功后可以转换角色进行模拟，以加深对不同角色的认识和理解。上次模拟失败后，可以对上次角色进行再次模拟。再次模拟过程中要吸取上次的教训和借鉴上次的经验，以便获得更好的成绩。

评价阶段是对模拟教学法在应用的最终成果方面进行检验，通过对模拟教学法开展过程的总结，找出优点和缺点，对优点进一步改进，以为下次模拟教学应用；对缺点进行改正，在下次模拟教学中更换。此外，评价环节还包括对学生学习成绩的评价，学生的成绩不再仅由期末考试成绩决定，还应包括角色扮演成绩和创新思维成绩。

3）模拟教学法的特点

（1）主体性。传统教学法中教师是教学中的主体，教师在讲台上讲授，学生在下面做听众，只能被动接受，教师是教学的权威，这样教出来的学生既不能对知识有很好地理解，更缺乏创造性。而模拟教学法则将学生作为整个教学过程的主体，让学生充分理解管理全过程并能实际模拟，真正让学生成为学习的主人。整个模拟教学过程中，学生是真正的主角，每位学生都要经历仔细阅读、查找资料、设计方案、角色分工、讨论发言、模拟扮演、总计评价等一系列实践环节，始终处于主动学习、积极探索的状态。更为重要的是在模拟教学中，教师扮演的角色不是学生的导师、知识的传播者，而是学生的朋友、指导者。教师的主导作用在于创造一个能够促进学生学习的愉悦、宽松、合作的课堂氛围，鼓励学生自己探索问题、解决问题，使其发挥独立性与创造性。模拟教学方法更强调的是让全体学生都能在主动而非被动的学习中主动探索、积极思维、自觉实践，积极自觉地将课本知识的精髓内化为自我发展的养料，促使他们的身心潜能、整体素质和个性获得充分的、和谐的发展。

（2）实践性。模拟教学法是以解决学生在现实工作中遇到的问题为目标的，模拟的内容要选择真实性的任务，不能对其做过于简单化的处理，使其远离现实的问题情景。因此模拟教学法具有很强的实践性。模拟教学改变了传统教学过程中过于强调知识传授的特点，弥补了讲授教学法的不足，为学生提供了一个接近真实的实践平台。学生通过扮演各种实际工作中的角色，站在情景设定的有关人员的立场上看问题，去体验在特定的环境里会有什么样的反应和行为，能够让学生在亲身体验中自觉地将理论知识与实际操作结合起来，并在实际操作中独立思考和分析，运用所学知识去解决模拟环境中的实际问题，锻炼和培养学生面对困难、矛盾和冲突，灵活应变解决问题的能力。

（3）互动性。在模拟教学中，教师是导演，是推动者，其主要作用在于引导模拟教学的全过程；学生是主演，以主体参与者的姿态进行具体的情景模拟、案例操作，完成从配角到主角的转换。教师在实施模拟教学时鼓励学生积极参与、大胆发言,师生之间、生生之间进行多边的信息交流。这不仅指老师和学生之间的互动，还包括学生与学生之间的沟通。模拟教学过程中的互动是不以人的意志为转移的客观存在，它的进行以言语及非言语表征为沟通媒体。这就要求教师必须把模拟的课堂教学置于师生之间和生生之间的多边活动的主体背景上，突出主体性因素之间的多边互动，使模拟教学不仅具有单边、双边色彩，而且具有多边色彩，形成一个信息交流的立体网络，有利于充分开发和利用模拟教学系统中的人力资源，调动学生的积极性和参与度，促使师生之间、生生之间相互启发、相互联结、相互反馈、相互调适、相互评价，以增强教学效果。学生在模拟教学法中不是被动接受知识，而是积极参与讨论和实施，充分发挥了主观能动性和创造性。

(4) 开放性。传统教学方法是满堂灌，教师所起的作用只是把知识系统地传授给学生。受课堂教学时间的限制，教师所传授的知识大部分是书本上的，无法对本学科最新领域乃至课外的有关知识进行涉足，学生知识面窄，无法进行多学科融合和理解。而模拟教学过程中由于具体问题往往都同时与多个概念理论相关，更强调了知识点的交叉运用，使学生接触到书本上所学不到的知识，为日后顺利走上工作岗位打下坚实的基础。模拟教学法通过设置一定的情境，扩大了知识的容量、信息的密度、时空的跨度，并使情境所涵盖的外延具有很大的开放性和包容性，使很多知识进行有机结合。它不但重视学生的参与意识及主观能动性的充分发挥，而且强调的是培养学生思考的多向性、空间的多维性、运用的灵活性和结论的多元性。

(5) 实效性。模拟教学法的教学过程与现实的问题解决过程类似，问题的解决之道往往隐含于情景之中，教师并不是将提前已准备好的内容交给学生，而是在课堂上展示出与现实中工作人员解决问题相类似的探索过程，提供解决问题的原型，并指导学生探索。模拟法让学生在各种不同的模拟情景中去感受各种具体的复杂事物，并将学习内容应用到现实生活中去，求得解决问题的方法。模拟教学法的最大优点是用可以使学生习得解决问题和做出决定的各种较高级的技能，以及此模拟情景所依据的各种概念，并由此影响到学生的态度和价值观。因此，模拟教学法具有实效性的特点。

(6) 情景性。模拟教学法不需要独立于教学过程的测验，而是采用融合式测验，在学习中具体问题的解决过程本身就反映了学习的效果。由于真实性任务中，学生了解自己所要解决的问题，且有主人翁感；任务本身又是整体性的，具有挑战性，解决了问题就达到了教学的目的，反映了学生的学习成果，因此，采用模拟教学法教学，教师可以进行与学习过程一致的情景化评估，而不需要像传统的教学法那样再进行单独的测验过程。

2. 角色扮演法

1) 角色扮演法的含义

角色扮演法由美国教授Kelly于1995年提出。角色扮演教学是由学生扮演职业情景中的角色，设身处地的分析与解决所面临的问题，透过故事情节和问题情境的设置，让学生在设身处地模拟的情况下，扮演故事中的人物，理解人物的心理世界，进而增进对问题情境的理解。角色扮演一般包括角色认知与角色实践两方面，角色认知是扮演者对角色规范和角色要求的认识和理解；角色实践则是在一定情景下扮演者进行角色扮演的实际过程或活动。一个人的角色扮演可能与社会对其扮演角色的要求存在一些偏差，他可以通过自我评价或他人评价来认识到这种差距，并通过角色学习或角色调适来消除这种差距，从而达到完整的社会化。学生从所扮演角色的角度出发，运用所学经验，通过角色扮演，从内心深处感受角色的情感，以提高学生感情商数和处理问题的能力。角色扮演的主要目的，即在提供个人学习角色扮演的机会，使个人能设身处地去扮演一个在实际生活中不属于自己的角色，并通过不断的演练，而学得更多的角色模式，以便在应对各种环境时更具有弹性。

2）角色扮演法的实施

角色扮演教学法在实施过程中，透过教师的适当引导，让学生在设计的情景中，真实体验具体的工作和服务流程，关注细节，以培养高度的洞察力和工作意识。

（1）布置任务。向学生说明活动的名称、内容、要求、需要哪些角色及如何分工、准备时间、表演时间等，并调动起学生参与角色扮演活动的积极性。要让学生感受问题的存在和重要性，使其了解学习的目标。教师可以透过实例向学生说明问题，如用影片、电视节目、故事的方式说明，也可以问问题的方式使学生思考或预测故事结果。

（2）选择参与者。教师在布置和讲解任务之后，和学生共同讨论学生的想法与感受，计划实施的内容和计划采用的方法，然后将各种问题情境的角色分配给学生，让学生依据自己的意愿选择想要扮演的角色，或是由教师在学生中分配角色。

（3）布置情境。教师在选择参与者之后，引导学生融入自己的角色，将各种情境以简要的方式说明，或加以布置情境，让学习者可以感受到整个演出的真是情境。

（4）安排观众。观众能够主动参与是重要的影响因素，教师应该事先让学生了解并尊重演出者的重要性，要求观众都应专心观察同学的演出，并决定观察的重点及分配观察工作，让观察活动包含在整个教学活动之中，以增加参与感，使整个团体经历演出过程及观看演出后，能够分析讨论角色的乐趣。

（5）角色扮演。表演是实施角色扮演法教育的中心环节，表演是“演员”按照活动要求扮演各种角色，完成一定的角色行为。表演者要假设角色是活在真实情景中，是真实的反应，但是不要期望角色扮演可以进行的很顺利，也不要期待表演者可以表演的很好。教师要让表演只进行到以下几种状况：预期的行为清楚呈现，行为技巧表现出来，表演停顿下来，行动表达出观点或是想法。假如以后的讨论透露出学生对事件或角色不够了解，教师可以再要求表演某一幕。

（6）讨论评议。评析实际上是评委及观众对扮演者表演情况的评价分析以及扮演者自身的评价分析。评析方式包括表演者自我评析与他人评析两种方式。角色分析可以对表演者的表演艺术做适当的评价，但主要的是对表演者的角色认知与角色实践做出评价。这一环节是角色扮演法教育方式的关键。如果表演者和观众理智和情感都投入其中，则讨论会自然地进行。刚开始讨论时可能集中在与故事情节的异同或不同意角色的表演方式等主题，表演的结果和演员动机则是更重要的主题。教师可用发问的方式以增进观察者对角色扮演的思考。例如：“对角色人物的观感”，“情节的布局是否合理”，“有没有其他方式可以改善”等，教师在实施教学时，引导学生进行讨论活动。

（7）再扮演。此阶段的重点活动在于让学习者从尝试错误中，学习如何面对问题，解决问题，并促进对人际关系的洞察。再扮演活动可以视教学的需要而重复实施，并加以一至二分钟的讨论活动，让学习者可以了解相同角色不同情境所代表的意义，增进学习者以不同的立场看待相同的事物。

（8）再评议。此阶段的重点在于由教师引导学生再次面对问题，思考解决问题的情境与方式。

（9）分享与讨论。使问题情境与真实情景相关联，教师询问学生有没有类似的生活经验或实例，提供大家分享并发表对问题的看法。教师可以从学生的演出和讨论的内容中，归纳要点并指出行为实践的意义和法则。

3）角色扮演法的特点

在真实情境的模拟下，突出学生的课堂参与性，培养学生自我学习的能力、动手实践的能力、观察分析的能力、总结评议的能力。在学到工作方法的同时，将这些方法运用到工作实际中，提高学生解决问题的能力和职业素养。

（1）参与性。可以充分调动学生参与的积极性，为了获得较高的评价，学生一定会充分表现自我，施展自己的才华。作为学生都知道如何扮演指定的角色，是明确的有目的的活动。在扮演培训过程中，学生会抱有浓厚的兴趣，并带有娱乐性功能。

（2）灵活性。角色扮演的形式和内容是丰富多样的，为了达到教学目的，教师可以根据需要设计主题、场景。在教师的要求下，学生的表现也是灵活的，教师不会把学生限制在有限的空间里，否则不利于学生真正水平的发挥。教师可以根据教学需要改变学生扮演的角色，与此同时，教学内容也可以做出适于角色的调整。

（3）实效性。角色扮演法可以让学生亲身置身于将来可能遭遇到的模拟情境中，实际的扮演自身的角色以揣摩当时可能发生的真实情况，使将来遇到类似问题或状况时，能因为受过这样的训练而迅速做出反应，以使任务、工作能顺利进行，对问题也可顺利解决。

（4）情景性。角色扮演过程中，需要角色之间的配合、交流与沟通，因此可以增加角色之间的感情交流，培养人们的沟通，自我表达，相互认知等社会交往能力。尤其是同事之间一起接受培训进行角色扮演时，能够培养员工的集体荣誉和团队精神。

（5）情感性。角色扮演教学法在认为环境中复制体验和实际一样的内心情感，让学习者感受与现实工作相近的困境、问题和情绪，所以，学生容易融入使他们产生剧烈转变的情绪中。学习者经历精神的、情感的、认知的领域，这样的学习可说是涵盖整个人——包括他的知觉、感觉及肢体反应，学生有深刻的经验，记忆也能维持较久。

三、效果导向的行动教学方法

1. 头脑风暴教学法

1）头脑风暴法的含义

头脑风暴法出自“头脑风暴”一词，是由美国创造学家A.F.奥斯本于1939年首次提出、1953年正式发表的一种激发性思维的方法。此法经各国创造学研究者的实践和发展，至今已经形成了一个发明技法群，如奥斯本智力激励法、默写式智力激励法、卡片式智力激励法等。如今，头脑风暴法被越来越多地运用于教学当中。

头脑风暴法的核心是高度充分的自由联想。这种方法一般是举行一种特殊的小型会议，与会者可以毫无顾忌地提出各种想法，彼此激励，相互启发，引起联想，导致创意设想的连锁反应，产生众多的创意。其原理类似于“集思广益”。头脑风暴法的激发机理主要有：①联想反应。联想是产生新观念的基本过程。在集体讨论问题的过程中，每提出一个新的观念，都能引发他人的联想。相继产生一连串的新观念，产生连锁反应，形成新观念堆，为创造性地解决问题提供了更多的可能性。②热情感染。在不受任何限制的情况下，集体讨论问题能激发人的热情。人人自由发言、相互影响、相互感染，能形成热潮，突破固有观念的束缚，最大限度地发挥创造性地思维能力。③竞争意识。在有竞争意识的情况下，人人争先恐后，竞相发言，不断地开动思维机器，力求有独到见解，新奇观念。心理学的原理告诉我们，人类有争强好胜的心理，在有竞争意识的情况下，人的心理活动效率可增加50%或更多。④个人欲望。在集体讨论解决问题的过程中，个人的欲望自由，不受任何干扰和控制，是非常重要的。头脑风暴法有一条原则，不得批评仓促的发言，甚至不许有任何怀疑的表情、动作、神色。这就能使每个人畅所欲言，提出大量的新观念。

为培养艺术类高技能性人才的发散思维和追求艺术效果职业特质，头脑风暴法也是效果导向的行动教学方法之一。但要注意这种方法只是提出设想的一个步骤，是创造性解决问题的一个阶段，而不是解决问题的完整过程，作为教学过程中激发学生创造性思维的辅助形式。另外，头脑风暴法由于其严格的使用原则和复杂性，不宜完全替代传统的讨论法。

2）头脑风暴法的实施

（1）准备阶段。教师确定讨论问题。头脑风暴法最适用于解决什么样的问题？首要条件是研究的问题应是特殊的，而不是一般性的问题。教师在确定讨论问题时应具体、明确，不宜过大或过小，不要同时将两个或两个以上的问题混淆讨论。对于那些略复杂的问题，可以将问题分开，并针对每个问题专门召集一次会议。其次，头脑风暴仅能用来解决一些要求探寻设想的问题，不能用来解决那些事先需要做出判断的问题，如“是否应对学校的德育教学进行改革”这样的问题就不适用面对这一问题，必须先说明实施改革或者不实施改革的理由，也就是用头脑风暴法来先分析问题，再根据讨论结果决定是否实施。通知学生提前准备。教师应至少提前5～10天将所要讨论的问题和资料发放给学生。事先通知的目的是让学生有时间酝酿解决问题的设想。最好在材料后附上几个形成设想的实例，以启发学生。安排记录员并准备物资。尽可能安排两个设想记录员来记录发言人的设想，同时可以利用录音笔协助记录讨论会的全部过程。可以准备幻灯片来播放讨论的主题和演示头脑风暴法的规则等。最好给每个学生准备一张纸和一支笔，让他们及时把想到的设想记下来。头脑风暴法运用于教学中，要求教师和学生必须做好充分的准备，由于学生要事先酝酿解决问题的设想，所以参与头脑风暴的学生必须具备一定分析问题的能力。

（2）实施阶段。会议一开始，教师可用幻灯片介绍头脑风暴会议的基本原则并补充说明要解决的问题。为使气氛轻松自然，让大家尽快适应规则，教师可提一些极为简单的问题以让大家尽快进入状态。教师应尤其注意首次参加头脑风暴会议的成员让他们尽快适应环境。在讨论过程中，教师、学生、记录员应分别注意以下实施要点：

① 对教师的要求。教师在头脑风暴中以主持人的身份出现，教师不但要熟悉问题，而且必须熟练掌握头脑风暴法的处理程序、方法和技巧。教师最好要求学生按座位次序轮流发言，让每个学生都有机会提出设想。若轮到的人当时无新设想，可以跳到下一个。集体头脑风暴的方法可以提出大量设想，当一个与会者提出一种设想时，他会自然地将其想象引向另一个设想，但是就在这一瞬间他提出的设想会激发其他成员的联想能力，这就是“连锁反应”。教师应鼓励大家提出一些从已经提出的设想中派生出来的设想，这种连锁反应很有价值。学生每次发言最好只提一条设想，否则就会因为失去许多很好的“辩解”机会而使提出设想的效率明显下降。当举手的人多，教师应让那些积极思维的人先发言。同时，教师可以在会议之前对解决问题的设想做一些准备，若学生一时提不出设想，教师便可以抛出自己的想法来启发大家。

② 对学生的要求。在头脑风暴中学生就是专家，学生应积极思考，尽可能提出设想，不用害怕自己的设想会遭到别人的嘲笑，哪怕

是“荒唐”“怪诞”的设想。

无论如何，学生不能照本宣科，如有准备好的设想，应在会议之前交给教师。当有几个人同时举手时，后面发言的学生可能会受前面发言人的影响而忘记当时的设想，所以学生应及时把自己的设想用纸笔记录下来。

③ 对记录员的要求。记录员最好坐在教师身旁，并及时记下学生提出的设想和他们的名字。速记却无法做到一字不漏，所以记录的内容是设想的基本大意即可。当然也可以采用录音笔录下会议全过程。同时，记录员应按设想提出的顺序给每个设想编号，让教师随时掌握设想的数量，以启发学生再多提出10条设想等。

3）头脑风暴法的特点

在群体决策中，由于群体成员心理因相互影响，易屈于权威或大多数人的意见，形成所谓的“群体思维”。群体思维削弱了群体的批判精神和创造力，损害了决策的质量。为了保证群体决策的创造性，提高决策质量，管理上发展了一系列改善群体决策的方法，头脑风暴法是较为典型的一个。其特点是：针对解决的问题，相关专家或人员聚在一起，在宽松的氛围中敞开思路，畅所欲言，寻求多种决策思路，倡导创新思维。具体而言，可归纳为以下几点：

（1）自由畅谈。参加的教师和学生不应该受任何条条框框的限制，放松思想，让思维自由驰骋，从不同角度，不同层次，不同方位，大胆地展开想象，尽可能地标新立异，与众不同，提出独创性的想法。

（2）延迟评判。头脑风暴，必须坚持当场不对任何设想做出评价的原则。既不能肯定某个设想，又不能否定某个设想，也不能对某个设想发表评论性的意见。一切评价和判断都要延迟到会议结束以后才能进行。这样做一方面是为了防止评判约束与会者的积极思维，破坏自由畅谈的有利气氛；另一方面是为了集中精力先开发设想，避免把应该在后面阶段做的工作提前进行，影响创造性设想的大量产生。

（3）禁止批评。绝对禁止批评是头脑风暴法应该遵循的一个重要原则。参加头脑风暴讨论的每个人都不得对别人的设想提出批评意见，因为批评对创造性思维无疑会产生抑制作用。同时，发言人的自我批评也在禁止之列。有些人习惯于用一些自谦之词，这些自我批评性质的说法同样会破坏会场气氛，影响自由畅想。

(4) 追求数量。头脑风暴讨论的目标是获得尽可能多的设想，追求数量是它的首要任务。参加讨论的每个成员都要抓紧时间多思考，多提设想。至于设想的质量问题，自可留到会后的设想处理阶段去解决。在某种意义上，设想的质量和数量密切相关，产生的设想越多，其中的创造性设想就可能越多。

2. 卡片展示法

1) 卡片展示法的含义

卡片展示法（Metaplan）是G.Eberhard 和 W.Schnelle开发出来的会议技术。卡片展示法是在展示板上钉上由学生或教师填写的有关讨论或教学内容的卡通纸片，通过添加、移动、拿掉或更换卡通纸片进行讨论、得出结论的研讨班教学方法。卡片展示教学法的结果总是一张张挂满各种卡通纸片的张贴板。运用卡片展示技术可以通过“书写讨论”的方式将学生引入交流的氛围，最大限度地调动所有学生的学习积极性，使每一位学生积极地加入发现和解决问题的工作中去，并可以有效克服谈话法不能记录交谈信息和传统的黑板上文字内容难以更改、归类和加工整理的缺点。采用卡片展示法的主要工具有：

(1) 展示板。可用硬泡沫塑料、软木等制成，一般高度为1～1.5 m，宽度为1～2 m。展示板可固定在墙壁上，也可以安置在专门的支架上。

(2) 盖纸。即面积与张贴板等大的书写用纸，必要时可以在上面书写、画图、制表或粘贴。

(3) 卡片。可采用多种颜色和形状，如长方形、圆形、椭圆形甚至云彩和箭头形状等。

(4) 大头针。头比常用的要大些，以便于插上和拔下。

(5) 其他。如记号笔、胶棒和剪刀等。

2) 卡片展示法的实施

(1) 开题。常采用谈话或讨论方式。教师提出要讨论或解决的课题，并将题目写在盖纸、云彩形或特殊的卡片上，用大头针钉在展示板上。

(2) 收集意见。学生把自己的意见以关键词的形式写在卡片上，并由教师、学生自己或某个学生代表钉在展示板上。一般一张卡片只能写一种意见，允许每个学生写多张卡片。每张卡片的书写应该使其钉在展示板上后使每个与会者都能看清。

（3）加工整理。师生共同通过添加、移动、取消、分组和归类等方法，将卡片进行整理合并，进行系统处理，得出必要的结论。

（4）总结。教师总结讨论结果。必要时，可用各种颜色的连线、箭头、边框等符号画在盖纸上。

3）卡片展示法的特点

（1）参与性。通过让学生动手写卡片、贴卡片，可以最大限度地调动所有学生的学习积极性。展示板上的内容既有讨论的过程，又有讨论的结果；既是学生集思广益和系统思维的过程，又是教师教学活动的结果。

（2）有效性。在较短的时间里获得最多的信息，有效克服谈话法不能记录交谈信息和传统的黑板上文字内容难以更改、归类和加工整理的缺点。

四、多个导向的行动教学方法

有些教学方法，不但可以用于过程导向、情景导向，还可以用于效果导向的行动教学，如引导课文法、心智图法等。

1. 引导课文教学法

1）引导课文法的含义

引导课文法是借助于预先准备的引导性文字，引导学习者独立学习和工作的教学方法。在教学文件中，包括一系列难度不等的引导问题。学生通过阅读引导课文，可以明确学习目标，清楚地了解应该完成什么工作。一般引导文由以下几个部分构成：①任务描述：即工作任务书。②引导问题：学生通过问题的引导，“找出独立应对任务的知识和方法”。③学习目标描述。④学习质量监控单：避免了盲目性。⑤工作计划（内容和时间）。⑥工具与材料需求表。⑦专业信息。⑧辅导性说明等。

引导课文大致可分为技术类活动过程引导课文、服务类活动情景引导课文和艺术类活动效果引导课文。

2）引导课文法的实施

引文教学法的实施步骤如图1-4-15所示。包括获取信息、制订计划、做出决策、实施计划、检查评估和评价反馈。

获取信息即回答引导问题，关注获得信息的方法、渠道、手段；尽可能多的获取信息；信息的整理、存储；信息的分析、判断、使用。

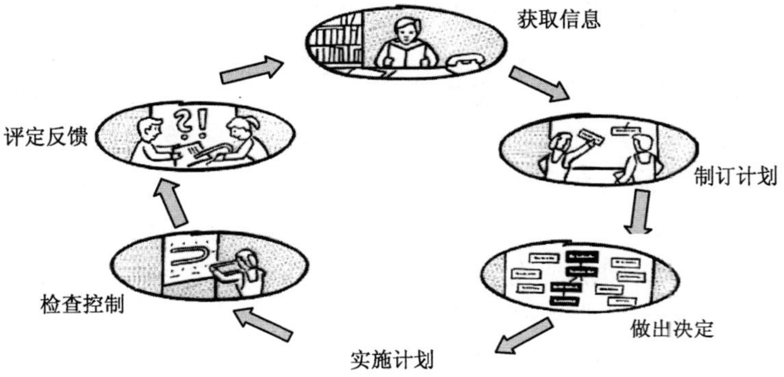

图1-4-15　引导课文教学法的实施流程

制订计划通常为书面工作计划。要在给定的信息内，进行计划与决策；将任务和目标具体化；对工作进行划分并确定工作步骤；制定时间分配；做出决定。完成前面的工作后，要与教师讨论工作计划和引导问题的答案。

做出决策是对计划中的内容进行选择、确定或者修订。

实施计划包括实施的准备、实施各个环节和工作的结束。

检查评估是完成工作任务后，需要根据质量控制单自行或由他人进行工作过程或产品质量控制。对完整性和质量的检查；对照目标进行检查与评估；最后归档。

评定反馈是指评价质量，并对检查结果和如何改进等做出反馈。

3）引导课文法的特点

（1）教师为主导。在引导课文教学法中，教师的角色只局限于做好教学准备、提出引导问题、与学生一起讨论问题、编写质量控制单和在收尾阶段评价学生的成果。

（2）学生为主体。学生的角色则是独立获取信息、独立制订计划、独立实施计划和独立评估、检查自己的成果。

2．心智图教学法

1）心智图教学法的含义

心智图又称脑图、灵感触发图、概念地图或思维地图，是一种图像式思维的工具，利用图像辅助表达思维。围绕平面上的一个主题，画出与之相关联的对象，就像一个心脏及其周边的血管图，故称为“心智图”。由于这种表现方式比单纯的文本更加接近人思考时的空间想象，因而广泛用于记忆和创造性思维过程，用于研究、组织、解决问题和政策制定。

20世纪70年代开始创建并推动这一方法的是英国人托尼·巴赞（Tony Buzan），但其实心智图（或者是相似概念）在教育学、工程、心理学等领域的应用已经有几个世纪，以辅助学习、搜集创意、组织记忆、视觉记忆和解决问题等。其基础之一即语义的网状结构（Semantic network）则有相当久远的历史。实际上，Allan Collins 早在20世纪60年代早期就对心智图展开研究，在学术、创造力和生动的思考上颇有成果，被称为心智图模型之父。

心智图的中心通常是一个单字或者是一个主题，而环绕在中心外的是相关的思想、言论和概念。用一个中央关键词或想法以辐射线形连接所有的代表字词、想法、任务或其他关联项目。是一张集中了所有关联资讯的语义网络或认知体系图像。所有关联信息都被辐射线形及非线性图解方式连接在一起，基于头脑风暴（激发灵感）方法，建立一个适当或相关的概念性组织框架。

科学研究已经充分证明：人类的思维特征是呈放射性，进入大脑的每一条信息、每一种感觉、记忆或思想（包括每一个词汇、数字、代码、食物、香味、线条、色彩、图像、节拍、音符和纹路），都可作为一个思维分支表现出来，它呈现出来的就是放射性立体结构，如图1-4-16所示。

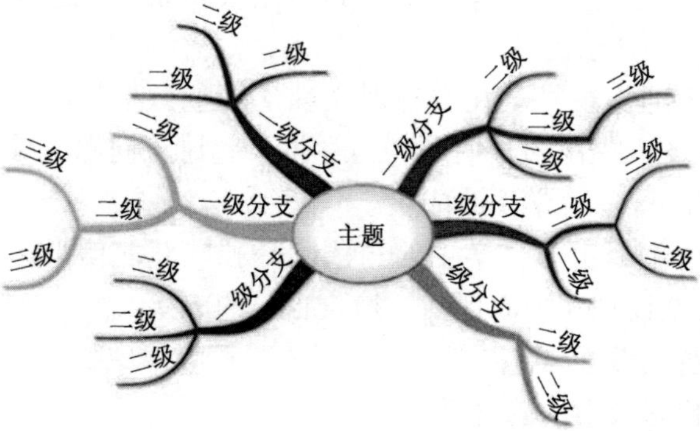

图1-4-16　人类的思维特征示意图

这一方法利用色彩、图画、代码和多维度等图文并茂的形式来增强记忆效果，使人们关注的焦点清晰地集中在中央图形上，用相互隶属与相关的层级图表现各级主题的关系，把主题关键词与图像、颜色等建立记忆链接。心智图允许学习者产生无限制的联想，这使得思维过程更具创造性。其原理主要是将人类思考的放射性具体化，利用记忆、阅读、思维的规律，协助人们在科学与艺术、逻辑与想象之间平衡发展，以开发人类大脑的潜能。

心智图的放射性思考方法一方面可以加速资料的累积量，更重要的则是将数据依据彼此间的关联性分层分类管理，使资料的存储、管理及应用因更有系统化而增加大脑运作的效率。同时藉由颜色、图像、符码的使用，不但可以协助记忆、增进创造力，也让思维更轻松有趣，且具有个人特色及多面性。

心智图以放射性思考模式为基础的收放自如方式，除作为一个快速的学习方法与工具外，还运用在创意的联想与收敛、项目计划、问题解决与分析、会议管理等方面。它在个人、家庭，教育和业务中得到普遍的应用：包括笔记、集体讨论（想法被放射状的放在中心字词周围的节点，并且不需依阶层或连续安排等的优先级排列。而组织以及分类则是为了后面的阶段做准备）、总结、修正、理清想法。心智图也可以用来整理复杂的想法或者是当作记忆的小技巧。比如，听演讲时可以使用心智图来记下最重要的字词或是重点。

2）心智图教学法的实施

（1）绘制准备。教师确定教学主题，并指导学生准备绘制工具。绘制工具包括纸和笔，如A3或A4大小的白纸，书写的笔，以及最好是四种不同颜色的笔，以用来区分。

（2）进行绘制。在纸的中心列出心智图的中心主题（书名或者某个问题），并且以图形的形式体现出来，称为中央图。中央图要以三种以上的颜色，一个主题一个大分支：有多少个主要的主题，就会有多少条大的分支，每条分支要用不同的颜色。可运用数字代码代表内容，用箭头的连接说明信息之间的关联：将有关联的部分用箭头连起来，可以很直观地了解到信息之间的联系。也可以运用代码表示特定的关联关系，这样只需标注代码，就可以知道这些知识之间的联系。只写关键词，并且要写在线条的上方，线条要求，线长就是词语的长度。中央线要粗，心智图可通过线条的粗细来体现层次：最靠近中间的线会越粗，越往外延伸的线会越细，字体也是越靠近中心图的字最大，越往后面的字就越小。线与线之间相连，线条上的关键词之间也是互相隶属、互相说明的关系，而且线的走向最好保持平行，这样有利于阅读。

（3）绘制评价。通过绘制心智图，对学生思维类型进行分类，并指出不同职业活动需要的最有效的思维模式。

3）心智图教学法的特点

（1）有效性。有效性是心智技能训练的有效方法。心智图作为一个可以提高工作学习效率、促进思维扩展的工具，能够发现和培养各种思维模式。

（2）趣味性。可以通过手绘和计算机绘制，具有很强的趣味性。

3．案例教学法

1）案例教学法的含义

案例教学法的产生可以追溯到古希腊和古罗马时代。希腊哲学家、教育家苏格拉底在教学中曾采用“问答式”教学法，这可以被看作是案例教学的雏形。之后，希腊哲学家柏拉图继承了苏格拉底的教育思想，将“问答”积累的内容编辑成书，在书中附加了许多日常生活的小例子和小故事，一个例子说明一个原理，这些小例子可被看作是案例的雏形。案例教学最早应用于法学和医学领域，1908年哈佛商学院正式成立时，案例教学法又被引入商业教育领域。1908年哈佛大学创立企业管理研究院，开始正式推行案例教学。案例教学法是教师选用专业实践中常见的具有一定难度的典型案例，组织学生进行分析和讨论，提出解决问题的建议的一种教学方法。

案例教学法的定义有多种表述。第一种是为了一定的教学目标，在教师的指导下，由学生对选定的具有代表性的典型案例，进行有针对性的分析、审理和讨论，做出自己的判断和评价的教学方法。这是一种具有启发性、实践性，能开发学生思维能力，提高学生判断能力、决策能力和综合素质的新型教学方法。第二种是案例教学法，也叫实例教学法或个案教学法，它是在教师的指导下，根据教学目标和内容的需要，采用案例组织学生进行学习、研究、锻炼能力的方法。它能创设一个良好的宽松的教学实践情景，把真实的典型问题展现在学生面前，让他们设身处地地去思考、去分析、去讨论，对于激发学生的学习兴趣，培养创造能力及分析、解决问题的能力极有益处。第三种是通过一个具体教育情景的描述，引导学生对这些特殊情景进行讨论的一种教学方法。我们抽取这三种表述的相同点，可为案例教学法下这样的定义：围绕教学目标，在教师的指导下，学生对呈现的典型案例进行讨论分析、归纳总结，从而培养学生思维能力的一种新型教学方法。

2）案例教学法的实施过程

案例教学法的实施，一般包含课前准备、课堂实施和课后评价三个步骤。

(1) 课前准备。课前准备是案例教学的起点。应从教师备课和学生预习两方面着手。教师的课前准备工作包括如下几个方面：

首先，选择教学案例。教师选择教学用的案例是一项重要而有难度的工作。需要从教学目标、案例难度、实用性及学生特点的维度衡量案例。

第二，案例内容准备。教师在准备案例时应了解案例的事实，教师要熟悉和精读案例，对案例的情境要有把握；对有关信息进行透彻分析。对于案例思考题要把握难易程度，问题宜由浅入深，由具体到抽象，层层推进，以达到让学生尽快将理论与实践快速融合的效果。

第三，明确教学重点。案例教学的时间有限，应该根据教学目标的不同对案例中重要的讨论题做优先安排。在教学重点的准备过程中，必须考虑教学目标与学生特点等因素，避免凭教师的主观想象确定教学重点，造成学生需要的没有作为重点，学生掌握不了的或已经掌握的却被作为重点。

最后，做好教学计划。根据教学目标和教学重点，教师通常需要制订教学实施计划，明确一系列方法步骤。比如：是否需要将学生划分为小组？如何划分？小组成员间应该如何协调？教师希望课堂上发生什么？如何使其发生？讨论按什么顺序进行？案例的每一部分需要讨论多长时间？是对讨论进行控制，还是任其自由发展？

学生在案例教学前也应该按照教师的布置和要求对案例进行阅读和思考，进行个人分析，带着问题和目的进入下面的案例教学课堂具体实施环节。

（2）课堂实施。案例教学中的教师与学生是双主体关系。在案例教学中尽管推崇学生作为主角，教师不再是主宰课堂的权威，教师在此时所起的作用类似于“导演”，对学生的分析、讨论不做过多的干预、不做过多的评论，并充分地尊重学生的观点、想法，但教师要采用组织引导、激励控制，同时还要对这些观点加以归纳和总结，充分引导学生知识和能力的升华。学生对已掌握的资料进行分析，归纳相似性、寻找差异性，积极参与小组讨论和课堂讨论，通过思想碰撞，引发并记录新发现和新认识。这个过程是“案例教学法”与传统教学法最显著的差异性所在。传统教学中，教师讲得很精彩，分析很细致，但学生的主观能动性没有得到充分发挥，学生的主体地位没有得到充分的体现，教师是教学的主体；而在案例教学法中，教师与学生之间是一种“师生互补，教学相辅”的关系。教师将分析案例的“主权”交给了学生，让学生运用所掌握的各种知识，甚至是课外的知识去分析这些问题，讨论解决方法。

（3）课后评估。课后评估环节的主要目的在于使学生和教师这两个案例教学的主体都能够获得关于本次案例教学的信息反馈，评估可以从教师评学、学生评教及专家评价几方面展开。课后教师对学生在案例教学中的情况进行总结和评估，可以让学生明确自身的特点、优势和不足，为其进一步学习指明方向。教师在总结时应注意避免空谈，教师对案例所涉及的问题也不一定应给出标准答案，而是通过分析具体问题归纳该案例教学的成功和不足之处，分析学生课前阅读案例、课中跟随案例控制自己的思路和表达观点情况。

在案例教学中，学生是案例教学活动的参加者和教学效果的直接体现者，学生对案例教学内容和实施的评价和反馈是案例教学效果评估中重要的一环。学生对教师的评估也应该更多地关注案例教学的全过程，如可以评价教师课前准备的案例选择是否适合课程目标、学生特点；教师对案例的掌握程度以及教学计划的充分性。对教师课堂实施的评价可以从课堂讨论的组织与引导、学生的激励与控制以及案例的总结几个方面进行。

3）案例教学法的特点

（1）明确的目的性。通过一个或几个独特而又具有代表性的典型事件，让学生在案例的阅读、思考、分析、讨论中，建立起一套适合自己的完整而又严密的逻辑思维方法和思考问题的方式，以提高学生分析问题、解决问题的能力，进而提高素质。

(2) 客观真实性。案例所描述的事件基本上都是真实的，不加入编写者的评论和分析，案例的真实性决定了案例教学的真实性，学生根据自己所学的知识，得出自己的结论。

(3) 较强的综合性。原因有二：一是案例较之一般的举例内涵丰富，二是案例的分析、解决过程也较为复杂。学生不仅需要具备基本的理论知识，而且应具有审时度势、权衡应变、果断决策之能。案例教学的实施，需要学生综合运用各种知识和灵活的技巧来处理。

(4) 深刻的启发性。案例教学，不存在绝对正确的答案，目的在于启发学生独立自主地去思考、探索，注重培养学生独立思考的能力，启发学生建立一套分析、解决问题的思维方式。

(5) 突出实践性。学生在校园内就能接触并学习到大量的社会实际问题，实现从理论到实践的转化。

(6) 学生主体性。学生在教师的指导下，参与进来、深入案例、体验案例角色，通过分析、讨论、交流提高学生独立思考与创造力。

(7) 过程动态性。在教学过程中存在老师个体与学生个体的交往，教师个体与学生群体、学生个体与学生个体、学生群体与学生群体交往，也就是师生互动、生生互动。

(8) 效果多元化。据联合国教科文组织对案例、研讨会、课堂讲授等九种管理教学方法的调查统计发现：在分析能力培养方面，案例法位列九种方法之冠；在知识传授、学生接受度及知识留存力三个方面，案例法居第二位；在学生态度转变和提高人际技巧方面，案例法排第四位。

第八节　职业教育教学媒体

媒体 (media) 是指在信息传播过程中，从信息源到接收者之间承载和传递信息的任何载体和工具。教学媒体则是指在教学过程或教学活动中，作为承载和传递教学信息的载体和工具。职业教育由于广泛应用行动教学，对教学媒体提出了更高的要求。

一、教学媒体的教学特性

教学媒体的教学特性可从四个方面进行分析：可适应性、可利用性、低成本性和高效能性。

1．教学媒体的可适应性

教学媒体的可适应性有三个方面的要求：对教学情境的适应性、对学习者特征的适应性、对学习任务的适应性。教学媒体对教学情境的适应性，指对教学媒体的选择要由教学活动在教学情境中的表现形式来决定；对不同的学习者特征，教学媒体具有不同的适应性。小学生由于抽象思维的水平远不及中学学生，因此在选择媒体时，首先考虑那些直观性强、表现手法简单明了、图像画面对比度大、易于分别事物的主要与次要部分之类的媒体。对学习任务的适应性是指根据任务的类型选择合适的教学媒体，对认知类的学习任务选择动画、图片模型、超媒体、多媒体计算机交互课件等教学媒体开展教学，可收到良好的教学效果；而对于情感类的教学内容，人们应该选用表现手法多样、艺术性和感染力强的媒体，这样的教学有可能对学习者产生强大的吸引力和情感上的震撼力，有利于教学目标的实现；对于技能训练类的教学，人们应选用电视录像、电影、人工智能、虚拟环境、模拟训练器等表现手法丰富，具有时空突破功能的教学媒体。

2．教学媒体的可利用性

教学媒体的可利用性主要考虑三个方面的内容：教师利用媒体时，操作控制的难易程度；学习者对媒体使用时的参与程度以及学习者本人的操作难易程度；学习场所、办学单位提供利用该媒体的难易、方便程度。

3．教学媒体的低成本性

教学媒体的低成本性主要从两方面进行认识：媒体的购置、安装与制作成本；媒体利用时的使用成本。

4．教学媒体的高效能性

教学媒体的高效能性与前三个因素密切相关，例如，“低成本、高效能”的媒体选择原则。

二、教学媒体的设计模式

1．计算机辅助教学设计模式

计算机辅助教学设计的主要模式，目前一般有训练与实习型、指导型、咨询型、模拟型、游戏型、问题求解型。

2．计算机网络教学设计模式

网络教学设计的主要模式，目前一般有讲授式、个别辅导式、讨论式、探索和协作式。

3．幻灯、投影教学设计模式

幻灯、投影教学设计模式，目前一般常用的有书写法、图片法、实物投影法、作业法、导引法、声画教学法。

4．音像教学的设计模式

音像教学的设计模式，目前一般常用的有演播—设疑法、演播—讨论法、演播—情境法、演播—发现法、演播—实验结合法、演搭—操练法。

三、教学媒体的设计过程

选择运用多媒体教学，在设计上一般可分为分析教学内容，确定教学目标；选择教学模式，确定教学活动（多媒体教学设计常常采用的教学模式有支架式教学、抛锚式教学、随机通达教学等）；选择教学媒体、创设教学情境；选择评价方式、设计测量工具；整合、调整合优化教学方案五个步骤。

第九节　职业教育教学模式

教学模式可以定义为是在一定教学思想或教学理论指导下建立起来的较为稳定的教学活动结构框架和活动程序。作为结构框架，突出了教学模式从宏观上把握教学活动整体及各要素之间内部的关系和功能；作为活动程序则突出了教学模式的有序性和可操作性。

一、教学模式概述

（一）教学模式的概念

“模式”一词是英文model的汉译名词，model还译为“模型”“范式”“典型”等，一般指被研究对象在理论上的逻辑框架，是经验与理论之间的一种可操作性的知识系统，是再现现实的一种理论性的简化结构。最先将模式一词引入到教学领域，并加以系统研究的人，是美国的乔伊斯（B.Joyce）和韦尔（M.Weil）。教学模式并不是一种计划，因为计划往往显得太具体，太具操作性，从而失去了理论色彩。将“模式”一词引入教学理论中，是想以此来说明在一定的教学思想或教学理论指导下建立起来的各种类型的教学活动的基本结构或框架，表现教学过程的程序性的策略体系。

（二）教学模式的结构

教学模式通常包括五个因素，这五个因素之间有规律的联系就是教学模式的结构。

1. 理论依据

教学模式是一定的教学理论或教学思想的反映，是一定理论指导下的教学行为规范。不同的教育观往往提出不同的教学模式。比如，概念获得模式和先行组织模式的理论依据是认知心理学的学习理论，而情境陶冶模式的理论依据则是人的有意识心理活动与无意识的心理活动、理智与情感活动在认知中的统一。

2. 教学目标

任何教学模式都指向和完成一定的教学目标，在教学模式的结构中教学目标处于核心地位，并对构成教学模式的其他因素起着制约作用，它决定着教学模式的操作程序和师生在教学活动中的组合关系，也是教学评价的标准和尺度。正是由于教学模式与教学目标的这种极强的内在统一性，决定了不同教学模式的个性。不同教学模式是为完成一定的教学目标服务的。

3. 操作程序

每一种教学模式都有其特定的逻辑步骤和操作程序，它规定了在教学活动中师生先做什么、后做什么，各步骤应当完成的任务。

4. 实现条件

实现条件是指能使教学模式发挥效力的各种条件因素，如教师、学生、教学内容、教学手段、教学环境、教学时间等。

5. 教学评价

教学评价是指各种教学模式所特有的完成教学任务，达到教学目标的评价方法和标准等。由于不同教学模式所要完成的教学任务和达到的教学目的不同，使用的程序和条件不同，其评价的方法和标准也有所不同。目前，除了一些比较成熟的教学模式已经形成了一套相应的评价方法和标准外，有不少教学模式还没有形成自己独特的评价方法和标准。

（三）教学模式的特点

1．指向性

由于任何一种教学模式都是围绕一定的教学目标设计的，而且每种教学模式的有效运用也需要一定的条件，因此不存在对任何教学过程都适用的普适性的模式，也谈不上哪一种教学模式是最好的。评价教学模式的标准是在一定的情况下达到特定目标的最有效的教学模式。教学过程中在选择教学模式时必须注意不同教学模式的特点和性能，注意教学模式的指向性。

2．操作性

教学模式是一种具体化、操作化的教学思想或理论，它把某种教学理论或活动方式中最核心的部分用简化的形式反映出来，为人们提供了一个比较抽象的、理论较具体的教学行为框架，具体地规定了教师的教学行为，使得教师在课堂上有章可循，便于教师理解、把握和运用。

3．完整性

教学模式是教学现实和教学理论构想的统一，所以它有一套完整的结构和一系列的运行要求，体现着理论上的自圆其说和过程上的有始有终。

4．稳定性

教学模式是大量教学实践活动的理论概括，在一定程度上揭示了教学活动带有的普遍性规律。一般情况下，教学模式并不涉及具体的学科内容，所提供的程序对教学起着普遍的参考作用，具有一定的稳定性。但是教学模式是依据一定的理论或教学思想提出来的，而一定的教学理论和教学思想又是一定社会的产物，因此教学模式总是与一定历史时期社会政治、经济、科学、文化、教育的水平相联系，受到教育方针和教育目的制约。因此这种稳定性又是相对的。

5．灵活性

灵活性是作为并非针对特定的教学内容教学，体现某种理论或思想，又要在具体的教学过程中进行操作的教学模式。在运用的过程中必须考虑到学科的特点、教学的内容、现有的教学条件和师生的具体情况，进行细微的方法上的调整，以体现对学科特点的主动适应。

（四）教学模式的功能

1. 中介作用

教学模式的中介作用是指教学模式能为各科教学提供一定理论依据的模式化的教学法体系，使教师摆脱只凭经验和感觉，在实践中从头摸索进行教学的状况，搭起了一座理论与实践之间的桥梁。教学模式的这种中介作用，是和它既来源于实践，又是某种理论的简化形式的特点分不开的。一方面，教学模式来源于实践，是对一定的具体教学活动方式进行优选、概括、加工的结果，是为某一类教学及其所涉及的各种因素和它们之间的关系提供一种相对稳定的操作框架，这种框架有着内在的逻辑关系的理论依据，已经具备了理论层面的意义。另一方面，教学模式又是某种理论的简化表现方式，它可以通过简明扼要的象征性的符号、图式和关系的解释，来反映它所依据的教学理论的基本特征，使人们在头脑中形成一个比抽象理论具体得多的教学程序性的实施程序。便于人们对某一教学理论的理解，也是抽象理论得以发挥其实践功能的中间环节，是教学理论得以具体指导教学，并在实践中运用的中介。

2. 方法论意义

教学模式的研究是教学研究方法论上的一种革新。长期以来人们在教学研究上习惯于采取单一刻板的思维方式，比较重视用分析的方法对教学的各个部分进行研究，而忽视各部分之间的联系或关系；或习惯于停留在对各部分关系的抽象的辨证理解上，而缺乏作为教学活动的特色和可操作性。教学模式的研究指导人们从整体上综合地探讨教学过程中各因素之间的相互作用和其多样化的表现形态，以动态的观点把握教学过程的本质和规律，同时对加强教学设计、研究教学过程的优化组合也有一定的促进作用。

二、典型的教学模式

（一）范例教学模式

回顾历史，范例性原则也并非是无源之水、无本之木。就古代社会而言，范例性原则已是古希腊、古罗马教育内容的选择准则。而在近代哲学和教育学范围内，诸如夸美纽斯、康德和胡塞尔等都曾提出过在认识、道德和审美能力形成中范例作用的思想。裴斯泰洛齐的要素教育理论也与范例教育思想息息相通。但是，作为一种理论，范例教学论问世于第二次世界战之后，这有其深刻的社会背景。战后随着科技的迅猛发展，出现了前所未有的“知识爆炸”的局面，各国在教育上先是采取“加法”的措施，不断增添教学内容，搞“百科全书”的课程，结果导致了学生负担的加重和教学质量的下降。于是，各国开始探索新的课程教学理论，以应答知识爆炸对教育的挑战。

为了解决教材内容堆积臃肿、陈旧落后的弊端，1951年在德国蒂宾根召开的会议认为精神世界的本源现象，是可以通过个别地由学生真正理解的事实的例子来加以说明的。此次会议充分肯定了范例教学的思想，为范例教学理论的发展和在实践中的运用奠定了基础。

1. 范例教学目标

范例教学目标和要求可以概括为“问题解决学习与系统学习的统一”“掌握知识和培养能力的统一”和“主体与客体的统一”。

(1) “问题解决学习与系统学习的统一”。一方面要求针对学生存在的或提出的问题组织教学，另一方面，这些问题是有系统的，通过解决问题习得系统的知识。所以，虽然这种教学从片段出发，但学生学习的知识却不是零碎的、孤立的，仍不失其系统性。

(2) “掌握知识和培养能力的统一”。这种统一要求把传授知识与培养能力统一在同一个教学过程中，把传授知识与教给科学方法、学习方法、发展能力结合起来。“掌握知识和培养能力的统一”也即是“形式教育论和实质教育论的统一”。前者偏重知识，后者偏重能力 。克拉夫基认为，这两种对立的学派都没有能真正把握教育现象和教育过程的本质核心，只有辩证地把实质教育和形式教育理论统一起来，才能真正把握本质，才能有助于教育实践，克服偏来偏去走极端的现象。由此，克拉夫基提出了教育过程的双重开发性。认为教育过程乃是通过本身经验或理解别人的经验获得客观（实质的、知识的）和主观（形式的、能力的）两方面统一的过程。

(3) “主体与客体的统一。主体是指受教育者，客体是指教学对象。它们的统一就是要求教师既要了解和熟悉教材，又要了解和熟悉学生的智能水平和结构。在教学中要把两个主要教学因素结合起来考虑。

2. 范例教学内容

“范例教学”主张选取蕴含本质因素、根本因素、基础因素的典型案例，通过对范例的研究，使学生从个别到一般、从具体到抽象、从认识到实践理解、掌握带有普遍性的规律、原理的模式。所谓范例性地阐明“个”案，是指用典型事实和现象为例说明事物的本质特征；所谓范例性阐明“类”案，是指用许多在本质上与“个”案一致的事实和现象来阐明事物的本质特征；范例性掌握规律原理是指从大量的“类”案中总结出规律和原理，在总结归纳的过程中，要注意对规律或原理的表述要准确，对规律原理的名称要清楚；掌握规律原理的目的和意义在于运用，因而教师要让学生掌握规律、原理的方法论意义；为了了解学生对规律和原理的掌握程度，从而获得反馈信息，规律原理的运用训练是教学必不可少的环节。

因此，范例教学内容选择上遵循“三个性”，即“基本性”“基础性”和“范例性”。“基本性”强调教学应教给学生基本的知识，也就是说基本概念、基本科学规律或知识结构；“基础性”强调教学内容应适应学生的基本经验和生活实际，适应学生的智力发展水平，也就是教学内容对受经验者来说是基础的东西；“范例性”是指教给学生的是经过精选的，能起到示范作用的典型事例和学习材料，它们将有助于学生举一反三，进行学习迁移和实际应用。它们必须是整体的一面镜子，可以起到窥一斑而见全豹的作用。

3. 范例教学过程

范例教学过程遵循人的认知规律：从个别到一般，从具体到抽象的过程。在教学中一般从一些范例分析入手感知原理与规律，并逐步提炼进行归纳总结，再进行迁移整合。因此，范例教学的基本过程是：阐明“个”案→范例性阐明“类”案→范例性地掌握规律原理→掌握规律原理的方法论意义→规律原理运用训练。施腾策尔提出了范例教学的四阶段构成：

（1）范例性地阐明“个”的阶段

这个阶段要求以典型事例来说明事物的特征。具体来讲，是学生通过具体的、特殊的、直观的“个”的范例中，掌握事物的本质的特征。

(2) 范例性地阐明“类”的阶段

这个阶段通过上一阶段的认识，进行归类，推断，认识这一类事物的普遍特征。具体来讲，是将第一阶段里掌握的“个”，依据其本质特征，置于类型概念的逻辑范畴之中进行归类，对于在本质特征上相一致的许多个别现象做出总结。

(3) 范例性地理解规律性的阶段

这个阶段要求通过前两个阶段所获得的认识，提高到规律性的认识。具体来讲，是将“个别”抽象为“类型”之后，找出隐藏在“类型”内部的某种本质性和规律性的内容。

(4) 范例性地掌握一般经验阶段

这个阶段是在上述三个阶段教学的基础上，获得关于世界的经验，生活的经验。这个阶段的教学，目的在于使学生不仅认识了客观世界，也认识了自己，在自己思想感情上起了作用，提高行为的自觉性。

(二) 抛锚式教学模式

抛锚式教学模式是深受目前西方盛行的建构主义学习理论影响、以技术学为基础的一种重要的教学范型。抛锚式教学模式是由温特比尔特认知与技术小组（以下简称CTGV）在约翰·布朗斯福特（John Bransford）的领导下开发的。这种教学要求建立在有感染力的真实事件或真实问题的基础上。确定这类真实事件或问题被形象地比喻为“抛锚”，因为一旦这类事件或问题被确定了，整个教学内容和教学进程也就被确定了（就像轮船被锚固定一样）。它的理论基础是建构主义。建构主义认为，学习者要想完成对所学知识的意义建构，即达到对该知识所反映事物的性质、规律以及该事物与其他事物之间联系的深刻理解，最好的办法是让学习者到现实世界的真实环境中去感受、去体验（即通过获取直接经验来学习），而不是仅仅聆听别人（例如教师）关于这种经验的介绍和讲解。

1. 抛锚式教学目标

抛锚式教学的主要目标是使学生在一个完整、真实的问题背景中，产生学习的需要，并通过镶嵌式教学以及学习共同体中成员间的互动、交流，即合作学习，凭借自己的主动学习、生成学习，亲身体验从识别目标到提出和达到目标的全过程，培养学生独立思考的能力、解决问题的能力、创新能力和合作能力等。

2．抛锚式教学内容

抛锚式教学的理论核心是，教学要求建立在有感染力的真实事件或真实问题的基础上。因此，抛锚式教学内容是典型的情景、事件或者问题。

3．抛锚式教学过程

抛锚式教学要创设情境适时抛出问题，注意情境感染与熏陶作用。因此，抛锚式教学由这样几个环节组成：

（1）创设情境

教师选择典型的职业情景，使学习能在和企业生产经营实际情况基本一致或相类似的情境中发生。

（2）确定问题

在上述情境下，选择出与当前学习主题密切相关的真实性事件或问题作为学习的中心内容。选出的事件或问题就是“锚”，这一环节的作用就是“抛锚”。

（3）自主学习

不是由教师直接告诉学生应当如何去解决面临的问题，而是由教师向学生提供解决该问题的有关线索，并特别注意发展学生的“自主学习”能力。自主学习能力包括：①确定学习内容表的能力（学习内容表是指为完成与给定问题有关的学习任务所需要的知识点清单）；②获取有关信息与资料的能力（知道从何处获取以及如何去获取所需的信息与资料）；③利用、评价有关信息与资料的能力。

（4）协作学习

通过小组、甚至班级的讨论、交流，通过不同观点的交锋，补充、修正、加深每个学生对当前问题的理解。

（5）效果评价

由于抛锚式教学的学习过程就是解决问题的过程，由该过程可以直接反映出学生的学习效果。因此对这种教学效果的评价不需要进行独立于教学过程的专门测验，只需在学习过程中随时观察并记录学生的表现即可。

（三）探究式教学模式

探究式教学的思想渊源可追溯到古希腊著名教育家苏格拉底的教

育思想之中，而明确提出把“探究学习”作为一种重要的教学方式的则是美国著名生物学家施瓦布。探究式教学是融知识传授、能力培养和素质提高为一体的创新教学模式，有助于解决学生在校学习时间的局限性与科学知识增长的无限性之间的矛盾，探索使学生的知识水平、创新能力和综合素质协调发展、全面提高的教学模式，在教学过程中通过实施以研究为本的学习模式，能为学生提供一个在学习过程中发现世界和探索世界的宽松环境，为学生提供研究问题的时间和空间，激发创新的欲望，并以学生为主体，支持学生个性的发展，同时也促进教师和学生间的相互交流。

1．探究式教学目标

探究式教学是一种费时的教学，但如果我们的目标是培养学生能创造性地解决问题和发现理论，那么这是我们所拥有的唯一方法。探究式教学以问题解决为中心，注重学生的独立活动，着眼于学生的思维能力、民主与合作的精神、自主学习能力的培养。探究式教学是建构在小组合作学习的基础之上,以师生互动交流为基本动力，以自主、问题、沟通为基本特征，以高效、愉悦、人道为基本品质，为全面提升学生学业成绩和综合素质为根本目标的。

2．探究式教学内容

探究式教学的载体与核心是问题，学习活动是围绕问题展开的。探究式教学的出发点是设定需要解答的问题，这是进一步探究的起点。

3．探究式教学过程

依据皮亚杰和布鲁纳的建构主义的理论，注重学生的前认知，注重体验式教学，培养学生的探究和思维能力。教学的基本程序是：问题—假设—推理—验证——总结提高。首先创设一定的问题情境提出问题，建立一个民主宽容的教学环境，尊重学生的主体性，然后组织学生对问题进行猜想和做假设性的解释，对那些打破常规的学生予以一定的鼓励，不要轻易地对学生说对或错，教师要以引导为主切不可轻易告知学生探究的结果，充分发挥学生的思维能力，再设计实验进行验证，最后总结规律。

（四）掌握学习教学模式

第二次世界大战以后，随着科技和经济的大发展，世界各国的教育事业也获得了大规模的发展。但是各种各样的问题也随之而来，“差生”问题便是困扰各国教育的问题之一。而同一问题在20世纪60年代的美国表现得尤为突出。美国1958年颁布了《国防教育法》，开始了大规模的教育改革，其目的在于促进学生的智力发展，培养具有高水平科研能力和掌握尖端科学技术的精英人才，以应对来自苏联“人造卫星”的挑战，保持美国的霸主地位。20世纪60年代，以布鲁纳学科结构课程理论为指导的中小学课程改革，由于片面强调课程的深度和难度，致使教材深奥难懂，不能为广大学生所接受；教材内容过于抽象，脱离生活实际，学生因缺乏学习兴趣，厌学的情绪普遍存在。而直接后果，就是导致了学校大批“差生’的出现，这是与社会和经济发展的要求相背离的。

掌握学习（Mastery Learning）是美国心理学家和教育学家布卢姆提出的，他认为，只要用于学习的有效时间足够长，所有的学生都能达到课程目标所规定的掌握标准。所以，在集体教学中，教师要为学生提供经常、及时的反馈以及个别化的帮助，给予他们所需要的学习时间，让他们都达到课程的目标要求。掌握学习模式的提出主要是为了解决学生的学习效率问题，以大面积提高学习的质量。

1. 掌握学习教学目标

掌握学习教学模式的提出是与布卢姆的“教育目标分类学”联系在一起的，布卢姆把教育目标分为认知、情感和动作技能三大领域。认知领域的教育目标分成六大类，分别为识记、理解、应用、分析、综合、评价；情感领域目标分为五大类，即接受、反应、价值评价、组织、由价值或价值复合体形成的性格化。技能领域目标分为七大类，即知觉、定势、指导下的反应、机制、复杂的外显反应、适应、创作。教学目的必须让学习者明确，学习者必须清楚地理解教学目标即学习任务。

2. 掌握学习教学内容

掌握学习的教学内容，依据学习目标分类，分为各领域的知识、情感和技能。知识是人类经验的固化，来自社会实践。其初级形态是经验知识，高级形态是系统科学理论。按其获得方式可区分为直接知识和间接知识。按其内容可分为自然科学知识、社会科学知识和思维科学知识。哲学知识是关于自然、社会和思维知识的概括和总结。情感是态度这一整体中的一部分，它与态度中的内向感受、意向具有协调一致性，是态度在生理上一种较复杂而又稳定的生理评价和体验。技能是通过练习获得的能够完成一定任务的动作系统，包括心智技能和动作技能。

3. 掌握学习教学过程

首先，教师和学生都要对“掌握学习”抱有信心，教师要对全体学生都抱有真诚的期望。其次，为了实施掌握学习模式，教师要明确学习内容的范围，明确具体的掌握目标，并编制能够反映目标达到情况的测验。另外，教师要制订达到掌握目标的具体教学计划，包括教学的单元序列、在每个单元上的教学、测验及反馈矫正方案等。实施掌握学习教学模式的一般步骤为：

（1）为掌握学习确定目标。布卢姆认为，教学是按预期的教学目标改变学习者行为的过程。因此，掌握学习教学的第一步是使学生掌握定标、定向。定向，首先是让学生明确当前“学习什么”以及“怎样学习”，达到“什么程度”。其次是不断地鼓励学生，帮助他们树立学习的自信心并激发学习动机。

（2）为掌握学习反馈矫正。教师依据教学目标和学生的基础状况进行互为衔接的各个单元（一般是教材的一章、一专题）教学。每授毕一教学单元，即用20～30 min时间进行诊断测验（形成性评价）。诊断学生学习上存在的缺陷或发现学生的学习进步状况，为师生及时提供教与学的反馈信息。通常由学生自己批阅测验试卷。若学生能掌握80%～90%的测验内容，便达到本单元的掌握学习水平。若学生的成绩低于所规定的掌握水平，就应当重新学习这个单元的部分或全部，然后再测验，直到掌握。掌握学习教学法设置系统的反馈—矫正程序，目的是为绝大多数学生达到掌握学习水平。

（3）为掌握学习分等第。掌握学习教学在每一学科各单元的循环往复的形成性评价的基础上，于学期结束时进行总结性考试（总结性评价），以分出学生掌握学习的等第。评定学习等第以成功地完成各单元学习而不是以在团体测验中的等第为依据，且给达到既定目标的所有学生评定相应的等级。由此可见，该总结性考试和分等的目的在于使学生最终达到掌握学习水平并受到鼓励而继续进行掌握学习。

三、教学模式的发展

随着科学技术的发展，教育面临着新的科技革命的挑战，促进人们利用新的理论和技术去研究学校教育和教学问题。现代心理学和思维科学对人脑活动机制的揭示，发生认识论对个体认识过程的概括，认知心理学对人脑接受和选择信息活动的研究，特别是系统论、控制论、信息加工理论等的产生，对教学实践产生了深刻的影响，也给教学模式提出了许多新的课题。因此这一阶段在教育领域出现了许多的教学思想和理论，与此同时也产生了许多新的教学模式。

（一）从归纳型到演绎型

归纳型教学模式重视从经验中总结、归纳，它的起点是经验，形成思维的过程是归纳。演绎型教学模式指的是从一种科学理论假设出发，推演出一种教学模式，然后用严密的实验来验证其效用。它的起点是理论假设，形成思维的过程是演绎。归纳型教学模式来自于教学实践的总结，不免有些不确定性，有些地方还不能自圆其说。而演绎型教学模式有一定的理论基础，能够自圆其说，有自己完备的体系。

（二）从教为主到学为主

传统教学模式都是从教师如何去教这个角度来进行阐述，忽视了学生如何学这个问题。杜威的“反传统”教学模式，使人们认识到学生应当是学习的主体，由此开始了以“学”为主的教学模式的研究。现代教学模式的发展趋势是重视教学活动中学生的主体性，重视学生对教学的参与，根据教学的需要合理设计“教”与“学”的活动。

（三）从传统方法到信息技术

在当代教学模式的研究中，越来越重视信息技术。教学条件的科技含量越来越高，充分利用可提供的教学条件设计教学模式。

第十节　职业教育教学评价

一、教学评价的意义

教学评价是根据教学目标的要求，按一定的规则对教学效果做出描述和评定的活动，也可以简单的理解为确定教学和学习是否合格的过程，它是教学各环节中必不可少的一环，也是教学设计中极为重要的一个组成部分，其目的是检查和促进教与学。这说明教学效果是教学评价的对象，而教学目标则是制定评价标准的主要依据，评价者按照这个标准来判断教学的价值大小。

二、教学评价的功能

教学理论与学习理论研究表明教学评价对提高教学效能具有十分重要的作用，为学生就业提供了标准和依据，具体可以概括为以下几个方面：

（一）鉴定功能

职业教育是以服务为宗旨，以就业为导向的教育。职业学校学生需要达到职业资格标准，获得相应的职业资格才能够顺利就业。职业教育教学评价不但通过职业能力水平评价，对教学活动产生导向作用，而且同时完成了对学生职业能力水平的鉴定。

（二）诊断功能

评价时对教学结果及其成因的分析过程，借此可以了解教学各方面的情况，从而判断它的成效和缺陷、矛盾和问题。全面的评价工作不仅能估计学生的成绩在多大程度上实现了教学目标，而且能解释成绩不良的原因，如学校、家庭、社会和个人中哪方面的因素是主要的，就学生个人来说，主要是由于智力因素，还是学习动机等其他非智力因素的影响，抑或是两者兼而有之。教学评价如同体格检查，是对教学现状进行一次严谨的科学诊断，以便为教学的决策或改进指明方向。

（三）激励功能

评价对教学过程有监督和控制作用，对教师和学生则是一种促进和强化。通过评价反映出教师的教学效果和学生的学习成绩。经验和研究都表明，在一定限度内，经常进行记录成绩的测验对学生的学习动机具有很大的激发作用，这是因为较高的评价能给教师、学生以心理上的满足和精神上的鼓舞，可激发他们向更高目标努力的积极性；即使评价较低，也能催人深思，激起师生奋进的情绪，起到推动和督促作用。

（四）调控功能

在教学系统中，评价的结果是一种反馈信息。这种信息可以使教师及时知道自己的教学情况，也可以使学生得到学习成功和失败的体验，从而为师生调整教与学的行为提供客观依据。教师据此修订教学策略、完善教学指导；学生据此变更学习策略、改进学习方法、增强学习的自觉性。教学评价有利于使教学过程成为一个随时得到反馈调节的可控系统，使教学效果越来越接近预期的目标。

（五）教学功能

评价本身也是一种数学活动。在这种活动中、学生的知识、技能将获得长进，甚至产生飞跃。如测验就是一种重要的学习经验，它要求学生事先对教材进行复习，巩固和整合已学到的知识技能，事后对试题进行分析，又可以确认、澄清和纠正一些观念。另外，教师可以在估计学生水平的前提下，将有关学习内容用测试题的形式呈现，使题目包含某些有意义的启示，让学生自己探索、领悟，获得更多的学习经验或达到更高的教学目标。

（六）管理功能

教学评价的管理功能比一般行政性、经验性的教育管理功能有更大的优越性，因为教学评价所具有的管理功能的发挥是建立在一系列严密操作程序的基础之上的，其言之有据，非一般的行政命令和狭隘经验所能比。另一方面，教学评价过程中所获得的教育信息，所得出的评价结论，是教育研究不应忽视的重要原始素材。教学评价本身具有教育研究上的价值。教学评价是一种严肃的、科学的探究活动，评价的方法、评价信息的收集与处理、评价结果的处理与反馈等皆与教育研究有诸多相同相近之处。

三、教学评价的分类

依照不同的分类标准，教学评价可做不同的划分。例如，按照评价基准的不同，可分为相对评价、绝对评价和自身评价；按照评价内容的不同，可分为过程评价和结果评价；按照评价功能的不同，可分为诊断性评价、形成性评价和总结性评价；按照评价分析方法的不同，又可分为定性评价和定量评价。具体分类情况参见表1-4-1。

表1-4-1　教学评价分类

序号	分类标准	分类
1	按基准分	相对评价　绝对评价　自身评价
2	按评价内容分	过程评价　成果评价
3	按功能分	诊断性评价　形成性评价　总结性评价
4	按评价分析方法分	定性评价　定量评价

（一）相对评价

这种评价是在被评价对象的群体或集合中建立基准，然后把各个对象逐一与基准进行比较，来判断群体中每一成员的相对优劣。对学习成绩的评定通常是以群体的平均水平为基准，以个人成绩在这个群体中所处的位置来判断。而为相对评价进行的测验一般称作常模参照测验。它的试题取样范围广泛，命题方式直接明确，测验成绩主要表明学生学业的相对等级。由于所谓的常模实际上近似学生群体的平均水平，所以这种测验的成绩自然形成了正态分布。

利用相对评价来了解学生的总体表现和学生之间的差异，或比较群体学习成绩的优劣，效果是良好的。其缺点是基准会随着群体不同而发生变化，因而易使评价标准偏离教学目标，不能充分反映教学上的问题和为改进教学提供依据。

（二）绝对评价

这种评价是将教学评价的基准建立在被评价对象的群体或集合之外，把群体中每一成员的某种指标逐一与基准进行对照，从而判断其优劣。教学评价的标准一般是教学大纲以及由此确定的评判细则。为绝对评价进行的测验一般称作标准参照测验。它的试题取样就是预先规定的教学目标，测验成绩主要表明教学目标达到的程度，这种测验的成绩分布通常是偏态的，如低分多高分少，为正偏态，反之则为负偏态。

绝对评价的优点是评价标准比较客观，如果使用得当，可使每个被评价者都能看到自己与客观标准之间的差距，以便不断向标准靠近。另外，教学管理部门通过这种评价，可以直接鉴别各项教学目标的达成情况，明确今后的工作重点。它的缺点是在制定评价标准时，容易受评价者的原有经验和主观意愿的影响，也不易分析出学生之间的学习差异。

（三）自身评价

这种评价既不是在被评价群体之内确立基准，也不是在群体之外确立基准，而是对被评价的个体的过去和现在相比较，或者是对他的若干侧面进行比较。

自身评价的优点是尊重个性特点，照顾个别差异，通过对个体内部的各个方面进行纵横比较，判断其学习的现状和趋势。但由于被评价者未经过与具有相同条件的其他学生作比较，难以判定他的实际水平和差距，激励功能不明显。因此，在实践中常需把自身评价和相对评价结合起来使用。

（四）诊断性评价

这种评价也称为教学前评价或前置评价。一般是在某项教学活动开始之前，对学生的知识和技能、智力和体力，以及情感等状况进行“摸底”。通过了解学生的实际水平和准备状况，判断他们是否具有实现新的教学目标所必需的基本条件，为教学决策提供依据，使教学活动适合学生的需要和背景。教育中的“诊断”是一个范围较大的概念，除了辨认缺陷和问题，还包括对各种优点和特殊才能的识别。因此，诊断性评价的目的是设计出可以满足不同起点水平和不同学习风格的学生所需的教学方案，并分别将学生置于最有益的教学程序中。

（五）形成性评价

这种评价是在某项教学活动的过程中，为使活动效果更好而不断进行的评价，它能及时了解阶段教学的结果和学生学习的进展情况、存在问题等，以便及时反馈。及时调整和改进教学工作。形成性评价进行得比较频繁，如一个章节或一个单元后的小测验。形成性评价一般又是绝对评价，即着重于判断前期工作的达标情况。

教学设计活动中进行的评价主要是形成性评价，如对新的教学方案进行评价通常是在该方案试行过程中进行的，目的是为修改该方案搜集有力的数据和资料。对于提高教学质量来说，重视形成性评价比重视总结性评价更有实际意义。

（六）总结性评价

总结性评价又称事后评价，一般在教学活动告一段落时为把握活动最终效果而进行的评价。目的是验明学生的学业是否达到了各科教学目标的要求；注重的是教与学的结果，借以对被评价者所取得的较大成果做出全面鉴定，区分等级和对整个教学方案的有效性做出评价。

（七）过程评价

过程评价主要检查用于达到目标的方法和手段如何，往往在教学设计和教学过程进行的，倾向于完成还需要修改的形成性评价的功能，但是也完成过程中对时间、费用、学生接受情况等方面的总结评价。

（八）成果评价

成果评价（产品评价）主要检查计划实施后的结果或产品使用中的情况。倾向于完成总结性评价的功能，但也可提供形成性评价的信息。

（九）定性评价

定性评价是对评价做“质”的分析，是运用分析和综合，比较和分类归纳和演绎等逻辑分析的方法，对评价所获取的数据资料进行思维加工。结果是一种描述性材料，数量化水平较低甚至没有进行思维加工。用于对成果或产品的评价分析，更重视对过程和相互关系的动态分析，以评价变量之间相互影响的过程。

（十）定量评价

定量评价是从量的角度运用统计分析，多元分析等数学方法，从复杂的评价数据中总结出归路性的结论。定量评价的方向，范围必须有定性评价来规定。

四、教学评价的原则

为了做好各种教学评价工作，必须根据教学的规律和特点，确立一些基本的要求，作为评价的指导思想和实施准则。具体来说，教学评价应贯彻以下几条原则。

（一）客观性原则

这条原则是指在进行教学评价时，从测量的标准和方法，到评价者所持的态度，特别是最终的评价结果，都应符合客观实际，不能主观臆断或掺入个人情感。因为教学评价的目的，在于给学生的学和教师的教以客观的价值判断，如果缺乏客观性就会完全失去意义,还会提供虚假信息，导致错误的教学决策。贯彻客观性原则，首先应做到评价标准客观，不带随意性；其次应做到评价方法客观，不带偶然性；第三应做到评价态度客观，不带主观性。这就要求以科学可靠的评价技术为工具取得真实可靠的数据资料，以客观存在的事实为基础，实事求是，公正严肃地进行评定。

（二）整体性原则

这条原则是指在进行教学评价时，要对组成教学活动的各个方面做多角度、全方位的评价，而不能以点代面，以偏概全。由于教学系统的复杂性和教学任务的多样化，使得教学质量往往从不同的侧面反映出来，表现为一个由多因素组成的综合体。因此，要真实反映教学效果，必须对教学活动从整体上进行评价。贯彻整体性原则，首先要评价标准全面，尽可能包括教学目标的各项内容，防止突出一点，不及其余；其次要把握主次，区分轻重，抓住主要矛盾，在决定教学质量的主导因素和环节上花大力气；三要把定性评价和定量评价结合起来，使其相互参照，以求全面准确地判断评价客体的实际效果。

（三）指导性原则

这条原则是指在进行教学评价时，不能就事论事，而应把评价和指导结合起来，不仅使被评价者了解自己的优缺点，而且为其以后的发展指明方向。也就是说，要对评价的结果进行认真分析，从不同角度查找因果关系，确认产生的原因，并通过信息反馈，使被评价者明确今后的努力方向。贯彻指导性原则，首先必须在评价资料的基础上进行指导，不能缺乏根据地随意评论；其次要反馈及时，指导明确，切忌耽误时机和含糊其辞，使人无所适从；第三要具有启发性，留给被评价者思考和发挥的余地。

（四）科学性原则

这条原则是指在进行教学评价时，不能光靠经验和直觉，而要根据科学。只有科学合理的评价才能对教学发挥指导作用。科学性不仅要求评价目标标准的科学化，而且要求评价程序和方法的科学化。贯彻科学性原则，首先要从教与学统一的角度出发，以教学目标体系为依据，确定合理统一的评价标准；其次要推广使用先进的测量手段和统计方法，对获得的各种数据和资料进行严谨的处理；第三要对评价工具进行认真的编制、预试、修订和筛选，达到一定的指标后再付诸使用。

五、教学评价的内容

从教学系统理论的观点来看，教学评价是对教学系统的功能和效能的评价。一是功能完善与否，二是效能的高低。而教学系统的功能完善与否和效能的高低取决于系统的构成要素和系统的结构。因此，教学评价的内容应包括教学系统要素的评价和教学系统结构的评价。教学系统要素评价包括教师的评价、学生的评价、教学内容的评价、教学条件的评价等；教学系统结构的评价包括反映教学系统结构的教学的管理制度、教学流程、各个教学环节的教学方案、教学环境等。

由于系统具有层次的特性，教学评价可分为学校教学系统评价、系部教学系统评价、专业教学系统评价、科目教学系统评价、单节课教学系统评价等。

六、教学评价的过程

教学评价过程一般包括：①明确评价问题。是对教学系统的某个要素进行评价还是对教学系统的结构，或者对整个系统进行评价；是对学校教学系统进行评价还是对专业教学系统，或者是对单节课教学进行评价；是对学生学业成就评价还是对教师进行评价，或者是对教学内容进行评价。②确定评价目的。评价的目的是为了更新教学系统要素，还是调整优化系统的结构。③确定评价对象。评价问题和评价目的确定之后，需要确定评价对象。选择谁或者什么作为评价对象，最能反映所评价问题的本质。④制定评价方案。根据评价问题、评价目的、评价对象和学校教学实际和可利用的评价资源，设计经济有效的评价方案。⑤组织实施评价。依据评价方案，按计划组织实施得出评价结论。

七、教学评价的方法

教学评价的方法很多，可以分为教学系统要素和教学系统结构的评价方法。教学系统要素评价方法包括：教师的评价方法、学生学业成就的评价方法、教学内容的评价方法、教学条件的评价方法等。教学系统结构评价方法包括：教学流程方案评价的方法、各类教学方案评价的方法、各类教学情境的评价方法、各类教学管理文件的评价等。

中篇

职业教育教学分析设计

教学理论作为一个独立的研究领域，在17世纪就已经出现了，但教学研究科学化进程的长足发展还是在20世纪。20世纪是科学的世纪，在科学的世纪里，世间的一切都被深深地打上科学的烙印。如果说20世纪以前的教学论的研究重心主要是宏观的教学哲学层面上的问题，那么当教学论在20世纪进入科学化时期后，其研究的重心就不再只是宏观的哲学层面的问题，而且还包括了“教学设计”这样的微观问题，出现了认知取向、行为取向和人格取向三种基本的教学设计模式。

职业教育是以全面的素质教育为基础，能力为本位的教育。职业教育选用什么样的教学设计模式，前提是确立职业教育的教学观。上篇关于职业教育教学基础理论的研究，为开展职业教育教学设计提供了思想理论指导。职业教育的教学观是建立在职业教育学习观的基础之上的。职业教育的学习观认为：学习的本质是学生心理结构的构建。心理结构包括认知经验结构、情感经验结构和动作经验结构。因此，职业教育教学设计不能以单纯的认知、行为为取向，而应以心理结构构建为取向。

本篇将通过讨论职业教育教学设计的基本概念、职业教育教学设计的基本原则和职业教育教学设计的基本模式等讨论职业教育的教学设计问题。

第五章 职业教育教学设计概述

职业教育教学基础理论的研究，为开展职业教育教学设计提供了必要的理论基础。在进行职业教育教学设计之前，我们还需要明确教学设计所涉及的一些基本概念，主要包括教学设计的定义与特征、教学设计的任务与模式、教学设计的理论与发展趋势等。

第一节 教学设计的定义与特征

一、教学设计的定义

一般来说，“设计”是指人们在创造某种具有实效性的新事物或解决所面临的新问题之前，所进行的探究性的系统计划过程。在这个意义上说，设计注重的是规划和组织，即设计着重对计划的对象进行分析，明确相关的因素，并对其进行有效的控制。

关于教学设计，定义可谓繁多。加涅在其1988年所著《教学设计原理》中将教学设计定义为：“教学设计是一个系统化（systematic）规划教学系统的过程。教学系统本身是对资源和程序做出有利于学习的安排”。后来，加涅在1992年进一步指出：“教学是以促进学习的方式影响学习者的一系列事件，而教学设计是一个系统化规划教学系统的过程。”美国学者肯普给教学设计下的定义是：“教学设计是运用系统方法分析研究教学过程中相互联系的各部分的问题和需求。在连续模式中确立解决它们的方法步骤，然后评价教学成果的系统计划过程。”史密斯、雷根在1999年的观点是：“教学设计是指运用系统方法，将学习理论与教学理论的原理转换成对教学资料、教学活动、信息资源和评价的具体计划的系统化过程。”乌美娜等认为：“教学系统设计是运用系统方法分析教学问题和确定教学目标，建立解决教学问题的策略方案、试行解决方案、评价试行结果和对方案进行修改的过程。”

从上述几个比较有代表性的定义具体分析，可以从以下几个方面认识和理解教学设计：①教学设计的最终目的是为了提高教学效率和教学质量，使学生获得良好的发展；②教学设计的研究对象是教学系统；③教学设计必须以学生特征为出发点，以教与学的理论为依据，强调运用系统方法；④教学设计过程是问题解决的过程，应重视对教学效果的评价。

二、教学设计的特征

从教学设计的思想、理论与方法，以及教学设计的实践来看，教学设计具有以下四个基本特征：

1. 指导性

教学设计是指导教学活动而精心设计的施教蓝图，成为指导教师教学活动的基本依据和行动指导方案，教学活动进行的具体步骤，教学活动的具体环节及其衔接，各项具体活动的组织与形式等方面都会受到教学设计方案的约束与控制。

2. 整体性

整体性或统整性要求根据教学设计的目标要求，全面考虑和分析教学活动的各个要素，力求使它们在达成教学目标的过程中能够有机配合，达到某一标准下的最优化。

3. 操作性

在科学合理的教学设计方案中，教学目标被分解为具体的并具有可操作性的目标，方案中对教学内容的安排、教学时间的分配、教学活动的组织与调控、教学方法的选择与运用、教学评价方式与手段等都必须体现具体的可操作性，只有如此教学设计方案才能成为教师有效实施教学的依据。教学设计方案的操作性特征还体现着教学设计方案的弹性和灵活性特点。

4. 创造性

教学设计是教学工作中一项极富创造性的工作，教师进行教学设计活动并不是简单的机械性劳动，而是一项发挥教师才智，焕发生命活力的一种具有个性化特点的创造性活动。教学设计活动虽然有着一定的程序性、合理性、精确性等方面的要求，但这些具有一定规范性特点的要求对教师而言，并不是对其才能自由发挥的束缚，更不应该影响甚至扼杀教师在教学设计活动中的创造性。为了能够充分体现教学活动丰富多彩、生动灵活的特点，能够满足学生多样化的学习需求，教学设计非常强调教师要能够针对教学的具体情况灵活创造性地设计教学。同时，由于每位教师的教学经验、教学风格、教学技能等方面都有着鲜明的个性化特征。

第二节　教学设计的模式与任务

一、教学设计的模式

教学设计必须解决好四个基本问题，一是学习者的特点是什么？二是教学的目标是什么？三是教学资源和教学策略是什么？四是如何评价和修改？但无论哪一种教学设计模式都含有四个基本要素：①学习者；②教学目标；③教学策略；④教学评价。

对于上述四个基本问题和四个基本要素的处理和展开发生不同，就形成了众多的教学设计模式。一般可将教学设计模式分为三大类，即认知取向的教学设计模式、行为取向的教学设计模式以及人格取向的教学设计模式。

（一）认知取向的教学设计模式

认知取向的教学设计模式的理论基础是认知心理学。信息加工心理学、皮亚杰的认知发展理论、布鲁纳的认知发现说、奥苏伯尔的认知同化说等都属于认知心理学的范畴，它们有一个共同的主张：致力于研究人的智能或认知活动的性质及其过程。因此，尽管认知取向的教学设计模式风格各不相同，但它们有一个共同特征：教学设计以学生的认知发展为基础，以发展学生的认知能力和水平为目的。

认知取向的教学设计模式包括布鲁纳的教学设计模式、以瓦根舍固为代表的范例教学设计模式、赞科夫的发展性教学设计模式、加涅的教学设计模式和奥苏伯尔的教学设计模式等。

1．布鲁纳的教学设计模式

布鲁纳是20世纪60年代学科结构运动的倡导者。在教学设计上，他提出了“发现学习”的主张，形成了独特的教学设计模式。

发现学习（discovery leaming）就是不把学习内容直接呈现给学

习者，而是由他们通过一系列发现行为（转换、组合、领悟等）发现并获得学习内容的过程。这种学习具有以下基本特征：第一，注重学习过程的探究；第二，注重直觉思维；第三，注重内部动机；第四，注重灵活提取信息。

布鲁纳认为，认知发展是由结构上的三类表征系统及其相互作用构成的质的飞跃。这三类表征系统包括行为表征、图像表征和符号表征。“即通过行动或动作、映像或图像以及各种符号来认识事物，它们的相互作用，是认知生长或智慧生长的核心。”在他看来，结构课程的开发及发现学习的指导，都必须与特定阶段儿童表征系统的特点相适应。

2. 加涅和布里格斯的教学设计模式

这个模式依据的是加涅对教学所下的定义：“教学是一系列精心为学习者设计和安排的外部事件，这些事件用于支持学习者内部学习过程的发生”。加涅所描述的九个教学事件就成为教学序列的一般步骤：

(1) 引起注意。

(2) 告诉学习者目标。

(3) 刺激对必备学习的回忆。

(4) 呈现刺激材料。

(5) 提供学习指导。

(6) 明确行为。

(7) 提供行为正确与否的反馈。

(8) 对行为评估。

(9) 强化保持和迁移。

这个模式的构建以信息加工的学习理论模式为框架，遵循信息加工和认知心理学的一般观点，为设计有效的个体学习活动提供了具体的基本思路。教学设计者的任务就是提供特定的活动和技术以促进每一个教学事件的有效进行，其最终目的在于激发和支持学习者内部的学习过程。这一模式较好地适用于各种学习活动，可以根据不同的教学目标进行适当的调整和改变。

3. 奥苏伯尔的教学设计模式

奥苏伯尔的教学设计模式是以其意义学习理论为基础的。他认为，教学的关键在于学习是否有意义，有意义的讲解或教学是课堂教学的基本方式。为了激活新旧知识之间的实质性联系，提高已有知识对接受新知识的有效影响，奥苏伯尔提出了“先行组织者”的教学策略。他认为，促进学习和防止干扰的最有效的策略，是利用相关的和包摄性较广的、最清晰和最稳定的引导性材料，这种引导性材料就是“组织者”。由于这些“组织者”在呈现教学内容之前介绍，有利于确定有意义学习的心向，因此称为“先行组织者”。

后来，奥苏伯尔进一步发展了“先行组织者”的概念，指出：“组织者”可以在学习材料前呈现，也可以在学习某一学习材料之后呈现；它的概括性、抽象性和包摄性水平可以高于或低于学习材料。

“先行组织者”用于教学设计是一项有效的教学设计技术。美国学者乔伊斯和韦尔把奥苏伯尔的教学设计模式概括为“先行组织者模式”，如表2-5-1所示。

表2-5-1　先行组织者模式

第一阶段： “先行组织者”的呈现	第二阶段： 学习任务和材料的呈现	第三阶段： 认知结构的加强
阐明课的目的 呈现“组织者” 鉴别限定性特征 举例 提供前后关系 重复 唤起学习者的知识和经验的意识	明确组织 安排学习的逻辑顺序 明确材料 维持注意 呈现材料	运用综合贯通的原则 促进主动积极地接受学习 引起对学科内容的评析态度 阐明学科内容

（二）行为取向的教学设计模式及其理论基础

行为取向的教学设计模式及其理论基础是行为主义心理学。在行为主义心理学的众多流派中，对教学设计领域影响最大的是桑代克和斯金纳。这种教学设计模式以行为控制为基础设计教学，以完善人的行为为根本宗旨。

在行为指向的教学设计模式中，最杰出的代表是斯金纳的程序教学模式。这是一种以操作性反应和强化原理为理论基础的，适用于个别化教学的自动教学模式，常被称为“机器教学”。

将“操作条件作用”和“积极强化”的学习理论运用于教学设计，就形成了程序教学设计。程序教学的设计应遵循五条原则：

（1）积极反应原则。

(2) 小步子原则。

(3) 即时强化原则。

(4) 自定步调原则。

(5) 低错误率原则。

斯金纳的程序教学理论影响了世界教学改革运动，促进了学习理论的科学化，加强了教育学、心理学的有机结合，推动了教学手段的科学化和现代化。即使在信息技术飞速发展的今天，斯金纳的程序教学理论仍对我们的教学具有启发意义。

（三）人格取向的教学设计模式

人本主义心理学用一种整体论的视野研究人性，关心人的潜能和价值，探究解决人类问题和困境的出路，“完美人格”和“太平盛世”是人本主义心理学家憧憬的理想。人格取向的教学设计模式就是以人本主义心理学为理论基础的。因而，“基于完美人格、为了完美人格、在完美人格之中”是该模式的基本特征。

人格取向的教学设计模式的典型代表是美国心理学家、教育家罗杰斯创立的“非指导性教学”模式。“非指导性教学”模式旨在通过学生的自我反省和情感体验，在融洽和谐的心理气氛中自由地表现自我、认识自我，达到改变自我、实现自我的目标。罗杰斯把教师称为“促进者”。“促进者”在教学中的主要作用不是指导而是帮助，他们把学生看作具有独特经验和情感的人，与学生建立一种真诚的、信任的相互关系，为学生营造“安全的”心理氛围。具体表现为：第一，帮助学生澄清自己想要学习什么；第二，帮助学生安排适宜的学习活动与材料；第三，帮助学生发现所学东西的个人意义；第四，维持有益于学习过程的心理气氛。

罗杰斯的“非指导性教学”模式以“完美人格”和“自我实现”为教学设计的出发点和归宿，揭示了教学设计的真谛。

二、教学设计的任务

教学设计过程一般包括：学习者及其需要的分析、学习内容的分析、教学目标的确定与阐述、教学策略的制定与教学方法的选择、现代教学背景与环境的分析，“教与学”双方活动特征的分析，教学媒体的选择和运用、教学评价的设计等。因此，教学设计

的一般任务包括:

1. 确定教学目标

所确定的教学目标一般来说有两大类。一类是比较高度抽象与概括的目标，这类目标反映的是教育系统任务的基本取向和对学习者发展的一种期望，它是一种“期待性目标”。另一类目标是具体的个别性的目标，这些具体目标能够通过具体的教学活动而使学生确实能够完成或实现，也称为“达成性目标”。在教学设计中，要用可操作行动的语言或概念对“教和学”的效果（或结果）进行描述。

2. 分析学习内容

对学习内容的研究与分析，是对教学目标确定所要达成的教学活动的终点目标、学生在学习开始时的起点能力转化为终点能力所需要的知识、技能以及它们之间的关系，进行比较详细的剖析过程。

3. 分析学生特点与需要

在教学设计过程中，准确地把握学生的现实发展水平的基本意义在于：一是有利于教师比较恰当地确定课堂教学的起点，有利于教师合理准确地确定课堂教学目标，科学合理的组织教学内容和设计教学过程；二是有助于教师科学地选择恰当的教学方法、教学媒体，为学生创造良好的学习环境，提供有意义和有效的背景知识；三是有助于教师清楚地了解学生在学习过程中的差异性，有利于因材施教，力求通过实际教学活动使每个学生都能够达到自己的最好发展程度和水平。研究和分析学生的因素应包括：学生的认知因素、学生的非认知因素、学生的学习动机状态、社会性因素等。

4. 教学过程相关措施的分析

教学措施设计包括：教学方法的选择与设计、教学媒体的选择与设计、课堂教学结构的设计和教学评价的设计。

第三节　教学设计的理论与发展

一、教学设计的理论

教学设计理论可分为理论基础、基本原则和基本模式三个层次。具体参见图2-5-1所示。

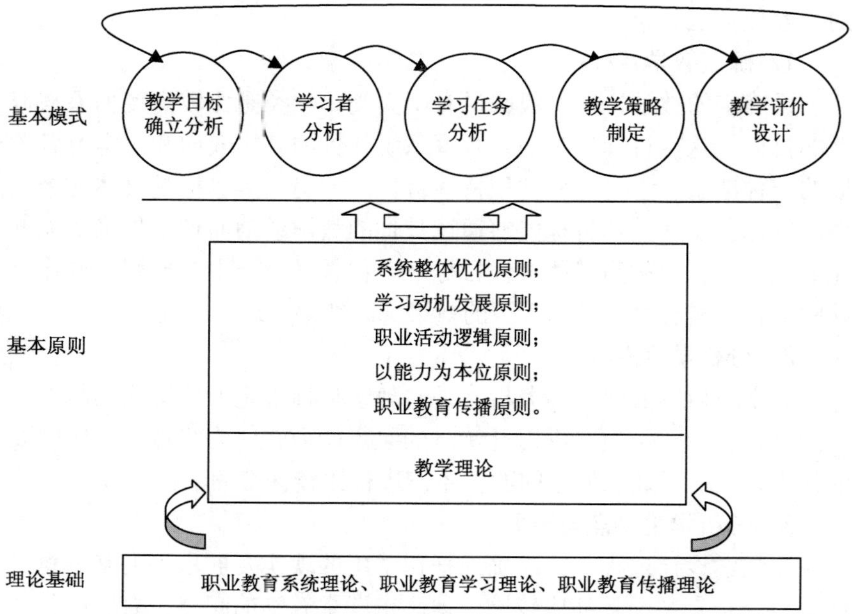

图2-5-1 职业教育教学设计理论方法体系

理论基础包括职业教育系统理论、职业教育学习理论、职业教育传播理论、职业教育教学理论。这些理论为职业教育教学设计奠定了理论基础。

基本原则包括建立在职业教育系统理论、职业教育学习理论、职业教育传播理论、职业教育教学理论基础之上的职业教育教学设计的系统整体优化原则、学习动机发展原则、以能力为本位的原则和职业教育传播原则。

基本模式则为教学目标确立、学习者分析、学习任务分析、教学策略制定、教学评价设计五个基本阶段。

二、教学设计的发展

教学设计研究从20世纪50 年代起步，在教学设计观、学习心理学和科学技术三个影响教学设计理论发展主要推动力的作用下，60年代进入大发展时期，相继涌现出加涅的“学习条件理论”、罗米索斯基的“知能结构论”、梅里尔的“成分显示论”、赖格卢特的“精细加工论”、巴纳斯的“宏观教学设计论”、史密斯和雷根的“教学系统设计沦”等一批富有特色的教学设计理论。

（一）教学设计理论的历史轨迹

1. 教学设计的思想萌芽与早期发展

由于教学设计是融合了许多不同学科的重要理论而形成的一个新的知识体系，因此它的出现与发展同其他学科有着密不可分的联系，其中心理学发挥了重要的作用。建立教学设计学的构想最初来源于美国哲学家、教育学家杜威，他于1900年提出了应建立一门所谓的“桥梁科学”，以便将学习理论与教学实践连接进来，目的是建立一套系统的与教学活动有关的理论知识体系，以实现教学的优化设计。但由于当时条件的限制，教学设计还仅仅是萌芽状态，并未形成系统的理论体系。

到20世纪中叶，行为主义迅速发展，行为主义学习理论代表人物斯金纳提出了S—R理论，并将其应用于教学，出现了程序教学和教学机器。程序教学以其精确组织的个别化、自定步骤的学习，确立了许多有益的指导原则。它建立的一系列学习原则和开发程序教材的系统方法，对教学设计理论模式的发展具有重要的影响。在这一时期中，奥苏伯尔的渐进分化的思想，如运用先行组织者，然后呈现一系列具体的下位概念和例子；布鲁纳（J.Bruner）依学生成绩而逐渐提高学习复杂性的思想；马克勒（S.Markle）和墨里(J.W.Mrooe)等运用教学理论促进概念获得的思想，都对教学设计的发展作出了较大的贡献。

2. 认知心理学对教学设计的影响阶段

从教学设计发展的第一阶段可以看出，程序教学是教学设计的方法学上的依据。但在20世纪60年代末，认知心理学逐渐代替行为主义，成为教学设计的指导思想。研究者纷纷重新考虑学习理论。影响比较大的有加涅，他把自己的教学设计与认知理论相结合，将学习结果分为五大类等。梅里尔也提出教学设计的成分呈现理论。此外，认知心理学中关于知识生成的研究结论也被应用到教学设计中，这些研究产生了许多针对学习过程的策略，如问题解决策略、信息组织策略、降低焦虑策略、自我控制策略、元认知策略等。这些新理论的引入，极大的丰富了教学设计的理论体系，使得教学设计这门学科不断完善与扩充。

3．整合化思想、建构主义学习理论对教学设计的影响阶段

到了20世纪80年代，教学设计研究者开始倾向于将不同的教学设计理论结合成一个行之有效的总体模式。如赖格卢特的精加工理论，藤尼森提出的概念教学理论等。在20世纪90年代，建构主义对教学设计理论起了较大的作用。这一时期，学习者与教学媒体、教学情境的结合是教学设计发展的一个重要特征。

（二）教学设计理论的发展趋势

对于日后教学设计的发展趋势，可以预测，在教学设计领域内，研究者应关注的不仅仅是一个学科中某一知识点的学习过程。也不仅仅是学习的认知过程，而应从人的整体发展的思路去进行教学设计。既然教学情境中的学习者已经成为一个重要因素，而诸如学习动机等情感因素也应该在教学设计中得到反映。同样，在教学设计中，设计者也应该注重教师的积极参与以及教师的能力特征和个性特征在教学设计中所起的作用。

教学设计的思维方式主要来自于系统观念的贡献。教学设计的根本目的是为解决教学实际问题而创设一个有效的教学系统。从教学设计角度看，理解和解决教学问题的主要方法，长期以来采用的是系统方法，这一观点充分反映在对教学设计的定义和设计教学的系统方法模型的认识方面。

系统方法作为一种综合方法，强调整体性和反馈性，对教学设计的启示是：如何对教学系统的各个要素、结构和功能进行整体研究，从而揭示出教学要素之间必然的、规律性的联系，使教学效果最优化；如何在教学系统中，使教与学之间的信息与反馈正常进行，达到教学过程的优化控制。那么，系统科学的原理应如何在教学设计领域中有效运用呢？由此又引出了系统方法转化为可操作性的过程和程序的研究，于是出现了系统方法模型研究（又称作教学设计的过程模式）的百花齐放局面。按模式产生的时间顺序看，较有代表性和影响力的过程模式有肯普模型、狄克—柯瑞模型和史密斯—雷根模型。它们的共性是要求从整体观出发，从环境或需求入手制定教学目标，发展教学计划，进行教学传递、评价，并有效地运用系统反馈进行教学设计修正，从而达到教学系统的整体优化。这些模型所反映的步骤和过程具有很强的线性特征，又被称作线性系统方法模型。作为线性系

统方法模型，基本体现了硬系统思维的特征，都有一个较严密的设计程序，这为掌握基本的教学设计程序和规范提供了良好基础，具有很强的实践意义。按照希夫曼的观点，这些系统方法模型可归到“标准系统观”范畴。另外，教学目标、学生特征、教学策略、教学评价是构成这类模型的基本要素。这也说明了该阶段对教学设计过程模式的研究始终未跳出肯普构建的“目标一策略一评价”这个基本框架。

尽管肯普、狄克一柯瑞、史密斯一雷根等人的线性系统方法模型一直被奉为经典，各领风骚，但是近年来也受到一些质疑和批评。从系统科学的发展来分析它们的局限。一般系统论、信息论和控制论是系统理论、系统科学的第一批成果，它们几乎都酝酿于20世纪20年代至40年代，诞生于1948年左右。在当时的历史条件下，这三论都是运用系统的观点从不同的侧面（系统、信息、控制）研究同一问题的成果，有学者称此三论为一般系统论。汲取一般系统论（又称硬系统）营养的肯普、加涅等人的系统方法模型也深深打上了“相对的封闭性、稳定性和线性思维模式”等烙印。1990年梅里尔等人历数了这些模型在运用中产生的问题，例如，内容分析缺乏整合性；由于系统的封闭性而不能有效地吸纳有关教与学的专门知识；机械地使用系统方法，导致分析、设计、开发、实施和评价等阶段彼此互不相关，换言之，每个阶段都使用各自的工具，保持各自的知识表征形式，但对于前一阶段中所发生的变化应如何直接引起下一阶段的变化，却未能提出相应的处方。

20世纪70年代先后，出现了耗散结构、协同学和超循环三种系统理论，它们合称自组织理论。此外，混沌学说、分形理论等，也从不同角度对系统的结构及其运动进行了刻画。为区别贝塔朗菲最初的一般系统论，这些新的理论群被称为“广义系统论”。对于广义系统论对教学设计研究的意义，Johassen、Dowling、You等学者提出了教学设计过程充满了混沌性，并对混沌在教学设计中的理论、方法及实践等方面进行了一些探索性研究。他们建议在教学设计中引入混沌学的非线性开放系统、非决定论的不可预测性、正反馈圈等基本概念。我国学者也提出了“混沌基本理论在教学设计中的应用是教学设计发展的新方向”，以期能引起国内更多教学设计研究者的关注和研究。

美国学者巴纳斯（Bala.H.Banazhy）称线性系统方法模型为微观教学设计，它们的特点是：机械地使用系统工程的方法，预先确定行为目标，在确定的有限范围内运行，呈现出稳定性，等等。在研究了微观设计的特点后，巴纳斯提出了宏观教学设计论。它的出现也是近年来开放系统思维和软系统方法的产物。巴纳斯认为，教育是一个开放的人类活动系统，是一个系统复合体，它与教师、学生、环境、政治、文化背景、国情等有着千丝万缕的联系。这种联系不是简单线性的、稳定的，必须对教育本身建立一种动态的、非线性的、综合的、整体的思维模型。宏观教学设计与微观教学设计的根本区别在于：后者立足于对已有系统进行分析、诊断和矫正；前者立足于更大系统的需求与条件，用系统与环境模型、结构与功能模型、过程与行动模型对未来系统作系统表征（综合描述）。宏观教学设计论的系统方法模型强调非线性和动态性，主要表现在：四个水平、四种系统环境和四种关系构成的三维设计框架；设计过程是反复的和螺旋式的，并与反馈和前馈相互联系；分化一整和存在于教学设计过程始终；对系统中各个层次间的相互作用，强调协调与综合；设计者、教师、教学对象和其他与系统设计有关的人员应共同参与到设计过程中来。超越、展望和重塑是宏观教学设计论的三个主要策略。巴纳斯认为，不应该再对现有的系统进行改良，相反，应该超越现有系统；不仅要预测它，还应该重新认识它；不仅要改造它，还应该重塑它。

三、学习理论的影响

“学习理论是教学设计的理论基础”已是公认的看法。它的逻辑依据是：教学设计是为了促进学习而设计教学策略，为了制定有效的教学策略，必须广泛了解学习及人类行为，而学习理论说明了学习是怎样发生的，以及为什么有的学习有效，有的学习无效，因此必须以学习理论作为其理论基础。

赖格卢特认为，“教学设计是一门涉及理解与改进教学过程的学科。任何设计活动的宗旨都是为了提出达到预期目的的最优途径，因此，教学设计主要是关于提出最优教学方法的处方的一门学科，这些最优的教学方法能使学生的知识和技能发生预期的变化”。在他看来，教学设计理论也可以被称为教学理论。我国学者也有类似的认识，“教学设计就是把教学原理转换为教学材料和教学活动计划的过程”。

关于学习理论与教学理论的关系，有两种典型看法：相互作用论和推衍论。相互作用论是指学习理论的进展会影响教学理论的形成，同样，教学理论的发展也会影响学习理论的研究。例如，阿特金森认为，教学理论的发展要阐述学习过程，因为在对学习有较深刻理解之前，是不可能制定真正有效的教学策略。但是，如果以为一种完善的学习理论是形成教学理论的先决条件的话，那他在教学理论方面将不会有任何进展。推衍论认为，从某种意义上说，学习理论可以作为派生教学理论的基本来源。例如，布鲁纳认为，“教学理论必须考虑学习与发展这两个方面，必须同那些他所赞同的学习理论和发展理论相一致”。在他看来，学习理论是描述性的，而教学理论是处方的和规定性的。言下之意，教学理论是学习理论的进一步推衍。

在教学设计理论的发展过程中，既可以看到学习理论对它的影响，也可以看到比较有影响的教学设计理论是由某种特定的学习理论直接推导出来的。

乌美娜教授在《教学设计》一书中，专门讨论了“学习理论的发展使教学设计从萌芽到诞生，从起步走向发展”，指出“以行为主义联结学派心理学为基础的斯金纳程序教学运动促使教学设计过程和理论的诞生和早期发展”。斯金纳在研究操作性条件反射的形成过程中，概括出强化作用、泛化作用与消退作用等学习规律。他在其理论的基础上创造了“教学机器”，设计出“程序教学”的完整方案。程序教学重视作业分析、学习行为目标的分析、教材逻辑顺序研究以及如何设计教学策略。在程序教学运动中，出现了专门的教学设计理论研究者，他们对目标理论、任务分析、媒体选择、形成性评价等一系列教学设计问题展开了研究。这些研究为后来发展的教学设计思想提供了基础。

加涅对教学设计理论研究作出了很大贡献。他所关注的重点是把学习理论研究的结果运用于教学设计。加涅被公认为行为主义与认知主义的折中主义者。他一方面承认行为的基本单位是刺激与反应的联结，另一方面又注重探讨刺激与反应之间的心智活动。20世纪70年代后，他在对学习理论的探讨中，试图阐明学生的认知结构，并着重用信息加工模式来解释学习过程。加涅按照学习的类型、学习的结果和学习的过程，推导出他的教学设计原理。

加涅按学习的复杂程度，提出了八种类型的学习。他认为，学习是累积性的。较复杂、较高级的学习是建立在基础性的学习基础上，每一类学习都是以前一类学习为前提的。这就是加涅的学习层次理论的核心思想。学习层次说对教学序列的设计有重要意义。因为前一层次的学习为后一层次的学习做好准备，这样，教师可通过分析前一层次学习的结果，确定学生的内部条件。而且，这些学习层次呈累积的性质，是以一种可预测的方式一级一级建立起来的。因而在设计教学策略时，可以此为基础，构成一种最有效的教学模式。

加涅认为，不同的学习结果需要不同的学习条件。根据学生在学习后所获得的各种能力，加涅提出了五种学习结果。加涅认为，设计教学的最佳途径，是根据所期望的目标来安排教学工作。加涅对学习结果的五种分类，实际上就是一种教育目标的分类。

加涅在论述学习的类型和学习的结果时，都把学习作为一个过程，每一过程分成若干阶段，每一阶段需进行不同的信息加工。根据学习的过程，加涅推导出与其相应的教学过程，该过程由八个教学事件构成。加涅认为，教学设计的目的是要影响学习的内部过程，教学过程中的各项工作要与其一一对应起来。

也许可得出如下结论：一种有效的教学设计理论必须是建立在有关的学习理论的基础上。近几十年来，心理学发展迅速，硕果累累，已扩展到教学设计研究领域，影响着教学设计理论的形成，使教学设计理论带有鲜明的心理学特征。何克抗教授正是抓住了这一点，提出教学设计理论研究应以心理学作为断代原则。并根据该原则，把握住了基于建构主义学习理论的教学设计理论研究方向，同时结合我国教育实际和教育改革要求提出了“主导—主体”教学设计理论框架。必须指出，一种合适的学习理论并不是产生教学设计理论的充足条件。学习理论可以为有效的教学设计理论的产生提供一般的方向，但教学设计理论的形成，还涉及其他变量，如科学技术。

目前已有的教学系统设计理论产生于多媒体、人工智网络等技术之前，没有真正考虑那这些以交互性为基础的技术对教学设计理论的影响。1990年，梅里尔等人曾一针见血地指出，现行教学设计的模型都将焦点集中于刺激要素的呈示上，由此产生的教学通常是消极的、非交互性的。显然，探索新技术条件下，能够充分发挥交互技术的教学系统设计理论和模式势在必行。

斯皮诺等于1990年提出了认知弹性理论（Cognitive Flexibility Theory）。所谓认知弹性理论，是指以多种方式同时重建自己的知识，以便对发生根本变化的情境领域做出适宜的反应。其基本原理有两个：

（1）在显示多元事实时，才能以最佳方式对结构不良领域的现象进行思考。这是因为从单一视角提出的每一个单独的观点虽不是虚假的或错误的，但却不是充分的。这就要求从多于一个观点的角度检查某一概念，这既能增强对该概念自身的理解，同时也能增强将这一理解迁移至其他领域的能力。

（2）概念与案例构成多维与非显性的“十字交叉”形状，达到对复杂知识尽可能完整的理解，即充分理解概念的丰富内涵并相对完整地覆盖各种变化的、复杂的相关案例，从而使学习者获得具有足够弹性与灵活性的知识，以适应多变的真实情境。

随着现代技术手段的发展，基于建构主义理论的教学设计将突破传统教学设计假设的局限，开发出能有效支持学生主动建构知识、促进知识在新情境中迁移的教学软件和课堂教学方案，并通过网络实现信息交流、资源共享，跨越时空地域开展网络上的协作学习。由于建构主义学习理论突出了学生中心的思想，何克抗教授指出，这种新的教学设计理论是以“学”为中心的教学设计，它的全部理论、方法都是围绕如何帮助学生的“学”而展开，其核心内容包括学习环境的设计和自主学习策略的设计，而以计算机为基础的现代教学媒体为学习环境的构件提供了必不可少的支持。

第六章　职业教育教学设计的基本原则

职业教育教学设计的原则，针对不同的教学对象、教学目标和教学内容等，原则也不相同。由于对理论知识体系课程、技术方法体系课程的教学设计已经为人们所熟悉，本章主要介绍行动导向教学设计的基本原则。

第一节　系统整体优化原则

教学设计是一个系统化规划教学系统的过程。因此，教学设计应遵循系统的原则、整体的原则和优化的原则。

一、系统的原则

系统的组成和结构决定系统的功能。在教学设计过程中，不能只是孤立的分析研究教学系统的组成元素，如课程、教材、教学方法、教育技术、教学环境、学生、教师等，还要分析研究这些构成元素不同联系方式。这些不同的联系方式，形成教学系统不同的结构，决定了教学系统功能及其强弱。比如，某些职业院校采用了学科课程、学科教材和学科教学方法，即使用再先进的教育技术，也难以培养出职业素质高、职业能力强的技术技能型人才。

二、整体的原则

任何系统都具有整体突现的特性。在教学设计过程中，必须充分发挥系统整体突现的特点，协调系统构成要素间的相互关系和系统动态过程中各个环节的程序，将各个构成要素和各个环节放到系统的整体中去权衡，以整体系统总目标最优化来协调各个构成要素和各个环节，形成最佳的教学结构，从而使教学系统的功能得到增强和充分发挥，以克服教学实践中的教学低效现象。

三、优化的原则

效能是教学设计的重要评价目标。在教学设计过程中，还应注意教学效果和投入。比如，媒体选择除教学目标、教学内容、教学对象、教学条件以外，就需要考虑所需代价。目前，教学媒体可分为两大类：一类是传统教学媒体，如教科书、黑板、挂图、实物、标本和模型等；另一类是现代教学媒体，如幻灯机、投影仪、录音机、录像机、VCD和计算机等。随着计算机和数码技术的发展，多媒体计算机将在教学媒体中发挥主要作用。因此，教学设计应充分考虑利用多媒体计算机带来的强大教学功能。

第二节　学习动机发展的原则

一、学习目标先行

关于学习目标先行对学生学习动机的影响，美国心理学家耐特和瑞莫斯曾做过一个实验。通过实验他们发现，如果被试认清学习目标，那么就会产生强烈的学习动机。若学生搞不清楚他们要学做什么，即学习目标不明确，则学习动机和兴趣都处于较低水平。“明确的目标”是指学习目标要完整、系统、具体，而且学习者必须能够理解它的价值和意义；学习者明确了学习目标的价值和意义，学习目标的诱因性将大大增加。研究还表明，让学生及时了解自己的学习结果（即反馈），可以加强其进一步学习的动机[①]。除学习目标先行可以激发学生的学习动机之外，职业教育学习观和教学观研究还表明，教学的目标结构还为学生学习确立了心理结构构建的目标，为学习活动指明了方向。因此，教学的目标结构设计是教学设计的关键环节。

为了使学习目标具体明确，根据教育传播理论的研究成果，职业教育教学目标应采用图表的形式，这样可以使学生对学习目标一目了然。CBE理论教改实践证明：用能力图表表现教学教学目标，具有系统、明确、具体的特点，能够做到一目了然，能充分发挥学生和教师的主动性，使教学效能得到了显著提高。

① 李洪玉. 学习动力[M]. 武汉：湖北教育出版社，1999.

二、学习兴趣诱发

学习动机研究表明，学习兴趣的诱发可分为设趣、激趣、诱趣、扩趣四个阶段。教学设计要充分体现设趣、激趣、诱趣、扩趣这四个阶段。设趣是教师通过分析学生本身的个体需要或者可能的外部诱因，为学生的学习设定学习目标和创设新异的学习情境。教学首先应该通过设置恰当的学习目标，创设问题情境，提高学习者的学习兴趣。激趣是激发学生的好奇心和求知欲。在教学中，要注意促使学生好奇心尽快地向求知欲发展，最终通过激趣，使学生形成良好的学习兴趣。诱趣是诱发学生“生疑—思疑—释疑、再生疑—再思疑—再释疑”的过程。这就需要教学依靠对内容的精心组织、科学安排，对学生产生这种诱惑。针对教学重点、难点，采用恰当的教学方法，一环扣一环地提出问题，诱发学生“生疑—思疑—释疑”，不仅要学生有所知，更要有所思。学生每解决一个问题，就有一种战胜难点的兴奋，就会多一份自信。扩趣是引导学生不断探究，培养创造思维，引发创新精神。教学过程设计要做到进一步引导学生主动去发现问题，养成质疑问难的习惯；使学生学习后，再质疑，开拓思维的广度和深度，起到鼓励学生多向思考，尝试发现问题，解决问题的作用。

第三节　职业活动逻辑原则

为了实现职业教育教学活动的价值，使学生形成所从事职业需要的思维、行为、语言、情感等职业特质，职业教育教学设计应遵循职业活动逻辑的原则。

一、职业活动过程逻辑导向

任何一项职业活动的完成都需要经过一个完整的职业活动过程，因此职业教育的教学设计需要运用好这一职业活动的逻辑顺序特点。在教学过程中，为了使学生熟悉职业活动过程，首先把职业活动过程介绍给学生，然后按职业活动的先后顺序开展教学活动。这就是教学设计的职业活动过程导向原则。

这项原则对于职业教育的任何一个专业的教学设计都具有指导意义，特别是学习机械加工、维护维修等技术类专业的学生。由于他们每天面对的是一些固定的职业环境和过程，因此职业活动过程可以作为教学设计的主线。

二、职业活动情景逻辑导向

职业活动不但有过程，又都是在一定职业情景下进行的，有时这些职业情景又随机发生着各种各样的变化，而随着这些变化，从事这些职业活动的人员需要针对已经变化了的职业情景，调整职业活动的先后顺序或增减职业活动。对于具有这种特点的职业活动，在教学设计时，需要设定可能出现的各种职业情景，以先易后难的过程顺序开展教学活动。这就是教学设计的职业活动情景导向原则。

这项原则对于职业教育的任何一个专业的教学设计也都具有指导意义，尤其对于每天面对人的专业的教学设计，诸如金融服务、商业服务、旅游服务等各类服务专业，由于学生每天将面对的是随机变化的职业情景和过程，职业活动过程在教学设计中就变得不具有决定意义。这时职业活动的情景将成为更为重要的影响教学设计的要素。最典型的课程是礼仪，礼仪课程是情景导向的课程，这类专业教学需要注重培养学生敏感和灵活的特质。

三、职业活动效果逻辑导向

有些职业活动的过程和情景都显得不那么重要，而是追求职业活动的效果。对于这类职业活动，在教学设计中，首先展示各种效果，然后尝试不同的职业活动过程、情景，去达到或者超越学习开始时所展示的效果。这就是教学设计的职业活动效果导向原则。这项原则所适用的专业一般是艺术类专业或其他类专业中，涉及艺术的教学内容。

第四节　以能力为本位的原则

一、具备能力形成的条件

职业学校学生能力形成是有条件的。单项能力形成的条件，根据职业教育学习理论中能力的条件定义，包括知识、技能和态度，而综合能力的形成条件是具备相关单项能力。在教学设计中，应注意不要出现能力形成条件的缺失的现象，以避免因为能力形成条件的缺失而影响能力的形成，如图2-6-1所示。

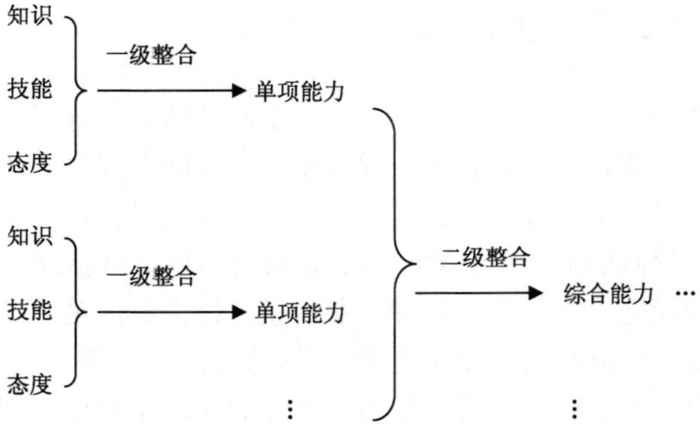

图2-6-1　能力形成条件示意图

二、遵循能力形成的过程

职业学校学生的能力形成，根据职业教育学习理论对能力的过程进行定义，具有多个环节，每个环节又具有不同特点的较为复杂的过程。[①]具体过程参见图2-6-2。在教学设计过程中，应注意遵循能力形成的一般过程及其特点，保证教学心理逻辑顺序得到贯彻。避免因出现能力形成过程环节的缺失而影响学生能力的形成，最终影响教学的教学效能。

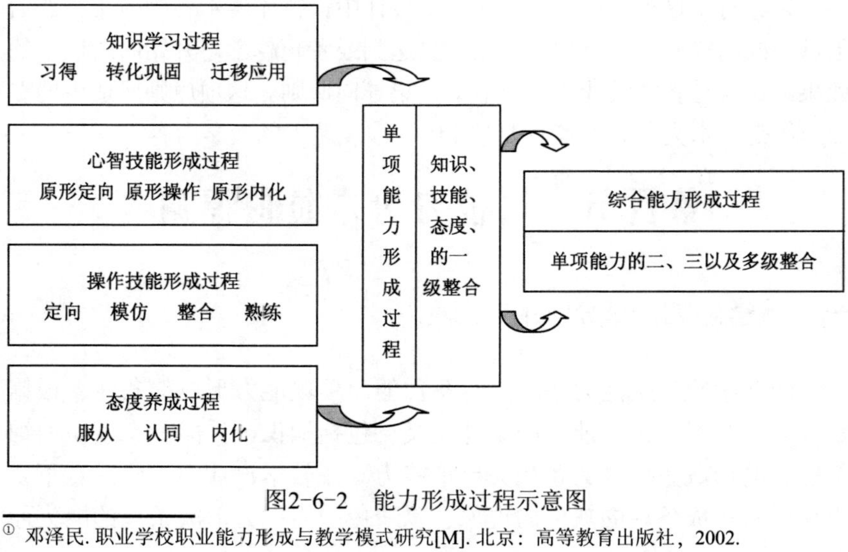

图2-6-2　能力形成过程示意图

① 邓泽民. 职业学校职业能力形成与教学模式研究[M]. 北京：高等教育出版社，2002.

第五节　职业教育传播的原则

教学设计作为一个系统化规划教学系统的过程，需要遵循教育传播的一般规律。目前，教育传播理论研究一般认为，教育传播具有以下且是教学设计必须注意遵循的基本原理①：

一、共同经验原理

教育技术学认为，在学习过程中，知识结构有三种表现形式：①讲授的知识结构；②信息显示与传递结构；③学习者的认知结构（也称为认知图式）。教师与教学编写者的任务就是使这三种表现形式相互协调，关键是把信息显示与传递的结构设计好，才能获得最好的教学效果。从这一原理可以得到以下几个教学编写（制）的原则：

（1）课程与内容排列顺序原则。科学设计课程编排中的先行课程和后续课程、课程内容之间的逻辑顺序、预备知识和新知识的有机联系，都要符合共同检验原理。

（2）概念极其术语、符号规范化和统一原则。一个概念有三个要素：科学含义、边式概念的术语、表示概念和术语的符号。三者统一，是进行学习和交流的前提和必要条件。

（3）媒体辅助原则。学习者不可能对每一件事都能获得直接经验，我们可以运用多种媒体形式进行教学，提高教学效果和教学效率。重要的一点是教学媒体的选择与设计必须充分考虑到学生的经验。

二、抽象层次原理

教育技术学认为，在学习过程中抽象是人类通过对事物的比较、分析、综合和概括等活动得出一类事物的共同性的本质特征，并用概念、范畴、规律等形式固定下来的过程。抽象有不同的层次，一般来讲，可分为三个层次：第一层次为从个别事物中抽出的特征；第二层次为从一类事物中抽出的共同特征；第三层次为从几类事物中抽出的共同特征。抽象层次原理主要应体现在教学设计的以下几个方面：

（1）教学所用的语言、术语、图像等所有呈现信息的符号，都必

① 南国农，李运林. 教育传播学[M]. 北京：高等教育出版社，1995.

须在学生能明白的范围内的各抽象层次上使用，具体与抽象相结合。

（2）教学内容的编排符合循序渐进原则。教学内容要考虑到学习者的预备知识与技能，也就是一门课程的设置要有前面的课程做准备、要和后续课程相衔接。有每个学科构成的整个的知识结构具有严格的系统性、逻辑性。对于由几门学科构成的综合学科，其内容的编排也是如此，也必须有层次相同的预备概念和技能在前面，循序渐进，逐步深入。

（3）恰当运用感性概括和理性概括。只有通过教学的概括，才能使学生认识事物的本质。在教学中一般运用两种基本概括形式，即感性概括和理性概括。感性概括是直观概括，主要是通过感性材料的分析、综合、比较、抽象等进行一系列的信息加工，从形式概括出一类事物的外部特征。在教学中，感性概括主要运用在对现象的描述上。理性概括是在感性概括的基础上，主要通过分析、综合、比较、抽象的一系列的信息加工，进一步揭示一类事物的共同本质特征与内在联系。需要指出的是，感性概括不能自发的转变成理性概括，而必须经过学习者自觉的科学思维，才能完成这种转变，从而达到对事物本质的理想认识。

三、重复作用原理

教育技术学认为，在学习过程中重复作用是指将一个概念在不同的场合或用不同的方式重复呈现。例如，一个单词在不同场合的应用；用声音、图像、文字呈现同一个概念；同一个概念在不同理论层次上，从不同角度进行阐述，以不断深化。

人们认识一个事物，学习一个概念，掌握一种技能，一般都不可能是一次完成的，需要经历一个反复的认识过程。一方面是需要从各个不同的角度、不同的理论层次上去认识；另一方面是需要在发展中去认识。外语教学的经验表明，一个外语单词必须在不同的场合重复八次才能在大脑中达到长时记忆。重复作用的另一个含义是将一个概念用不同的方式重复呈现。如用文字、声音、图像来呈现同一个概念，通过多种感观得到的信息会使人的记忆深刻、长久。

对一门课程的学习也是如此。螺旋式上升的课程体系、课程设置，都是符合重复作用原理的。这里是指有意义重复，而不是简单重复。在技能性课程中，重复作用体现的尤其明显。如操作性技能的获得需要重复训练，一个优秀运动员的任何一个动作都是经过成千上万次的重复训练才练习成功的。根据重复作用原理得到的教学编写（制）的原则是：

（1）“伏笔”重复作用原则。对比较重要概念的讲述，应在此概念出现以前，在适当的地方先埋下“伏笔”，这样在讲到这一概念时就不会使人感到是“从天上掉下来的”。在新概念出现前已结合有关概念的讲述有了一个印象，在正式讲述时就不感到十分难懂。例如，“非晶态结构”是一个新概念，在讲述完整晶体结构时，就可以说在某些特定的条件下还可形成“非完整晶体”，因而还存在“非晶态结构”。这样，正是引入的“非晶态结构”概念对前面的伏笔就是一个重复。

（2）“在不同场合出现”的重复作用原则。最明显的例子是同一个汉语单词或外语单词，在它的不同用法的场合重复出现，既能增强记忆，又能加深理解。对一个概念的讲述也是如此。通过一个概念与其他各相关概念的联系，可从不同的角度去认识，从而可达到对一个概念全面、深刻的理解。练习题是对正文内容以问题形式的一种重复，不同角度练习，是不同问题情境的一种重复，等等。

（3）“以不同方式呈现”的重复作用原则。这一原则是说，以不同的呈现方式来呈现同一个概念，如利用文字符号方式、图像方式或声音方式相配合呈现，可增强感知，加深记忆。在教学过程中，利用幻灯、投影、电视、电影、CAI课件等多媒体配合文字教学，就是以不同方式重复呈现同一个概念，它的良好教学效果已得到广泛证明。

（4）“在不同理论层次”重复作用原则。这是“在不同场合出现”原则的推广，是说同一个概念可从深浅不同的理论层次上去阐述，或从不同的理论角度（如在不同的课程中阐述同一个概念）去阐述。这一般取决于阐述中所用相关知识的理论深度，如对一个概念的定性描述、定量描述，用初等数学工具描述或用高等数学工具描述需视情况而定。一般地讲，通过多种描述会得到更加深刻的理解。

（5）“在不同的教学环节”重复作用原理。为了指导学习者真正全面掌握知识，必须科学、系统地设计知识应用体系，在讲授的基础上，通过科学、系统的练习与实践环节来达到记忆、理解、应用和掌握知识的目的。这就是在不同的教学环节上的重复作用。

四、最小代价原理

教育技术学认为，在学习过程中最小代价原理是指用最少的篇幅、最少的语言、最少的时间、最经济的设备完成教学任务。不同类型的媒体具有不同的教学功能，一般来讲不可互相代替，只能互相补充。如在教师的主导作用和学习者的主体作用下，在共同完成教学任务的基础上，确定（特别是在同一堂课上）使用媒体的种类，争取教学效果最佳，且又最经济。通常，凡能够选用现有的（商品化的）媒体，就不一定要重新编制新的媒体。反之亦然。

五、信息来源原理

教育技术学认为，在学习过程中有权威、有信誉的人说的话，容易被听众接受；知名的专家、教授讲的课、写的书、编制的软件容易被人们接受。根据这一原理，在教学编写（制）中，要选择学术水平较高和有丰富教学经验并从事教学建设的作者写的书或编制的教学软件；审稿也是一样，这样才能保证教学的质量，这是教学的权威性特征。

六、知觉组织原理

知觉组织原理是指学习的过程始于知觉，而知觉是大脑将感观获得的信息转化为有组织的整体的过程。因此，教学必须符合“组织化原理”，才便于感知和理解。最基本的组织方法从形式上说是从背景中辨别学习对象（黑体字、画上点或线等标记，图形分区等）。教学版式或格式设计的目的是突出重要的内容。从内容的内在联系上说，教学应具有逻辑性和系统性，注意利用感知规律组织教学内容。如时常分区规律、刺激强度依存规律、相似规律、毗邻和记忆接近规律、差异与节奏规律等，用以提高教学的“组织化”水平。

知觉组织原理在教学设计中，主要是信息呈现所用符号的选择与配合的问题，在文字形式的教学中主要是文字符号和形象符号以及颜色的选择与配合；在声像教学中，还有声音、颜色和动态显示等的选择与配合。

知觉组织原理在教学设计中的应用，可概括为以下几项原则：

(1) 运用各种标示方法把关键信息与背景（其他信息）区别开来，以引起和增强注意和感知。

(2) 所用信息标示方法和信息呈现方式要适合学习者的特点，即文化水平、年龄特征和经验范围，否则起不到强化感知的作用。

(3) 所用信息标示方法和信息呈现方式要适合教学内容及其特点。

(4) 任何形式的教学都要确定所使用的一种基本符号类型，并辅以其他类型的符号，而任何符号的使用都必须保证信息显示的科学性、规范性和统一性。

(5) 教学内容的组织排列应具有逻辑性和系统性，层次清楚，条理分明，这样有利于感知、记忆和理解。

第七章 职业教育教学设计的基本模式

模式通常是指可以使人模仿的系统化的、稳定的操作样式，它表现为某种规范的结构或者框架。教学设计的模式是经过长期的教学设计实践活动所形成的教学设计的系统化、稳定的操作样式，它用简约的方式，提炼和概括了教学设计实践活动的经验，解释和说明了教学设计的理念和有关理论。教学设计的模式既是教学设计理论的具体化，又是教学设计实践活动的升华，它同时具有理论和实践的特征。

第一节 教学目标的确立

一般教学设计首先关注的问题是学习者学习需求的分析，并在学习需求分析的基础上，形成教学目标。我们之所以在这里直接论及教学目标的确立，是因为在本套关于职业教育设计的丛书中，《职业教育课程设计》已经分析了职业教育院校学生学习的需求。

一、教学目标确立的依据

职业教育目的是由国家依据国家的教育方针决定的。职业教育的培养目标是由国家教育行政主管部门组织职业教育和行业企业专家，在国家教育方针指导下，以教育目的为前提确定的。专业教学目标又由学校组织教学和行业专家，在职业教育培养目标的基础上确定。而课程教学目标则是以实现专业教学目标为前提，以专业培养方案为依据，由相关教研室编制。单元教学目标和课时教学目标又是按照课程教学目标的要求，由任课教师编制，经教研室审定。可见教育目的、培养目标、专业教学目标、课程教学目标、单元教学目标、课时教学目标等都存在着密切地联系，并构成了一个完整的教育教学目标体系，如图2-7-1所示。因此，在教学目标的确立过程中，必须将以培养目标、课程目标等为教学目标确立的依据，把各个教学目标放在整个教育教学目标体系中来衡量它的地位和作用。

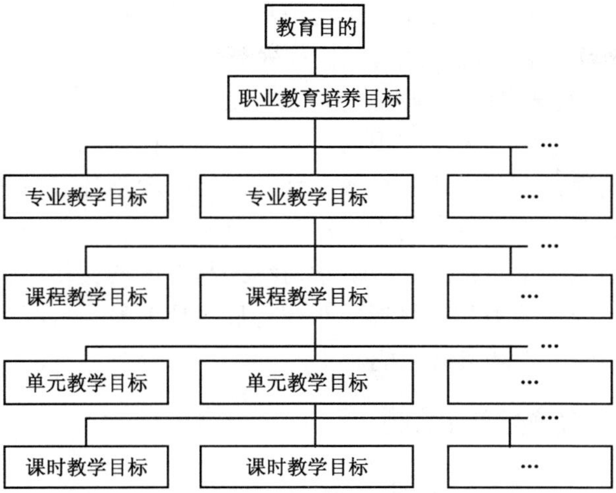

图2-7-1　教育教学目标体系

二、教学目标确立的步骤

职业教育教学目标的确立过程大致可分为专业教学目标的确立、课程教学目标的确立、单元教学目标的确立、课时教学目标的确立、环节教学目标的确立五个步骤。

1．专业教学目标的确立

各专业的教学目标是建立在相应的专业培养方案基础之上的，而运用现代课程理论方法开发的专业培养方案，为专业教学目标的确立提供了明确的目标和内容。所以，确立专业教学目标首先要深入分析专业培养方案，尤其要把握住专业培养目标，然后依据专业培养目标，找出学生存在的差距，确定教学任务，构成专业教学目标。

2．课程教学目标的确立

专业教学目标的实现需要依托各课程教学目标的实现。因此，课程教学目标是通过专业教学目标的科学划分形成的。

3．单元教学目标的确立

教学活动一般以教学单元形式进行。因此，需要编制单元教学目标。职业教育单元教学目标依据课程教学目标划分产生，用职业能力和职业特质描述。

4．课时教学目标的确立

课时教学目标的确立是从已确定的单元教学目标（我们称之为母

目标）开始提问和分析开始，是达成单元教学目标，学习者必须具备的从属职业能力和职业特质（我们称之为子目标）。

5．环节教学目标的确立

在教学过程中，为了实现课时教学目标，根据职业能力和职业特质形成的过程，需要安排多个教学环节。每个教学环节应达到什么样的教学目标对于教学方案的设计也是十分必要的。这些环节教学目标一般包括知识的学习结果、技能学习结果和态度的变化结果，以及三者整合形成职业能力和最终形成职业特质。环节教学目标是按照课时教学目标形成过程环节确立的。

三、教学目标确立的示例

（一）专业教学目标的确立

图2-7-2所示为财务会计专业（注册会计师方向）的教学目标，依据专业培养方案确立，由基本素质、通用（关键）能力、专业能力构成。

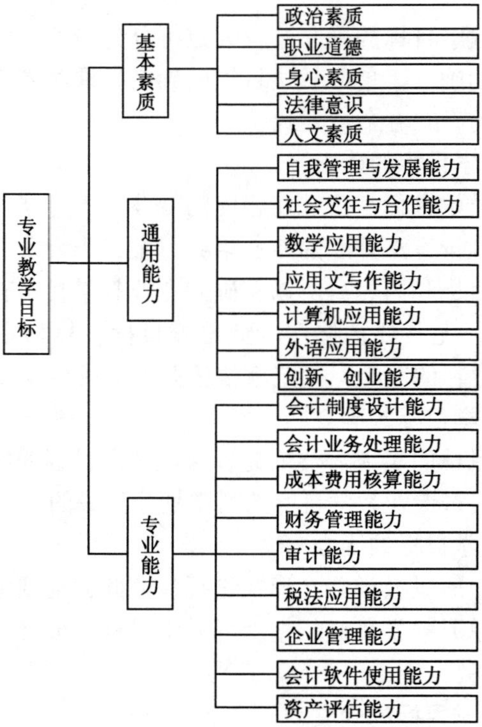

图2-7-2　财务会计专业教学目标

（二）课程教学目标的确立

表2-7-1所示是中级财务会计课程教学目标，依据财务会计专业培养方案和中级财务会计课程标准确立，包括确认、计量、记录、报告会计要素四大目标。

表2-7-1　中级财务会计课程教学目标

课程名称	中级财务会计	
课程目标	确认会计要素的能力	指辨认和确定发生的经济业务是否可以作为会计要素进入会计核算系统的能力。包括会计记录的确认和编制会计报表的确认
	计量会计要素的能力	指确定应予记录的各经济项目金额的能力。计量形式包括：历史成本、公允价值、可变现净值、未来现金流量的现值
	记录会计要素的能力	指在凭证和账簿上记录经济业务的能力
	报告会计要素的能力	指编制资产负债表、利润表、现金流量表的能力

（三）单元教学目标的确立

表2-7-2所示是货币单元教学目标，依据财务会计专业中级财务会计课程标准和授课计划确立，包括职业能力目标和职业特质目标。

表2-7-2　货币单元教学目标

教学单元	货　币	
单元教学目标	职业能力目标	核算现金收支，进行现金日常管理
		进行银行结算
		核算外埠存款、银行汇票存款、银行本票存款、信用证保证金存款、核算信用卡存款、核算存出投资款
	职业特质目标	过程导向的思维
		规范的行为
		数字操作计算准确
		认真谨慎的态度

（四）课时教学目标的确立

表2-7-3所示是记账凭证课时教学目标，依据课程标准和授课计划确立，包括知识、技能、态度，以及职业能力和职业特质目标。

表2-7-3　记账凭证课时教学目标

<table>
<tr><td colspan="2">通过学习，学生能够：
1．依据经济业务填制记账凭证；
2．审核记账凭证</td><td>形成的向确立的记账凭证单节过程导向的思维、规范的行为、数字操作计算准确、认真谨慎的态度</td></tr>
<tr><td>知　识
1．记账凭证的概念与种类；
2．填制记账凭证的方法与要求；
3．记账凭证审核的内容；
4．会计凭证的传递、装订与保管</td><td>技　能
1．填制记账凭证；
2．审核记账凭证</td><td>态　度
1．法律意识；
2．认真态度</td></tr>
</table>

（五）环节教学目标的确立

表2-7-4所示是记账凭证一节的环节教学目标，依据课时教学目标和教学环节确立，包括知识学习目标、技能训练目标、态度养成目标、能力整合目标和特质形成目标。

表2-7-4　记账凭证一节的环节教学目标

阶　段	教学环节	环节教学目标
1	知识学习	1．解释记账凭证概念要点 2．指出记账凭证的构成要素 3．说出记账凭证分类 4．说出收款凭证的填制步骤和要求 5．说出付款凭证的填制步骤和要求 6．说出转账凭证的填制步骤和要求 7．说出记账凭证审核的内容 8．说出凭证在企业或单位内部的传递程序和传递时间 9．说出会计凭证的装订方法及要求 10．陈述会计凭证的保管的有关规定
2	技能训练	1．识别原始凭证 2．收款凭证的填制 3．付款凭证的填制 4．转账凭证的填制 5．记账凭证审核 6．会计凭证的装订与保管
3	态度养成	1．解释相关法律条款，培养法律意识 2．严格按程序操作，培养认真、严谨工作态度
4	能力整合	能够识别各类原始凭证，正确的填制、审核各种记账凭证
5	特质形成	过程的思维、规范的行为、准确的语言、认真的态度

第二节　学习者分析

学习者分析是要找出学习者的背景、学习特性及知识、技能和态度，以了解学习者的学习准备情况及学习风格，为学习任务分析和教学策略制定提供依据。我国的基础教育没有涉及职业，学生进入职业院校学习，职业学习准备不足；基础教育养成的学生学习风格与职业教育期待的学生学习风格差距很大。因此，在职业教育教学设计学习者分析阶段，对学习者进行系统深入的分析就显得更加重要。

一、学习者分析的内容

学习者分析的范畴包含学习者的一般特征分析、学习风格分析和学习者初始能力分析等。各项内容的关系如图2-7-3所示。

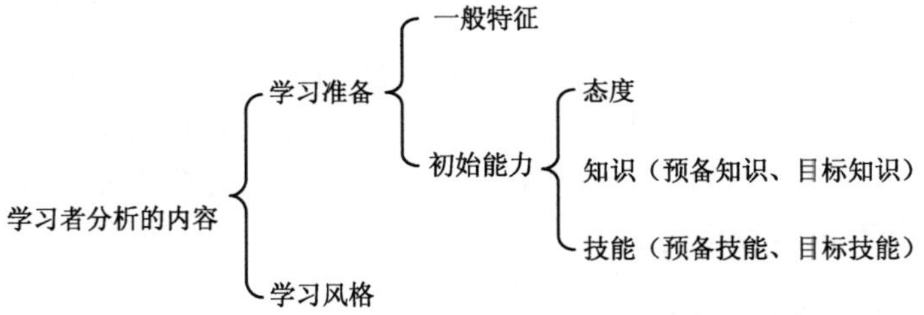

图2-7-3　学习者分析内容结构图

（一）学习准备

学习准备是指学习者为从事新的学习，在生理、心理、职业、社会，以及知识、技能和态度等方面所做的准备。对学习者学习准备的分析包括两个方面：一般特征和初始能力。

1. 一般特征

学习者的一般特征是指对学习者从事学习产生影响的心理、生理、职业和社会的特点，包括学生的年龄、性别、年级水平、认知类型、认知成熟度、学习动机、学习方式与方法、生活与职业经验、经济、文化、社会背景等因素。它们与具体专业内容虽无直接联系，但影响教学设计者对学习内容的选择和组织、影响教学方法、教学媒体和教学组织形式的选择与运用。

2．初始能力

初始能力是指学生在学习某一特定的专业内容时，已经具备的有关能力的基础，以及他们对这些学习内容的认识和态度。态度是指通过学习形成的影响一个人对特定对象做出行为选择的有组织的内部准备状态。初始能力分析的内容包括：①预备能力的分析，即了解学习者是否具备了进行新的学习所必须的生理、心理、职业和社会知识、技能，这是从事新学习的基础。②目标能力分析，在从事新的学习之前，了解学生对目标能力掌握情况的调查工作就是目标能力分析。③学习态度分析，如了解学生对将要学习的内容有无兴趣、对这个专业是否存在偏见和误解、有没有畏难情绪等都是学习态度分析的内容。

（二）学习风格

学习者学习风格分析的内容，根据学习者风格构成要素，可以从五个方面去分析，即学习风格的认知部分、学习风格的情感部分、学习风格的意动部分、学习风格的生理性倾向部分、学习风格的社会性倾向部分五个方面。[①]可以说，学生在基础教育中形成的学习风格，在认知、情感、意动、生理性倾向、社会性倾向五个方面，都不能适应职业教育的专业学习。

二、学习者分析的方法

（一）分析一般特征的方法

了解学习者一般特征的主要方法有科学研究、观察采访、态度调查、查阅学习者的人事或学习档案以及文献法等。这些方法一般是综合起来根据不同的情况灵活运用。

（二）分析初始能力的方法

分析学生的初始能力时，常将目标技能和态度分析合在一起进行。可以采用“一般性了解”的方法，也可以将“一般性了解”和“预测”两种方法结合起来使用。所谓“一般性了解”，其实就是在学生开始新内容的学习之前，通过分析学生以前学习过的内容、查阅考试成绩，或与学生、班主任及其他任课教师谈话等方式，获得学生掌握预备知识、技能和态度，以及目标知识、技能和态度情况的一种方法。“预测”是

① 谭顶良. 学习风格论[M]. 南京：江苏教育出版社，1995.

在一般性了解的基础上，通过编制专门的测试题，测定学生掌握预备知识、技能和态度，以及目标知识、技能和态度情况的一种方法。与一般性了解相比，这种方法的优点是比较客观、准确。

（三）分析学习风格的方法

学习者学习风格的分析一般通过“学习风格测定表”来测量。这种测量表实际上是一种态度量表，含有一系列意见陈述。例如，我喜欢一个人自学；我喜欢下午做作业；我喜欢在做中学；我在安静的环境中学习效果最好；我记得最牢的是那些我听到的事情，等等。态度量表要求学习者根据自己的学习情况，对每一条陈述的意见做出适当的反应，如在上述意见前面写上：“适合本人情况”或“不适合本人情况”。

（四）学习者特征综合分析

为了全面掌握学习者的特征，指导进行进一步的教学设计，需要把学习者的一般特征、初始能力和学习风格进行综合分析。学习者特征综合分析一般可采用学习者特征综合分析表进行。学习者特征综合分析表如表2-7-5所示。

表2-7-5　学习者特征综合分析表

序　号	指　标		数据来源	学习者特征
1	一般特征	生理特征	访谈目标学习者、有关人员、前测	
		心理特征		
		职业性特征		
		社会性特征		
2	起点能力	起点知识	访谈目标学习者、管理人员、前测	
		起点技能	访谈目标学习者、管理人员、前测、实际环境下观察	
		起点态度	访谈问卷观察	
3	学习风格	认知风格	访谈问卷观察	
		情感风格	访谈问卷观察	
		意动风格	访谈问卷观察	
		生理性倾向		
		社会性倾向	访谈问卷记录	
4	综合特征	对教学系统的态度	访谈问卷观察	

三、学习者分析的示例

我国的职业学校和职业学院一般招收初中和高中毕业生。年龄一般在十五六岁到十七八岁，为青年初期。这是人的一生中身心发展最快的时期，也是各年龄发展阶段中的最佳时期，故称人生的黄金时期。

（一）一般特征分析

有关接受职业教育的初、高中毕业生的一般特征，有许多研究成果。可以应用文献法方便地分析他们的生理、心理和社会特征。

1．生理发展的特征

年龄十五六岁到十八九岁，在生理的发展上处于青春发育期。一个人的一生要经历两次生长发育高峰期，一次是出生后的第一年，另一次就是青春发育期。一般说来，女生从十一二岁到十五六岁，男生从十三四岁到十七八岁，正处于这一阶段。青春发育期生理上变化多端，发展迅猛，主要有包括体形、内脏和性在内的三大变化。

（1）身体外形剧变。由于内分泌的发育，四五年之内，身体外形发生急剧变化，身高、体重、胸围、头围、肩宽、骨盆等都加速增长，骨架粗大，肌肉壮实，外形、外貌以及外部行为动作也随之变化。特别是身子突然窜高，每年可长6～8 cm，甚至10～11 cm；体重迅速增加，每年可增5～6 kg，甚至8～10 kg。

（2）体内机能增强。人体内各种器官和组织的各种机能在青春发育期迅速增强，逐步趋向成熟。心脏的发育，从心脏形体、恒定性、血压、脉搏等指标变化来看，日渐接近成人，大致在20岁以后趋向稳定。12岁前后开始肺发育得又快又好，男生到十七八岁，女生到十六七岁，肺活量可以达到或接近成人。肌肉发达，骨骼增粗。特别是脑和神经系统的发育最快，脑的重量和容积12岁时已经接近成人，十三四岁时脑已基本成熟，大脑皮质的沟回组织已经完善、分明，神经元细胞也完善化和复杂化，神经系统的结构与机能几近成人，大脑兴奋与抑制过程逐步平衡，到十六七岁后则能协调一致，第二信号系统逐步占据优势，并在概括与调节作用上显著发展。

（3）性的发育成熟。人体内部发育成熟最晚的部分是性的器官与机能。性的成熟则标志着人体全部器官接近全部发育成熟。性的成熟给他们的心理发展带来重大的变化，使他们感到自己长大了，是大人了。

2. 心理发展的特征

这个时期，学生的心理具有过渡性、闭锁性、社会性和动荡性四个特点。而从教育与发展的视角审察，职业学校学生心理发展主要表现为两大特征。

（1）智力飞跃发展。身体的迅速发育，特别是脑和神经系统的结构与机能的迅速发展，为心理的迅速发展提供了必要的生理基础，学习因此得到有力的促进。随着年龄的增大，体内机能的增强，社会实践的增加，学生包括口头言语、书面言语和内部言语在内的言语必然得到很大的发展。言语（特别是内部言语）的发展，势必促进思维的发展，促进智力的开发。思维开始从经验型走向理论型。他们逐步摆脱对感性材料的依赖，应用理论来指导抽象思维活动，发展了思维的深刻性，出现了思维的独立性和批判性，表现为喜欢独立思考、寻根究底和质疑争辩，思维日趋成熟。思维力是智力的核心。思维力的发展，促进观察力、记忆力、联想力和想象力的同步发展，使整个智力水平都得到飞跃式的提高。

（2）个性逐步形成。随着身体的发育和智力的发展，职业学校学生的个性逐步形成。个性心理包括动机、兴趣、理想、信念、世界观等个性意识倾向性和能力、气质、性格等个性心理特征。其中，世界观是个性意识倾向性的集中表现，反映人对世界的根本看法，影响着人的整个精神面貌。世界观由萌芽到初步形成。当然，它还不成熟，也不稳定，具有很大的可塑性。就总体而言，职业学校学生是朝气蓬勃，天真活泼，热情奔放，奋发向上的。

3. 社会性发展特征

除了具有青春期所特有的生理、心理上的特征以外，职业学校的学生在社会性方面还有着更加突出的特点和表现。

（1）成人感特别强烈。职业学校的学生大都比同龄人更早地体会到“自立”的需要。他们都自觉不自觉地把自己看成是“大人”了。因为不久,他们就要工作和独立谋生，由此引发的“成人感”就比同龄人更明显、更强烈。许多同学开始用“世俗”的眼光打量社会，甚至模仿成人的行为来处理人际交往。

（2）就业焦虑感突出。职业学校的培养目标是培养技能人才，即增强岗位适应性，简单地说，就是为了顺利就业。因此，在许多同学的发展目标中，就业是首要的。但由于社会发展的迅速，就业竞争的激烈，加上个人价值观还未稳定，许多同学面对“我要干什么?”“我能干什么?”“我怎么才能就业?”等问题存在着许多困惑，出现一种面对就业挑战的焦虑感。

(3) 事业的信心不足。在职业学校中，有的同学因为在初中或高中的学习成绩不够理想，所以对学习失去了兴趣和信心；还有的同学错误地认为读职业院校不会有什么大出息，因而也不需要努力奋斗。总之，各种各样的因素使一些同学进取心上不够积极和主动，对实现自我价值的追求不够强烈。

(二) 初始能力分析

由于我国的职业院校基本上采用全国或地方统一的中考或高考形式招收学生，而基础教育的课程标准对初、高中毕业生具体的能力要求。因此，可以通过研究初、高中课程标准，结合中考与高考的大纲以及开始成绩等来分析学生的初始能力。

我国在2000年颁布了《全日制普通高级中学课程计划（试验修订稿)》和《全日制普通初级中学课程计划（试验修订稿)》。对我国初、高中培养目标和课程设置进行了设定。《全日制普通高级中学课程计划（试验修订稿)》中，设定的培养目标和课程设置情况如下:

1. 培养目标

普通高中教育是与九年义务教育相衔接的高一层次基础教育。普通高中教育要进一步提高学生的思想道德、文化科学、劳动技能、审美情趣和身体心理素质，培养学生创新精神、实践能力、终身学习的能力和适应社会生活的能力，促进学生个性的健康发展，为高等学校和社会各行各业输送素质良好的普通高中毕业生。

(1) 热爱社会主义祖国，拥护中国共产党，了解中国历史和国情，对国家和民族具有责任感，初步形成正确的世界观、人生观和价值观。具有民主和法制精神，学习行使公民权利和履行公民义务；积极参与社会公益活动；具有自觉保护环境的意识和行为；具有集体意识和合作精神；具有参与国际活动和国际竞争的意识；具有独立生活的能力；形成健全的人格。

(2) 具有适应学习化社会所需要的文化科学知识；形成独立思考、自主学习的能力；具有科学精神，形成科学态度，学会科学方法；

能够利用现代信息技术手段进行学习，解决问题；进一步发展创新精神和实践能力，逐步形成适应学习化社会需要进行终身学习的能力。

(3) 具有健康体魄和身心保健能力，养成自觉锻炼身体的习惯，掌握科学的锻炼方法；具有良好的心理素质；形成文明健康、积极向上的生活方式。

(4) 树立健康的审美观，养成健康的审美情趣，对自然美、社会美、科学美和艺术美具有一定的感受力、鉴赏力、表现力和创造力。

(5) 具有与社会生活相适应的职业意识、创业精神和一定的择业能力，形成一定的劳动技能和现代生活技能，能够对自己的生活和发展做出恰当的选择。

2. 课程设置

普通高中必修课设有思想政治、语文、数学、外语（英语、俄语、日语等语种）、物理、化学、生物、历史、地理、信息技术、体育和保健、艺术以及综合实践活动。选修课设有数学、物理、化学、生物、历史、地理、信息技术7门学科，以及地方和学校根据学生兴趣要求和发展需要所开设的课程。

3. 平面向量

考试内容：

向量、向量的加法与减法、实数与向量的积、平面向量的坐标表示、线段的定比分点、平面向量的数量积、平面两点间的距离、平移。

考试要求：

(1) 理解向量的概念，掌握向量的几何表示，了解共线向量的概念。

(2) 掌握向量的加法和减法。

(3) 掌握实数与向量的积，理解两个向量共线的充要条件。

(4) 了解平面向量的基本定理，理解平面向量的坐标的概念，掌握平面向量的坐标运算。

(5) 掌握平面向量的数量积及其几何意义，了解用平面向量的数量积可以处理有关长度、角度和垂直的问题，掌握向量垂直的条件。

（6）掌握平面两点间的距离公式，以及线段的定比分点和中点坐标公式并能熟练运用；掌握平移公式。

2．集合、简易逻辑

考试内容：

集合、子集、补集、交集、并集。

逻辑联结词、四种命题、充分条件和必要条件。

考试要求：

（1）理解集合、子集、补集、交集、并集的概念，了解空集和全集的意义，了解属于、包含、相等关系的意义；掌握有关的术语和符号，并会用它们正确表示一些简单的集合。

（2）理解逻辑联结词“或”“且”“非”的含义；理解四种命题及其相互关系；掌握充分条件、必要条件及充要条件的意义。

3．函数

考试内容：

映射、函数、函数的单调性、奇偶性。

反函数、互为反函数的函数图像间的关系……

通过对进入职业院校学生学习初始能力的分析，可以发现在职业方面，他们没有任何准备，无论是在认知上还是情感上。

（三）学习风格分析

应用Felder的学习风格测试表，对财务会计专业（注册会计师方向）的学生进行抽样测试。Felder的学习风格测试表如表2-7-6所示。

表2-7-6　Felder的学习风格测试表

学习风格类型调查	
1．我可以更好地理解某些事物 （a）如果我尝试过（b）经过完整的思考	2．我更愿被认为 （a）很现实（b）有创意
3．当我想到昨天我做过的事情，我通常会想到 （a）一幅图（b）文字	4．我倾向于 （a）理解某个事物的所有细节，但是对整体结构难以把握 （b）理解整体结构但是可能忽视细节
5．当我学习新的事物，这样的方式可能对我有帮助 （a）谈论（b）思考	6．如果我是一名教师，我更愿讲授这样的课程 （a）关系到事实和生活现状 （b）与思想和理论相关
7．我倾向于用如下方式获得新的信息 （a）图片、图表、示意图或者地图 （b）书面的指南或者口头信息	8．一旦我理解了 （a）所有的部分，我就会理解一件事情的整体 （b）整体事物，我会理解局部的特性

学习风格类型调查	
9. 一个学习小组正在面对一个困难的问题时，我更倾向于： (a) 加入其中并贡献自己的想法 (b) 坐在后面仔细听	10. 我发现更容易 (a) 学习事实 (b) 学习概念
11. 在有很多图表的书中，我可能会 (a) 把所有的图表仔细看过 (b) 更关注其中的文字	12. 如果我尝试解决数学问题 (a) 通常是一步步地找到自己的答案 (b) 通常先看看答案，然后想办法找出解决的步骤
13. 在我参与的课堂上，我通常 (a) 想办法认识所有的同学 (b) 很少认识大部分的同学	14. 在选择非小说读物时，我倾向于 (a) 那些告诉我事实或如何做事的 (b) 那些给我新思路或启发我思考的
15. 我喜欢这样的教师 (a) 提供很多图表 (b) 花很多时间解释	16. 当我分析一个故事或小说的时候 (a) 我会思索那些情节然后尝试找到其中的模式 (b) 我会在阅读完就会知道其中的模式，但还可能不得不回头去找相关的情节去印证
17. 当我面对一个课业中的问题时，我通常会 (a) 立刻开始尝试去解答 (b) 先尝试完全理解问题	18. 我更喜欢这样的思路 (a) 确定无疑的 (b) 理论性的
19. 我最能够记住的是 (a) 我看见过的 (b) 我听到过的	20. 对我来说一个教师更重要的是 (a) 能把各种材料按照清晰的顺序排列出来 (b) 给出整体的图景和相关的其他主题材料
21. 我倾向于这样的学习 (a) 在一个学习小组中 (b) 独立	22. 我可能被认为是 (a) 对我的工作细节很关注 (b) 对如何工作有创意
23. 当我到达一个新地方想寻找方向，我倾向于 (a) 一个地图 (b) 书面的指南	24. 我通常这样学习 (a) 以相对固定的节奏。如果我学习努力，我就可以“掌握” (b) 断断续续，可能有时候大惑不解，然后突然顿悟
25. 我宁愿首先 (a) 自己尝试过 (b) 思考妥当我如何做	26. 如果我纯粹为了娱乐阅读，我喜欢作者 (a) 清晰地说明他们想要表达的内容 (b) 用创造性的有趣方式说出某些事物
27. 我在课堂上看到图表或框架图，我可能会记住 (a) 这幅图 (b) 教师的解释	28. 当考虑很多信息时，我可能会 (a) 关注于细节而不在意整体 (b) 尝试先理解大的框架，然后才了解细节
29. 我更容易记住 (a) 我做过的某些事情 (b) 我思索很久的事情	30. 当我必须要完成一个任务时，我更倾向于 (a) 掌握现有的能够完成的方法 (b) 寻找一种新的方法

续表

学习风格类型调查	
31. 当有人向我介绍他的想法，我更喜欢 (a) 图形和图表 (b) 文字的总结	32. 当我写一片论文时，我更有可能 (a) 思考或写出文章的开头，然后逐步推进 (b) 思考或写出文章的不同部分，然后再排序
33. 当我必须在一个群体项目中参与，我首先想 (a) 做一个群体的头脑风暴，让每个人都能够出主意 (b) 独自头脑风暴，然后在集合比较	34. 我认为如何描述某人算是褒扬 (a) 很敏感 (b) 很有幻想
35. 当我在聚会中碰到很多人，我可能会记住 (a) 他们的长相 (b) 他们所说的话	36. 当我学习一个新的主题，我倾向于 (a) 集中在该主题，然后尽可能学习我能够学到的东西 (b) 尝试寻找这个主题和其他相关主题的联系
37. 我可能会被认为 (a) 外向 (b) 内向	38. 我喜欢这样的课程 (a) 直观的材料（数据，事实） (b) 抽象的材料（概念，理论）
39. 为了娱乐，我倾向于 (a) 看电视 (b) 读书	40. 一些教师喜欢用一个框架来展开自己的课程的覆盖范围，这样的框架 (a) 对我作用不大 (b) 对我很有用
41. 对学习小组共同完成课程作业，并按照小组给所有成员相同的分数的方法 (a) 我喜欢 (b) 我不喜欢	42. 当我在做一种较大的计算工作时 (a) 我会愿意尝试重复所有的步骤，而且仔细检查 (b) 我发现作检查的工作非常难过，只能强迫自己做
43. 我可能会在用图画描绘我去过的地方时 (a) 轻松而且精准 (b) 有困难，不能追究细节	44. 当我在一个团队内解决问题时，我可能会 (a) 思考解决过程的所有步骤 (b) 思考可能的结果或更大范围的应用

通过抽样测试，得到财务会计专业（注册会计师方向）的学生Felder学习风格测验结果如表2-7-7所示。

表2-7-7　Felder学习风格测验结果统计表

积极主动/深思熟虑			感觉型/知觉型			视觉型/听觉型			循序渐进/总体统揽		
问题	(a)	(b)	问题	(a)	(b)	问题	(a)	(b)	问题	(a)	(b)
1	29	21	2	19	31	3	29	21	4	17	33
5	21	29	6	46	4	7	30	20	8	29	21
9	35	15	10	42	8	11	25	25	12	28	22

续表

积极主动/深思熟虑			感觉型/知觉型			视觉型/听觉型			循序渐进/总体统揽		
问题	(a)	(b)	问题	(a)	(b)	问题	(a)	(b)	问题	(a)	(b)
13	33	17	14	24	26	15	30	20	16	35	15
17	18	32	18	33	17	19	39	11	20	12	38
21	17	33	22	32	18	23	35	15	24	13	37
25	28	22	26	14	36	27	37	13	28	18	32
29	34	16	30	35	15	31	27	23	32	38	12
33	39	11	34	34	16	35	30	20	36	33	17
37	25	25	38	38	12	39	37	13	40	30	20
41	26	24	42	34	16	43	28	22	44	22	28
每个栏目的总数											
	(a)	(b)		(a)	(b)		(a)	(b)		(a)	(b)
	305	245		351	199		347	203		275	275
大数减小数的结果											
		60			152			44			0

注：①积极主动型、深思熟虑型：前者喜欢通过一些活动和尝试来学习，如讨论、提问、解释等；后者习惯于通过思考来学习。②感觉型/知觉型：前者倾向于学习事实性内容；后者喜欢发现事物的发展可能性及其相互关系。③视觉型听觉型：前者善于记住他们所看到的东西，如图片、图表、电影等；而后者对书面和口头语言特别敏感。④循序渐进/总体统揽：前者喜欢按照一定的程序一步一步地解决问题；后者喜欢以跳跃式、顿悟式形式从总体上解决问题。

从学生风格测试的结果可以看出：①喜欢通过一些活动和尝试来学习的学生多于通过思考来学习的学生；②倾向于学习事实性内容的学生多于喜欢发现事物的发展可能性及其相互关系的学生；③善于通过情景记忆的学生多于通过书面或口头语言来记忆的学生；④循序渐进学习和总体统揽学习的学生数，基本相同。

第三节　学习任务分析

学习任务分析是对学生从初始能力（教学之前具有的相关知识、技能和态度）转化成教学目标所规定的能力所需要学习的所有从属先决知识、技能和态度以及各项先决知识、技能和态度之间的纵向和横向的关系进行详细剖析的过程。其核心内容是为了实现总的教学目标，学生必须完成哪些学习任务。

一、学习任务分析的范围

由于职业教育教学目标由知识、技能、态度、职业能力和职业特质目标多个层次构成，学习任务分析的范围也就包括知识层面学习任务分析、技能层面学习任务分析、态度层面学习任务分析、职业能力层面的学习任务分析和职业特质层面的学习任务分析。

二、学习任务分析的步骤

学习任务分析以学生的学习结果为起点，并以学习起点为终点，是一个逆向分析过程。即学习任务分析从学习需要分析所确定的总的教学目标开始，通过反复提出“学生要掌握这一水平的能力，需要预先获得哪些更简单的能力”这样的问题，并一一回答，一直分析到学生已具有的初始能力为止。

1．学习内容的确定

职业教育的教学目标是职业能力和职业特质目标，职业能力是完成工作任务所需要的知识、技能和态度，职业特质是从事这一职业的卓越者具有的职业思维、职业行为、职业语言和职业情感等。这样，根据教学目标和职业能力与职业特质的内涵，可以确定出学习内容的范围，即教学中包括什么，不包括什么。

2．先决条件的分析

先决条件分析就是把职业能力和职业特质形成过程中的每一个步骤都作为一个终极目标，然后具体分析学生在完成终极目标之前需要掌握哪些从属的先决知识、技能、态度、单项能力或综合能力，形成哪些职业特质。如果学生还没有掌握这些先决条件，那么它们就成为使能目标，使能目标可能又需要从属的先决条件……这样依次分析下去，从属的先决条件越来越简单，直到它们是学生已经掌握的知识、技能或态度为止，这样就找到了教学起点，而这些先决条件构成了学习的内容。

3．学习内容的组织

为了学生最终能够形成职业能力和职业特质，职业教育专业学习内容的组织一般需要遵循职业活动的逻辑顺序、能力形成的心理逻辑顺序、学习动机发展的心理逻辑顺序。因此，职业教育学习的内容组织，一般应以任务驱动的形式组织。通过完成他们将从事的工作任务，来学习知识，训练技能，养成态度，形成职业能力和职业特质。

三、学习任务分析的评价

选择并安排了学习任务以后，需要对学习任务做初步评价，以检验学习任务能否为实现总的教学目标服务。初步评价的工作应该从下面几方面进行：①选定的学习任务是否能满足实现教学目标的需要；②安排的学习任务结构是否符合职业活动的逻辑顺序、能力形成的心理逻辑顺序和学习动机发展的心理逻辑顺序；③选择的学习任务本身及其结构安排是否符合学生的心理发展水平和心理结构构建结构；④选择的学习任务是否贴近社会、贴近工作和贴近学生的生活实际等。

四、学习任务分析的示例

（一）专业学习内容分析

职业教育专业学习内容分析已经在职业教育的课程设计中完成，形成了专业培养方案。具体内容和方法详见本套丛书的《职业教育课程设计》一书。

（二）课程学习内容分析

职业教育课程学习内容分析也已在职业教育的课程设计中完成，形成各类课程标准、实训大纲、实习大纲等。

（三）课时学习内容分析

教学科目中级财务会计中，“填制、审核记账凭证”一节课的教学目标如表2-7-3所示。根据其教学目标，通过分析可得到本节的学习内容，如表2-7-8所示。

表2-7-8　课时学习内容分析

一、知识学习
（一）记账凭证的概念
记账凭证是指会计部门根据审核无误的原始凭证填制的，用来记载经济业务的简要内容，确定会计分录，并作为登记账簿直接依据的会计凭证。
（二）记账凭证的基本内容
1．记账凭证的名称；

续表

2．填制记账凭证的日期和凭证编号；
3．会计科目、借贷方向和金额；
4．经济业务内容、摘要；
5．所附原始凭证张数；
6．制单、审核、记账、会计主管等有关人员的签名或盖章，收、付款凭证还应有出纳人员的签名或盖章。
（三）记账凭证的种类
1．记账凭证按反映经济业务的内容分类：
（1）收款凭证（现金收款凭证和银行收款凭证）；
（2）付款凭证（现金付款凭证和银行付款凭证）；
（3）转账凭证。
2．记账凭证按填制的方式分类：
（1）单式记账凭证；
（2）复式记账凭证。
3．记账凭证按其是否经过汇总分类：
（1）汇总记账凭证；
（2）非汇总记账凭证。
总结：实际工作中多数单位使用：收款凭证、付款凭证、转账凭证三种（或五种）复式记账凭证；汇总记账凭证涉及账务处理程序知识，本教材最后介绍。

二、技能学习
（一）收款凭证的填制
案例引入：大华公司，2005年11月25日销售给方大公司机床5台，每台单价2 000元，增值税率17%。大华公司开具增值税专用发票并收到银行收款通知。
填制示范：（步骤与要求）
1．应借科目：填写“银行存款”；
2．日期：填写业务发生日期，即“2002年11月25日”；
3．字号：填写“银字20号”（银行存款收款和付款在一个月内按业务发生的时间顺序连续编一套号码，即银字1-X，假定为第20号；现金收款和付款在一个月内按业务发生的时间顺序连续编一套号码，即现字1-X）；
4．摘要：填写：“销售机床5台”（摘要应与原始凭证的内容一致，能正确反映经济业务的主要内容，表述简短精练，文字清晰规范）；
5．应贷科目：总账科目，第一行填写“主营业务收入”，第二行填写“应交税金”；明细科目，第一行填写“机床”，第二行填写“应交增值税—销项税额”（会计科目必须按会计制度统一规定填写，不能任意简化或改动）；
6．金额：第一行填写“10000”元，第二行填写“1700”元（记账凭证所填金额必须与原始凭证金额相同）；
7．合计金额：填写“11700”元，在“万”前一位，即“十”位填写“￥”封口，并将空白行从右上角向左下角（￥的上行位置）划斜线注销；
8．附件：填写“2”张（除结账和更正错误的记账凭证外，记账凭证必须附有原始凭张数，以便查核）；
9．签名或盖章：制单加盖“填写制人章”，审核加盖审核人章，即“左桂云”，会计主管加盖会计主管人章，即“苏启立”，其他分别签名或盖章。

续表

（二）付款凭证的填制 案例引入：大华公司，2005年11月26日从新胜公司购入钢材2 000 kg，单价20元，增值税率17%，签发转账支票一张。新胜公司开具增值税专用发票。 填制示范：（步骤与要求） 1．日期、字号； 2．摘要、应借科目、应贷科目、金额； 3．签名或盖章、附件。 （三）转账凭证的填制 案例引入：大华公司，2005年11月28日从新胜公司购入的钢材验收入库并结转入库材料实际成本。 填制示范：（步骤与要求） 1．日期、字号； 2．摘要、应借科目、应贷科目、金额； 3．签名或盖章、附件。 （四）记账凭证的审核内容 1．记账凭证所附原始凭证是否齐全； 2．填制内容是否完整，金额是否正确； 3．摘要是否符合规定； 4．会计分录是否正确； 5．编号有无重号、漏号现象； 6．关人员应在凭证规定的位置签章。 （五）会计凭证的传递、装订与保管 1．会计凭证的传递； 2．会计凭证的装订； 3．会计凭证的保管。
三、态度养成 1．相关法律条款； 2．违规、出错案例分析。
四、模仿、整合训练 填制、审核各类凭证。

第四节　教学策略的制定

教学策略是对完成特定的教学目标而利用的教学时间、教学程序、教学组织、教学情景、教学方法和教学媒体等因素的总考虑。因此，教学策略的制定应从教学目标出发，在系统理论、学习理论、教育传播理论和教学理论的指导下，针对学习内容和教学对象的特点，在时间、程序、组织、情景、方法与媒体等多个维度上，对教学活动做出科学的安排。

一、教学时间的确定

从心理学的角度看，时间是学生学习过程中的一个决定性因素。从教育学的角度看，时间是一种重要的教育资源。教学活动总是在一定的时间内进行的，教学时间是影响教学活动的一个重要因素，控制和改变教学时间在一定程度上也就意味着控制和改变教学活动。因此，在教学实践中，了解、研究教学时间，并根据教学需要对教学时间进行合理分配和控制，是教学设计的一项重要内容。

1．依据教学的任务确定教学时间

教学任务应较为均匀地被分配到整个教学过程中去。每一节或每一单元，能力目标一般不超过两个，而基本概念不超过三个。这是由人对学习的管理能力所决定的。

2．依据学习者特征确定教学时间

学习者的生理、心理、社会特征，学习者的初始能力，以及学习者的学习风格也都不同程度地影响着教学时间的长短。因此学习者的特征是教学时间分配的另一重要依据。

3．依据学习的规律确定教学时间

首先，对学习规律的研究表明，知识的掌握、品性的养成、技能的形成以及迁移、整合、类化都是具有一定规律性的，特别是每个环节需要的时间是不同的。因此，在教学活动时间安排上，需要遵循学生的认知规律，符合学生特有的认知要求，才能获得满意效果。第二，各个学习环节的学习成果具有一定的时效性。比如，知识习得后，其记忆是短暂的，如不及时转化、应用就会被遗忘。所以知识习得后，必须注意及时转化、应用，才能结合到原有认知结构中去，进行有效地保持。其他学习环节间也是如此。因此，教学时间安排需要考虑学习环节间的关系。这对教材的章节内容多少和章节之后的学习活动，诸如作业等提出了要求。第三，根据美国心理学家布卢姆的掌握学习理论，对学生学习成果的及时反馈、检查是十分重要的，因为错误的认知，常常产生负迁移。因此，教学活动的时间安排，应尽量在负迁移产生之前纠正错误的认知。

4．依据教学的资源确定教学时间

教学时间的分配除了依据教学任务和学习的规律之外，教师、教学方法、教学设施、设备也是教学时间分配的重要依据。所以，在教学时间分配上，一般假设是：合格的师资、得当的教学方法、一般学校具备的教学设施和设备。

二、教学程序的设计

职业教育教学程序设计包括专业教学流程设计、课程教学流程设计和单节教学流程设计。

（一）专业教学流程设计

专业教学流程从学生专业教育开始，到完成学业的全过程。专业的教学流程可以分为：明确专业培养目标，展望职业生涯；开展专业学习，完成各类教学活动；进行毕业考核，顺利实现就业，具体如图2-7-4所示。

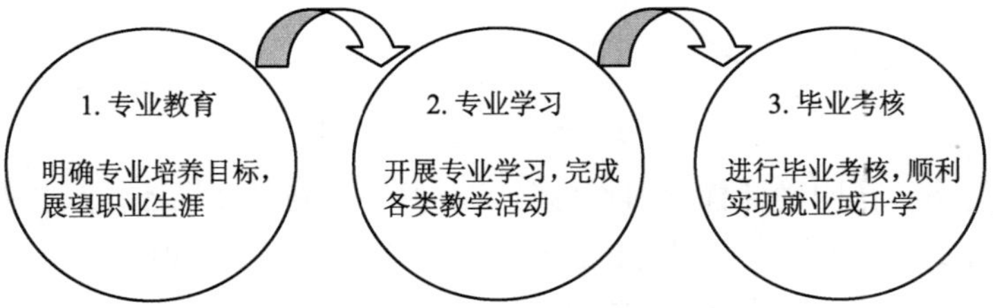

图2-7-4　专业教学流程

其中，明确专业培养目标对于学生开展专业学习是十分重要的，但目前人们普遍没有注意这个问题，即使注意了也只在专业教育阶段笼统地介绍一下专业培养目标，实际上是不够的。奥苏泊尔曾提出组织者先行理论，实际上，目标也需要先行，并且要具体明确。这无论是加涅，还是耐特都进行过有关的论述。加涅提出教学活动的九个方面：①引起注意到；②告诉学生目标；③刺激对先前学习的回忆；④显示刺激材料；⑤提供学习指导；⑥诱发学生行为；⑦提供反馈；⑧评定行为；⑨促进记忆和迁移。[①]也把学习目标放在了教学的开始，展望职业生涯，对于学生了解自己未来的职业人生，激发学习热情是不可缺少的。这对于学习动机发展来说，是设置形成条件又是激发的过程。

① R.M.加涅. 教学设计原理[M]. 上海：华东师范大学出版社，1999.

（二）课程教学流程设计

课程教学流程覆盖从学生开始学习本课程，到通过本课程考试的全过程。课程的教学流程设计可分为明确课程学习目标、开展教学、学习结果评价三个阶段，具体如图2-7-5所示。

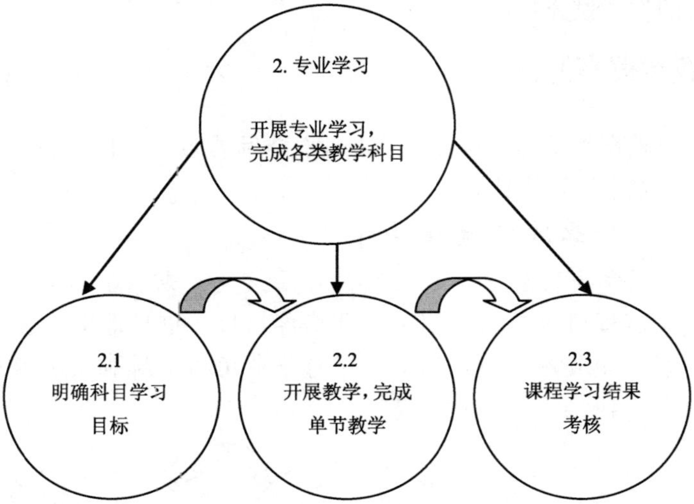

图2-7-5　课程教学流程

其中，在明确课程学习目标时，不但要做到目标描述的具体明确，而且需要说明本课程学习目标在整个专业培养方案中的地位和作用。

（三）单节教学流程设计

这里的单节，不是指一个课时，可以是两个课时或两个以上的课时。这种课的教学流程设计首先需要遵循职业活动逻辑顺序，然后充分发挥能力形成和学习动机发展的心理逻辑特点，培养不同职业活动所要求从事这种职业活动的人的思维特质和以提高职业教育教学的效能。单节教学的教学程序根据教学需要可设计成以下几种不同的程序：

1. 职业活动过程导向的教学程序设计

如果职业活动过程是事先就固定下来的，那么教学开始就明确职业活动过程，然后从头到尾逐个环节开展教学，使得教学过程与职业活动过程一致起来，可以提高职业教育的教学效能。

职业活动过程导向的教学程序包括四个阶段：分别是向学生展示学习目标（包括具体内容、标准、作用）；向学生描述职业活动完整过程由哪些环节构成，每个环节的作用如何、要求如何，各环节间存在什么样的关系；按各环节在职业活动过程中的先后顺序开展学习，若某环节学习不适宜现在学习，可以放在后面学习；最后对职业活动结果进行评价、对学习目标实现情况进行评价，具体如图2-7-6所示。

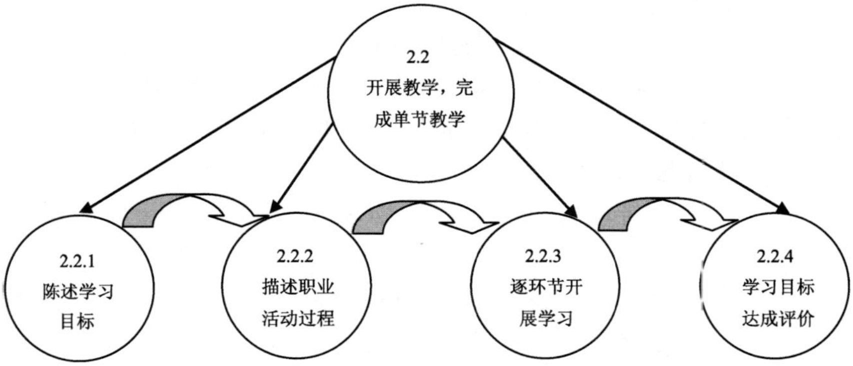

图2-7-6　职业活动过程导向的教学程序

2．职业活动情景导向的教学程序设计

如果职业活动过程事先难以确定，每个环节可能出现多个情景，那么教学开始可以明确可能出现的职业情景，然后从简单到复杂逐个讨论在不同的职业情景下，采取哪些恰当的职业行为，使得教学情景与职业活动情景一致起来，从而提高职业教育的教学效能。

职业活动情景导向的教学程序包括四个阶段：分别是向学生展示学习目标（包括具体内容、标准、作用）；向学生描述可能出现的各种职业情景；逐情景开展学习，按每种情景对职业行为的要求标准、规范进行评价，以保证职业活动顺利和任务完成的质量；最后对职业活动结果进行评价、对学习目标实现情况进行评价，具体如图2-7-7所示。

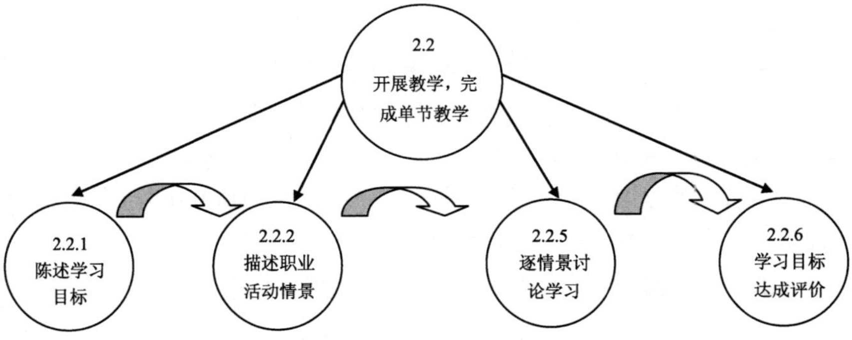

图2-7-7　职业活动情景导向的教学程序

3．职业活动效果导向的教学程序设计

当职业活动的过程和情景事先无须确定，而要求达到某种效果时，那么教学开始应展示职业活动要达到的效果，然后讨论提出可能方案，最后落实方案，这样可以有效地培养学生的发散思维。

职业活动效果导向的教学程序包括五个阶段：分别是向学生陈述学习目标（包括具体内容、标准、作用）；向学生展示职业活动效果；讨论可能方案；方案实现；最后对职业活动效果进行评价、对学习目标实现情况进行评价，具体如图2-7-8所示。

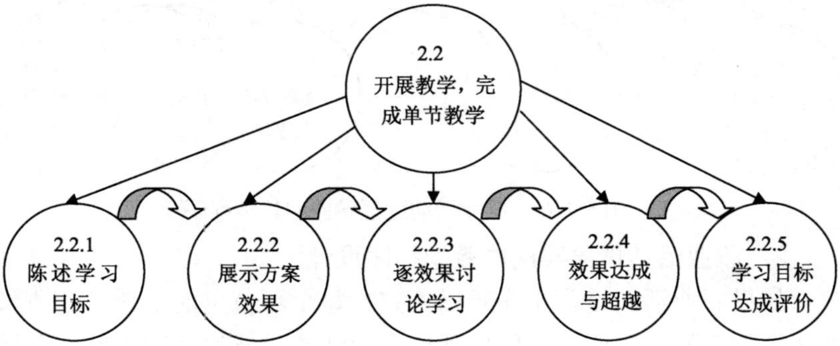

图2-7-8　职业活动效果导向的教学程序

三、教学组织的确定

（一）依据教学的目标和内容确定

首先，教学组织是为了实现教学目标，围绕教学内容而设计的。不同的教学目标和内容必须要求与之相适应的教学组织。如学生综合职业能力（德国称关键能力、英联邦国家称通用能力）的培养，就需要采用分组教学，通过项目学习的方式进行教学组织。

（二）依据学生的兴趣及学习需要确定

同样的教学内容和教学时间，采用的教学组织形式不同，教学效果各异，甚至有时差别很大，这主要取决于学生的兴趣是否被激发起来，是否将全身心投入到学习活动中，学生的学习需要是否得到了满足。这就要求职业教育教学组织不能脱离了职业院校学生学习的需要和学习的兴趣。

（三）依据学习的规律与学习风格确定

学生的认识是由表象到概念，由具体到抽象，从感性到理性，再从简单到复杂，由浅显到深奥的不断深化的过程。学生的知识学习，只有经过习得、转化和巩固，才能进入迁移与应用阶段，即必须经过掌握、迁移、类化与整合的过程。学生的技能学习，需要经过定向、模仿、整合和熟练4个阶段才能形成。学生的态度学习，也需要顺从、认同、内化才能完成。学生职业能力和特质的形成，需要整合和内化的过程等。职业院校学生具有较好的形象思维和行动学习的风格。这些决定了职业教育教学组织的特点，如技能训练教学组织、任务驱动教学组织、项目教学教学组织、岗位训练教学组织等。

（四）依据职业活动过程与情景确定

不同职业，职业活动的过程与情景差别很大。在教学组织的确定上应遵循职业活动组织一致性原则。一致性不是指相同，教学不是工作，教学组织不是职业活动组织。教学组织是在职业活动组织的基础上，在各类教学原则要求下，对职业活动组织的超越。

四、教学情境的设计

一般教学情境的设计有四种方式：与职业活动相联系的故事化情境、活动化情境、生活化情境和问题化情境的设计。对于职业教育而言，职业活动情境设计方式是需要重点运用的。根据职业教育教学的特点，为了实现职业教育教学目标，职业教育教学情境主要分为过程导向的教学情境、情景导向的教学情境和效果导向的教学情境。

（一）过程导向的教学情境

针对技术类技能型人才职业活动的特点，对于职业活动的过程固定，追求产品达到设计要求的各项指标为职业活动价值，重在培养学生操作规范和标准的教学。教学情境应按照职业活动过程设计，突出职业活动过程的主线，如图2-7-9所示。

图2-7-9　过程导向的教学情境示意图

（二）情境导向的教学情境

针对服务类技能型人才职业活动的特点，对于职业活动的过程不固定，追求服务对象满意并获得惊喜的消费体验为职业活动价值，重在培养学生对服务对象接受服务心理预期的把握的教学。教学情境应按照职业活动可能的情景设计，突出职业活动情景多样和分类，如图2-7-10所示。

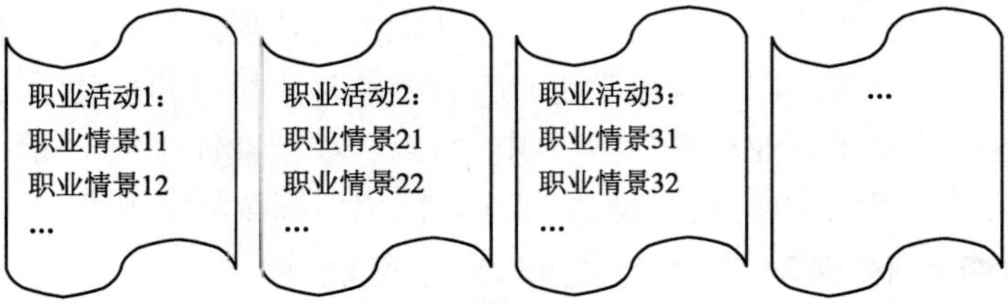

图2-7-10　情景导向的教学情境示意图

（三）效果导向的教学情境

针对艺术类技能型人才职业活动的特点，对于职业活动的过程不固定，且不受职业情景变化的影响，追求使有关人群获得美好的艺术享受为职业活动价值，重在培养学生把握相关人群的情感、文化、审美、情趣等的教学。教学情境应各类艺术的效果设计，突出各种艺术效果的分解与综合，如图2-7-11所示。

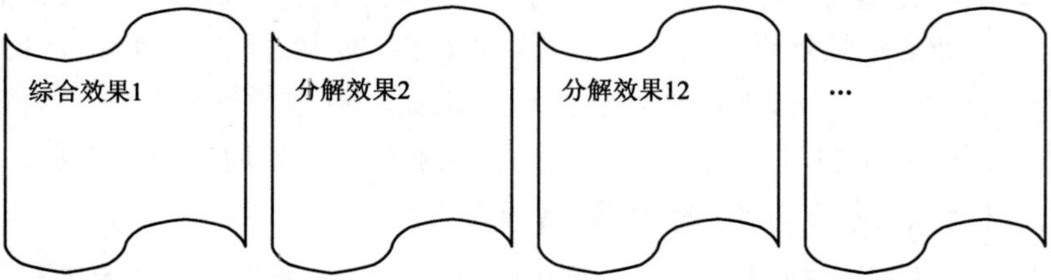

图2-7-11　效果导向的教学情境示意图

教学情境的设计还需注意的五个问题：情境作用的全面性、情境作用的全程性、情境作用的发展性、情境的真实性和情境的可接受性。

五、教学方法的选用

（一）教学方法的选择

1. 依据教学目标与内容选择

职业教育教学目标不同，就需要有与该目标相适应的教学方法。为培养学生规范熟练的操作技能，应当首选四阶段教学法；为培养学生的心智技能，则要选心智图法；为培养学生的综合职业能力，项目教学法是最有效的方法；为培养技术类专业、服务类专业和艺术类专业学生不同的职业特质，需要分别选择促其特质形成过程导向、情景导向和效果导向的行动教学法。

教学内容上的差别，又必然会引起学生在掌握这些内容时的心理过程不同。教学内容对教学方法的选择直接起到制约作用，如法律、医疗、管理、营销等教学内容，常常选择案例教学法，培养学生分析解决问题的能力；设备操作、角色训练等，自然需要模拟教学法（包括设备模拟和情景模拟）和角色扮演法。

2．依据学生的准备状态选择

认知心理学家在研究学生学习的过程中提出了“准备状态”这一概念，指的是学生在从事新的学习时，学生原有的知识水平和心理发展水平对新的学习的适应性。这就是说教师必须深入了解学生的“准备状态”，在此前提下进行教学活动，才能使教学取得成功。同样，教师对教学方法的选择也必须立足于学生的准备状态，充分考虑到学生的可接受性和适应性，一定要适合学生的基础条件和个性特征，如心理需要、性格、兴趣、爱好、思维类型、知识水平、技能状况、能力高低、审美情趣等。根据学生的个性心理特征和认知结构，选择那些能促进学生知识、品性和技能发展的教学方法。

根据学生的心理特征来选择教学方法。学习心理学表明，不但不同年龄阶段的学生心理特征存在差异，而且同一年龄阶段的学生心理特征也有所不同，这就要求教师在选择教学方法时应顾及学生心理发展水平的这些差异。首先是顾及不同年龄学生心理发展水平的差异。如低年级的职校生，形象思维比较活跃，而抽象思维略显不足，而高年级的职校生，他们的抽象思维发展很快，注意力比较稳定。那么在实现特定教学目标时，对低年级和高年级学生就应采用不同的教学方法。对于低年级学生，教师采用一些直观性教学法比较合适（演示、视听、参观）；对于高年级的学生，教师可以较多采用讲授、自学指导等方法。其次，顾及同一年龄阶段的学生的个性心理特征的差异。同一年级或同一班级学生之间也存在明显的个性差异，有的学生形象思维发达，学习中善于发挥这一长处，有的则在抽象思维方面突出，并已具备了较强的抽象思维能力。那么，教师在教学中，就要考虑学生的这些个性心理发展水平的差异，选择适合个别需要的教学方法。

根据学生现有的知识基础或认知结构来选择教学方法。不同的学生不但在心理特征上存在差别，而且他们所具有的知识基础或认知结构也是千差万别的，这对教学方法的选择也具有至关重要的影响。例如，对于缺乏必要的感性认识或认识不够充分的学生，就必须结合直观演示法以加深理解。再如，学生处于对知识的习得阶段，采用情境教学法就比较适宜；学生处于转化与巩固知识阶段，为便于完成知识由陈述性形式向程序性形式转化，并使之获得巩固，采用练习法、复习法等比较合适；如果学生处于迁移与运用知识阶段，为利于实现知识的迁移，灵活运用所学知识，采用实习法就比较恰当。

3. 依据教师与教学条件选择

现代教学的发展与教学技术手段的广泛运用，并没有否定教师的地位和作用，相反是对教师提出了更新、更高的要求。教学方法最终应体现出为教学目的服务，但它必须通过教师这一中介发挥作用才能实现。在教学实践中我们发现，任何一种教学方法的选用与教师的修养、素养、特长（职业道德、学科素养）、气质等有着密切的关系。只有能被教师理解和掌握，才能使教学方法发挥良好的效果；反之如果教师缺乏必要的素养条件，再好的教学方法，自己驾驭不了，也不能产生好的教学效果。另外，教师的个性特点对教学方法的选择，同样起着制约作用。这就是年轻活泼的教师和年老持重的教师所采用的教学方法明显不同的根本原因。另外，教学设备、时间充足与否，决定了教师选择教学方法的范围的宽与窄。如果学校教学设备充足，电化教学条件好，就可以采用多媒体演示方法，增强教学的直观性。反之，如果缺乏必要的教学设备，教师就只能采用选择实物、模型、挂图等教学法进行演示。教学的空间条件也是教师选择教学法时的重要参考依据。如果学校周围靠近企业工厂，可多采用参观法组织学生进行实地考察，加深对理论知识的理解。

综合起来，选择教学方法的标准是最为经济地达成最大、最佳的预期教学效果。在职教教学中，什么教学方法是最理想的，一般来讲，最优化的教学方法应满足如下条件：认同感、参与度、综合性、时效性和审美性。最优化的教学方法使学生在情感、理智两方面都能达到认可；最优化的教学方法能使教师和学生双方积极参与到教学活动中；最优化的教学方法是教师对多种教学方法优化组合的产物；最优化的教学方法是高效率与高效果的统一；最优化的教学方法应给学生美的享受。

（二）教学方法的运用

在职业教育教学中，教学方法不仅具有层次之分，而且各种常用的教学方法都有其自身的适应场合，作为教师，首先应了解各教法所适应的情境，避免在教学资源及教学时间方面造成不必要的浪费，并注意综合、灵活运用。

（1）综合性。在职业教育教学中，教学目标、教学内容、教师的素养、学生的身心发展等，都是多方面的，且每种教学方法又都是有局限性的，这就决定了任何一种教学活动都应综合使用各种教学方法，把各种教学方法有机结合、合理运用。例如，讲授、讨论、问答等教学法，对学生知识的掌握、抽象思维的发展非常有利，但不利于技能、技巧的形成；参观、演示等直观教学法形象、生动，但过分使用这种教学方法，又不利于学生抽象思维、逻辑判断能力的形成；实验、练习、实习等操作性教学方法，有助于理论知识的巩固和技能、技巧的培养，但单方面使用这些教学法，又不利于系统和深刻地掌握理论知识。每种教学方法各有利弊，在实际教学中只有将各种教学方法综合运用，克服其缺点，才能获得最佳的教学效果。

（2）灵活性。“教学有法，但无定法，贵在得法”，职业教育教学过程是一个动态的过程，虽然教师在备课时根据教学目的、任务、内容和学生的实际情况设计了某种具体的教学程序或教学方法，但是，在实际的教学活动中存在各种可能性的变化，这要求教师在教学方法的选择使用中要灵活机智，随时把握好不同方法的应用。根据教学中出现的特殊教学情境，巧妙地因势利导，机智灵活地采用一些新颖教学方法，使教学收到意想不到的效果。

六、教学媒体的选择

（一）教学媒体的选择依据

教学媒体具有固定性、扩散性、重复性、组合性、工具性、从属性和能动性七种性质。在现代教学中，将发挥越来越重要的作用。教学媒体的选择主要依据主要包括两个方面：

1. 教学媒体选择的心理学依据

与教学媒体的设计密切相关主要心理活动主要有：注意、知觉、记忆和概念形成四种。

（1）注意

注意有五种特性：选择性，人们一次只能注意到环境中的一小部分，而且其中被看得清楚的只是视野中的中心部分；新颖性，刺激物的新颖性容易成为注意的对象；简洁性，简洁的呈现易于集中注意，为此，在画面中应尽量删除无关的背景和多余的细节；适中性，难易程度适中的刺激较易引起注意；期望性，学习者的期望可以对注意产生强烈影响。

（2）知觉

知觉和教学媒体设计密切相关的特征有三条：整体性，学习者并不把对象感知为许多孤立的部分，而总是把它感知为一个统一的、有意义的整体；相对性，知觉不能用绝对值表示，只能通过比较来衡量（人们对距离的判断是相对的、对大小的判断是相对的、对运动的判断是相对的、对亮度的判断是相对的）；对比性，当两种事物的属性难以区分时，应将它们放在一起呈现，而不是分开，并在画面上用不同的颜色、字体或符号标出它们的不同点；或是将细微的差别加以放大。

（3）记忆

记忆和媒体设计有关的特性有两条：组块性，对欲呈现的内容进行组块将减轻学习负担并提高记忆质量。组块的方法可以是空间分组、时间分段或根据有关概念进行语义分类；有限性，人类的短时记忆容量是7±2个组块，因而是有限的，但是同样的知识内容，只要改变组块的形式就有可能扩充短时记忆的有限容量。

（4）概念形成

概念形成是较高层次的认知过程，包括概念的名称、概念的定义、概念的属性、实例（亦称正例）和非实例（亦称反例）。概念形成过程的四条规律：从实例出发而不要从定义出发，即按实例→属性→定义→名称的顺序；使用正例和反例，借助正、反两方面经验完整、确切地掌握概念；应使用与正例相近的反例，使用与正例相近的反例，提高学生的辨别能力和获得确切的概念；列出属性表比直接用文字定义概念有效，属性表的表示要比句子表述更简明、直观。

2. 教学媒体的选择其他依据

教学媒体的选择依据除了心理学依据之外，还要考虑其他因素。主要考虑五个方面：教学目标（即具体的教学要求），为达到不同的教学目标需要使用不同的媒体去传输教学信息；教学活动内容，各门学科的性质不同，运用的教学媒体会有所区别；教学对象。不同年龄阶段的学生对事物的接受能力不一样，选用教学媒体又必须顾及他们的年龄特征；资源环境条件，选择应根据具体的设备条件、社会环境和资金技术等可能实现的情况；教学媒体自身的特性，各种教学媒体都具有自身的特性，对应于某些教学活动特别有效。

（二）教学媒体的选择方法

一般选择教学媒体的经验方法主要有问题表、流程图、矩阵选择表、经验之塔模型和算法型五种。

1. 问题表法

问题表是列出一系列相关的问题要求媒体选择者回答，通过对这些问题的逐一回答，比较清楚地发现适用于一定教学目标（或一定教学情景）的媒体。下面的一组问题便是例子：

- 所需媒体是用来提供感性材料还是提供练习条件？
- 该媒体是用于辅助集体讲授还是用于个别化学习？
- 媒体材料与学生的认知水平相一致吗？
- 教学内容是否要做图解或图示的处理？
- 视觉内容是用静止图像还是活动图像来呈现？
- 活动图像要不要配音？是用电影还是录像来表达视听结合的活动图像？
- 有没有现成的电影或录像以及放映条件？

问题表列出的问题根据实际情况可多可少；可按逻辑排序，也可不按逻辑排序。这种模型出现较早，并为其他一些选择模型提供了基础。

2．流程图法

流程图法的应用基于问题表模型，它将选择过程分解成一套按序排列的步骤，每一步骤都设有一个相应的并标有“是”与“否”的问题，在使用者选择回答“是”或“否”后，根据问题逻辑被引入不同的分支步骤，回答完最后一个问题就会至少有一种或一组媒体被确认为是最适用（于特定情景）的教学媒体，如图2-7-12所示。

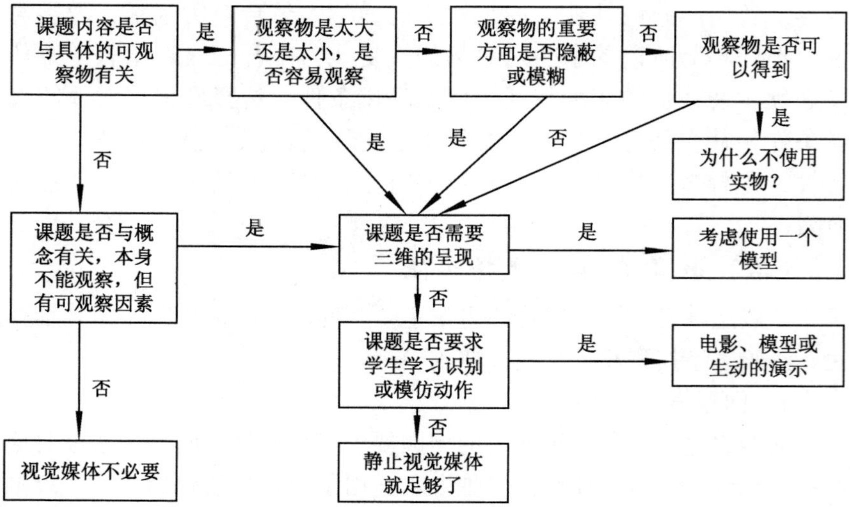

图2-7-12　视觉媒体选择流程

3．矩阵选择表法

矩阵选择表是以教学媒体的种类为一维，以教学功能及其他考虑因素作为另一维，进行列表，再用一种评价尺度反应两者之间的关系。评价尺度可用很有利、较有利、困难和不利四种层次。表2-7-9为教学媒体矩阵选择表。表中√表示很有利，☆表示较有利，△表示困难，×表示不利。

4．经验之塔

经验之塔将媒体提供的学习经验进行排列，形成金字塔状，由下而上分为11种层次。“塔”的底层的内容提供的学习经验最直观、具体，逐层上升直接感觉的程度越来越下降，趋向抽象的程度越来越高，如图2-7-13所示。

表2-7-9　矩阵选择表

媒体种类 教学性质		教科书	程序课本	黑板	模型	幻灯	电影	投影	电视	反应分析装置	模拟机	录像节目	教育信息处理器	计算机教学系统
功能	呈现知识	√	√	√	☆	√	√	☆	√	×	☆	√	×	☆
	反馈信息	△	☆	×	△	×	△	☆	×	☆	√	☆	×	√
	激起反应	☆	√	△	☆	√	☆	☆	√	×	√	√	×	√
	控制反应	☆	√	△	△	☆	☆	△	☆	×	√	√	×	☆
	诊断评价	×	☆	×	△	×	×	×	×	√	☆	☆	√	√
目标	知识	√	√	☆	☆	√	√	√	☆		×	√		√
	技能	×	△	×	☆	×	☆	×	×		√	√		△
	能力	☆	☆	☆	☆	△	☆	☆	☆		☆	☆		☆
	态度	☆	△	△	☆	√	☆	×	√		△	△		△
代价	精力准备	☆	△	√	☆	×	☆	☆	☆	△	×	△	×	×
	设备投资	☆	△	√	△	△	△	△	△	×	×	×	×	×
	日常耗费	√	√	√	☆	×	△	☆	√	☆	√	△	×	×
	保存性	☆	☆	√	☆	△	☆	√	☆	△	△	√	☆	☆
	反复性	☆	☆	☆	√	△	√	√	×	×	√	√	△	△
使用方式	便利性	√	☆	△	☆	△	√	√	√	☆	☆	☆	×	△
	个别指导	√	☆	☆	☆	×	☆	×	☆	×	√	√	×	√
	集体指导	√	☆	☆	☆	√	☆	√	√	√	×	☆	☆	☆
	实用性	√	☆	√	☆	☆	☆	√	√	☆	√	☆	△	△

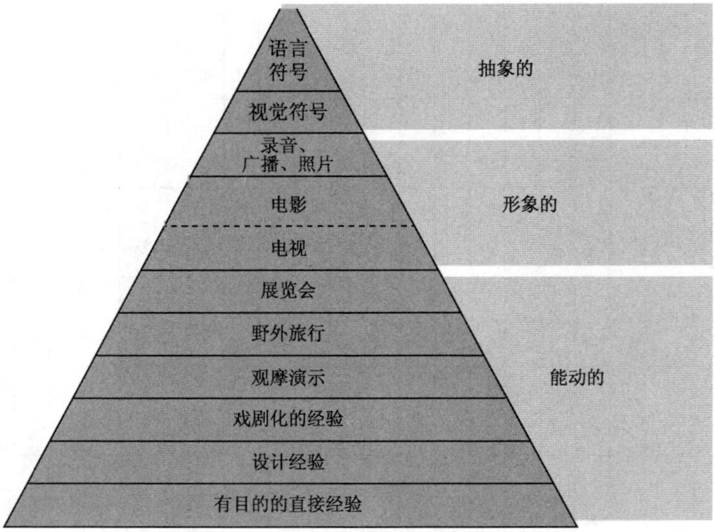

图2-7-13　经验之塔

5．算法型

基本思想是尽可能选择低价、高功能的教学媒体，计算公式为：

$$媒体选择的概率=\frac{媒体产生功效（V）}{需付出的代价（C）}$$

根据上述基本思想，用图2-7-14所示的模型来表示媒体的最佳选择区和可选择区。

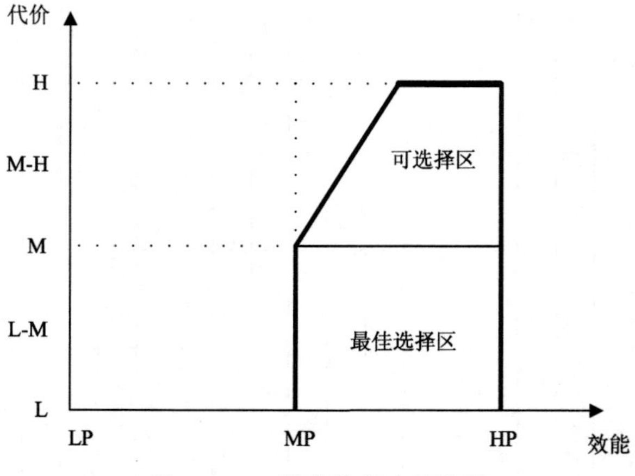

图2-7-14　媒体选择决策模型

第五节　教学评价的设计

学生学业成就评价是教学评价的有机组成部分。鉴于学生学业成就评价和职业资格鉴定在职业教育中的重要性，这里只介绍对学生学业成就的评价的设计。

一、学业评价方式的确定

职业院校学生学业成就评价，在内容上根据职业教育培养目标的结构，可分为基本素质评价、通用能力评价和专业能力评价。为了便于评价操作，将通用能力和专业能力结合起来，分成单项技能评价和综合项目评价。

（一）基本素质评价

一般基本素质评价可采用档案袋法。档案袋法对学生的基本素质养成教育是十分有效的，当然，对能力形成也有着很好的促进作用。档案袋包含三种类型分袋：第一种，产品档案袋，旨在收集学生最终的学习成果；第二种，过程档案袋，主要反应学生的努力过程；第三种，进步档案袋，通过比较学生不同时期的同类作品，判断学生的进步。档案袋法主要通过三个步骤完成：

1. 指导建立档案袋

按照不同的成果建档案袋，档案袋可以分为最佳成果型、精选成果型和过程成果型三种分袋。第一种，精选成果型分袋中的内容，用于说明广泛的学生成果。它要求学生提交他们感到最困难的成果例证，其时间往往要持续一年以上，使之成为深刻反映学生成长的概要和高度揭示学生一般成绩的证据。第二种，过程成果型分袋中的内容，用于保存发展性成果的证据，它要求学生一步一步地检查他们在一定领域中取得进步的成果。同样地，提交内容的类目也许由教师确定，但学生仍负责收集必要的成果。更为重要的是，学生成为他们自己成果和进步的积极评定者。第三种，最佳成果型分袋中包括各学科选入档案袋的内容：一是基本素质方面；二是通用能力方面；三是专业能力方面；四是社会实践方面等。

2. 指导档案袋评价

为配合档案评价，应该制定每月（或单元）的评价表。评价的内容可以分为《基本素质评价表》《通用能力评价表》《专业能力评价表》等类型。

3. 开展档案袋交流

经常召开档案袋的交流展示会，学生以小组为单位交流自己的收获，介绍自己档案袋中的作品，然后由各小组选出代表在全班交流，给每一个学生展露才华的机会。

（二）单项技能评价

单项技能评价是针对那些在学生的职业生涯中，经常使用或者很难掌握又十分重要的技能进行的单独测试。

（三）综合项目评价

综合项目评价采用任务评价法或项目评价法。可以把任务定义为在实际工作中必须独立完成的工作；把项目定义为必须合作才能完成的工作。在任务评价法中，评价学生独立分析问题解决问题的能力；在项目评价法中，评价学生合作分析解决问题的能力。

（四）职业特质的评价

为培养一流技术技能型人才，我国职业院校学生学业评价应在单项技能和综合项目评价中，进行职业特质评价。职业特质进行评价，包括职业思维、职业行为、职业语言、职业态度评价，等等。

二、学业评价标准的确定

职业教育学生学业成就评价不适宜采用基础教育或普通专业教育的百分制或者ABCD来标定学生的学业成就。例如，一项职业任务需要十个步骤完成，学生按要求完成了9个步骤的操作。按基础教育或普通专业教育的评分办法，这个学生的成绩应为90分，属于优秀成绩。但在他行使职业能力时，却不能独立完成这项职业任务，胜任不了这项工作。这样的评分办法就会出现优秀的学生也胜任不了相应的工作。 因此，职业教育学生学业成就评价标准，应根据其学习后的行为表现和行为结果决定。表2-7-10 所示是用于考核学生学业成就的等级标准。学业评价标准取决于国家、行业或地区对各个专业的课程标准和职业岗位制定的职业资格标准。

表2-7-10　能力的评定等级的划分

等　级	能力的评定
4	C. 能高质、高效地完成此项技 能的全部内容，并能指导他人完成 B. 能高质、高效地完成此项技能的全部内容，并能解决遇到的特殊问题 A. 能高质、高效地完成此项技能的全部内容
3	能圆满完成此项技能的全部内容，并不需要任何指导
2	能圆满完成此项技能的全部内容，但偶尔需要帮助和指导
1	能圆满完成此项技能的部分内容，但在现场的指导下，能完成此项技能的全部内容

第八章 职业教育行动教学的基本设计

第一节 四阶段教学设计

在职业教育教学实践中，我们经常会遇到操作技能的训练。有的操作技能比较复杂，有的比较简单。比较复杂的操作技能往往需要将这些操作技能独立出来进行训练，比较简单的则放到其他职业教育教学活动中完成。但无论是需要独立训练的操作技能，还是不需要独立训练的操作技能，当进行操作技能训练时，都应优先选用四阶段教学。因为四阶段教学是操作技能训练最简单、最有效的方法。下面以速录师文字录入操作技能为例，进行四阶段教学设计。

（一）定向阶段教学设计

四阶段教学包括定向、模仿、整合、熟练四个环节。所谓文字录入技能的定向，是文字录入操作活动的姿势、指法、节奏、气氛等在学习者头脑中形成映象的过程。所形成的操作活动的定向映象应包括两个方面，一是操作活动的结构要素及其关系，即有哪些要素构成某一操作活动，各动作要素间的关系和顺序如何。二是活动的方式，即操作的轨迹、方向、幅度、力量、速度、频率、动作衔接等。

操作定向是操作技能形成过程中的一个重要环节，这个阶段的特点是时间短，但对形成正确的技能操作最为关键。因为，正确的定向映象可以有效地调节实际的操作活动，缺乏定向映象的操作活动经常是盲目尝试，效率低下。因此，不应忽视该环节在操作技能形成过程中的重要作用。因为一旦定向出现了偏差，纠正起来将会十分困难。因此，文字录入这种打字操作技能定向采取什么策略，需要精心设计。

操作技能训练一般可采用文字、语言、图片、动画、视频等方式进行定向，当然也可以采用教师亲自示范进行定向的方式。这里采用了录像、动画或者图片的形式进行定向。这种形式形象、直观，再配以语言或者文字说明，能够保证学习者掌握操作活动的结构及其形式。图2-8-1所示是打字姿势定向图，正确的打字姿势是手腕要离开键盘 。

图2-8-1　打字姿势定向图

图2-8-2所示是击键定向，第一指关节与键面的角度应大于70°，手指离键盘1～1.5 cm。熟练情况下，指尖与键盘的距离越近越好。打字指法的最高境界是滑键，即以触摸式的方式进行键盘录入。

图2-8-2　击键定向图

图2-8-3和图2-8-4所示为键位输入定向，每个手指分别负责敲打四个键，大拇指用来敲击空格。

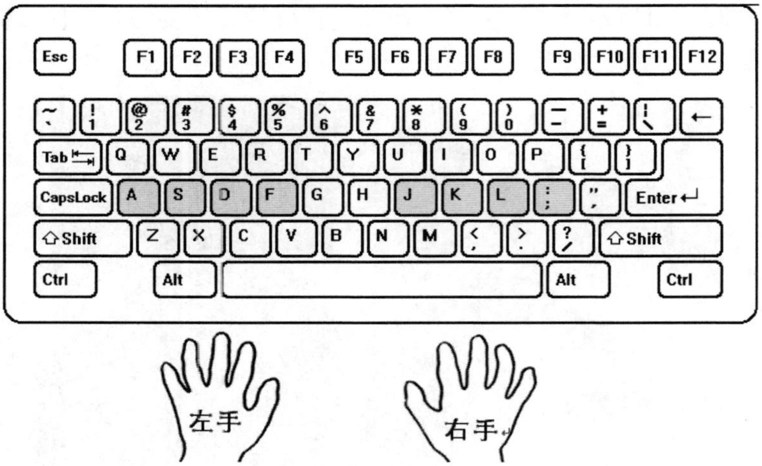

图2-8-3　键位输入定向图1

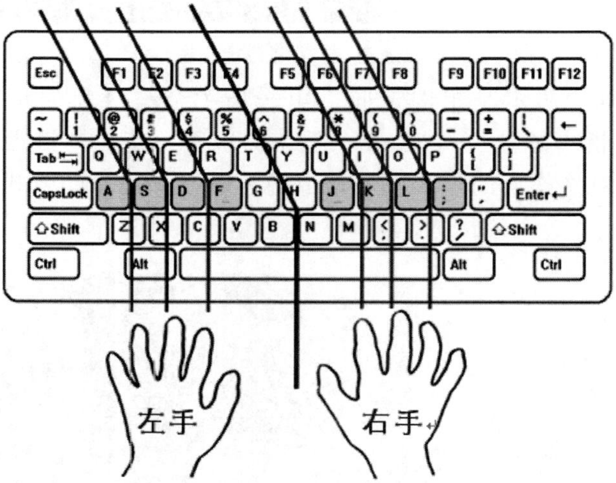

图2-8-4　键位输入定向图2

（二）模仿阶段教学设计

操作的模仿即实际再现出特定的动作方式或行为模式，实质是将头脑中形成的定向映象以外显的实际动作表现出来。模仿阶段要严格要求，不能出偏差，也不要贪眼前速度，而不顾定向所确立的操作规范。为此，要采用教师监督下，单人或小组训练的方式，以便于教师可以及时发现问题，及时纠正操作技能的偏差。

（三）整合阶段教学设计

整合即把模仿阶段习得的动作固定下来，并使各动作成分相互结合，成为定型的、一体化的动作。通过整合，一方面动作水平得以提高，动作结构趋于合理、协调，动作的初步概括化得以实现；另一方面，个体对动作的有效控制逐步增强。因此，整合是操作技能形成过程中的关键环节，它是从模仿到熟练的一个过渡阶段，也为熟练的活动方式的形成打下基础。因此，通过整合阶段，要形成标准的指法，而不是速度。为此，可采用教师监督下，小组训练的方式，以便于教师可以及时发现问题，学习者顺利完成操作技能的整合。

（四）熟练阶段教学设计

操作的熟练是操作技能最后形成的阶段，是由于操作活动方式的概括化、系统化而实现的。打字训练的熟练阶段用时最长，最艰苦，学习者常常在这一阶段失去自信心。因此，熟练阶段训练策略设计是打字训练设计十分关键的环节。

研究发现：学习者失去信心主要原因是自己和指导教师都不能找到解决问题的办法。为了能定位学习者录入速度存在的问题，思递波（CERTIPORT）公司经过长期研究，提出了打字成长曲线（见图2-8-5）及英文打字和汉字输入速度相关曲线（见图2-8-6）。

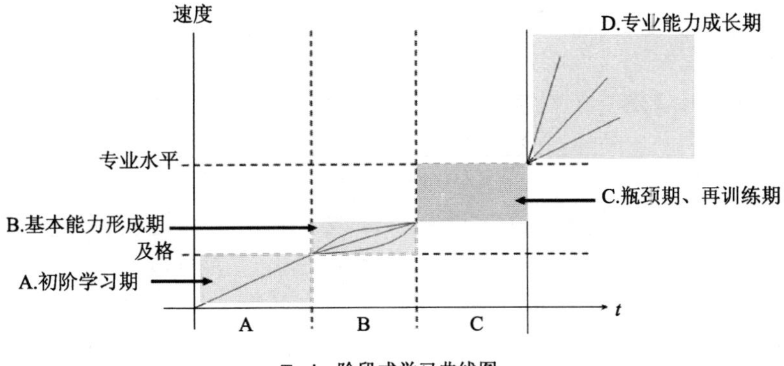

图2-8-5　打字成长曲线

从打字成长曲线上，可以看出每个打字学习者的成长过程分为四个阶段：初阶学习期、基本能力形成期、瓶颈期（再训练期）和专业能力成长期。在初阶学习期，每个学习者的差异性不是很大。

而在基本能力形成期，学习者的成长幅度是不同的，而经过一定的时间训练会使学习者达到趋同的速度瓶颈。瓶颈期（再训练期）是一个平台期，也是技能训练的枯燥期，能否进入更高的技能专业能力的分水岭，是考验学习者和实训教练练习方法和教学方法科学性的关键时期。专业能力成长期是经过积累每个学习者各自形成自己的技能风格和技能熟练程度而达到的程度。

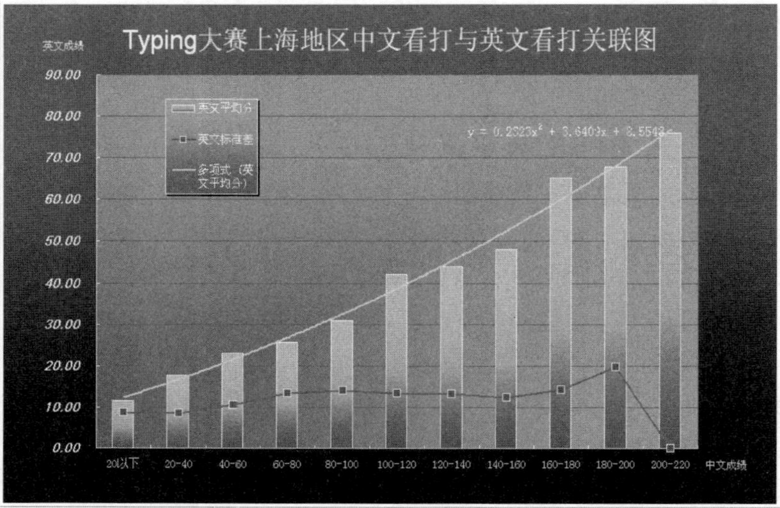

中文	20以下	20～40	40～60	60～80	80～100	100～120	120～140	140～160	160～180	180～200	200～220
X	1	2	3	4	5	6	7	8	9	10	11
Y	12.42	16.75	21.54	26.79	32.50	38.67	45.30	52.39	59.94	67.95	76.42
英文	62.1	83.75	107.7	133.95	162.5	193.35	226.5	261.95	299.7	339.75	382.1

图2-8-6　英文打字和汉字输入速度相关曲线

英文打字和汉字输入速度相关曲线是利用上海地区打字大赛和训练数据，通过回归分析形成的相关曲线。这条曲线的意义在于帮助打字练习者分析约束自己中文打字速度的因素是击键速度还是其他因素。例如，要使中文看打输入速度为40～60字/分，则英文输入速度必须在107.7字符/分以上；要使中文看打输入速度为100～120字/分，则英文输入速度必须在193.35字符/分。若英文输入速度达不到，则约束自己中文打字速度的因素肯定包括英文输入速度，应练习英文输入。当英文输入速度达到了相应水平，再练习中文录入。

第二节　任务驱动教学设计

在职业教育教学实践中，为了培养学生职业活动的素质和能力，经常采用任务驱动的方式开展教学。下面以电子技术基础与技能课程为例进行任务驱动教学设计。

集成运算放大电路是电子技术的基础内容，通过集成运算放大电路的安装与调试这一任务，可以了解集成运算放大电路的组成和电路符号；掌握同相比例运算放大电路和反相比例运算放大电路电压放大倍数的计算；掌握加法器和减法器的计算；能根据电路要求正确安装和调试集成运算放大电路。

一、任务描述的设计

任务描述应根据不同专业的技术语言对工作任务进行专业性的描述。下面是集成运算放大电路的安装与调试任务的描述：

集成运算放大电路是一个多级耦合放大电路，随着集成电路技术的发展，它被广泛应用于各个领域。图2-8-7是LM358低功放双集成运算放大电路，既适用于电压范围很宽的单电源，也适用于双电源工作方式。图2-8-8所示为8引线双列直插式LM358引脚排列图。根据电路要求，正确安装和调试集成运算放大电路。

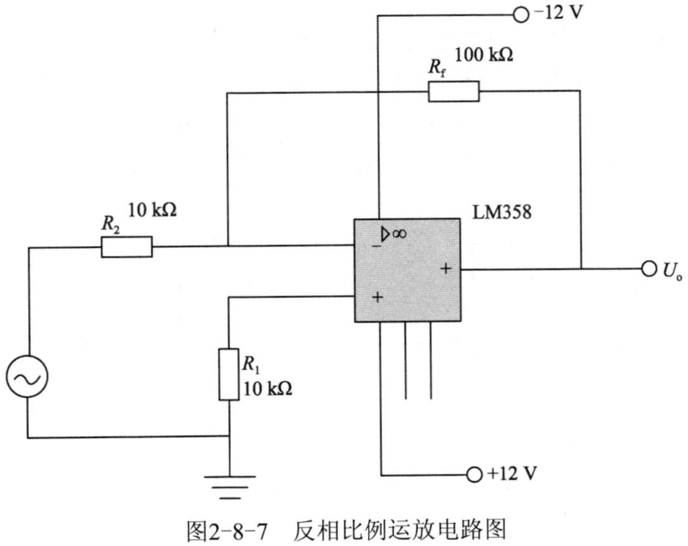

图2-8-7　反相比例运放电路图

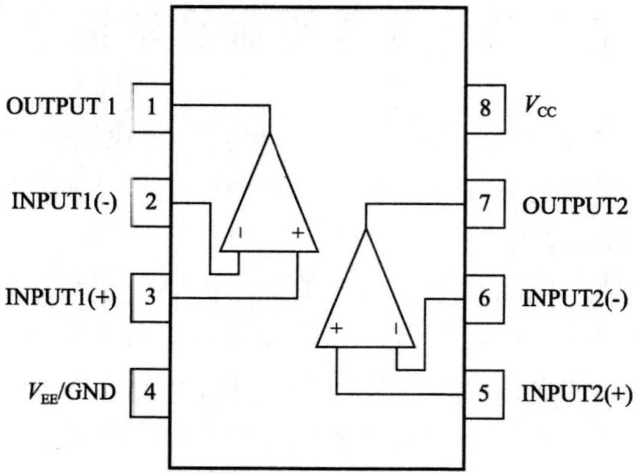

图2-8-8　LM358引脚排列图

二、任务分析的设计

要完成这个任务，首先需要读懂电路图，为此需要学习电路符号和电路图表达的原理；然后进行电子元件的安装与调试。

三、相关知识的设计

依据完成任务的需要，设计相关知识点。这里需要学习的知识点应包括电路符号、集成运算放大器的组成、基本集成运算放大器、集成运算放大器的应用等。设计如下。

知识1　集成运算放大器的电路符号

集成运放电路图形符号如图2-8-9所示。图中▷表示运算放大器，∞表示开环增益极高。集成运放有两个输入端和一个输出端，其中+为同相输入端，用u_{i+}表示；−为反相输入端，用u_{i-}表示；输出端用u_o表示。

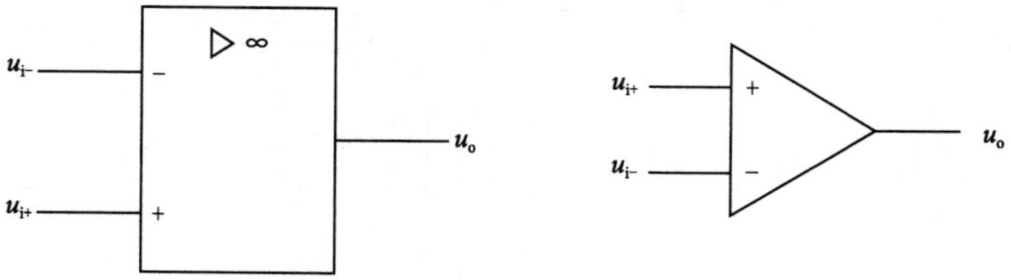

图2-8-9　集成运算放大器电路符号

知识2　集成运算放大器的组成

集成运算放大器由四部分组成，即输入级、中间级、输出级和偏置电路。其组成框图如图2-8-10所示。

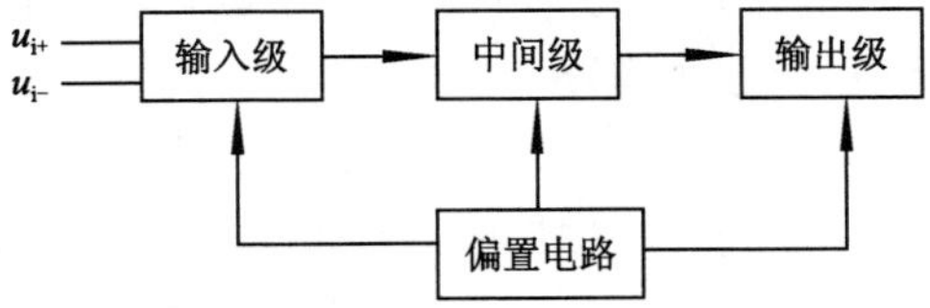

图2-8-10　集成运算放大电路的组成

（1）输入级

输入级通常采用差动放大电路，它可以有效地抑制电路的零点漂移。

（2）中间级

中间级通常由一级或两级放大电路构成，它可以使运放获得高的放大倍数，增大输出电压。

（3）输出级

输出级常采用输出阻抗低、带负载能力强的互补推挽功率放大电路组成，使电路具有一定的带负载能力。

（4）偏置电路

偏置电路的作用是为各级提供稳定的静态工作电流，从而达到静态工作点的稳定。

知识3　基本集成运算放大器

1．运算放大器的分析要点

（1）虚短

"虚短"是指理想运放两输入端电位相等，即$u_{i+}=u_{i-}$。

对于理想运放，由于开环差模电压放大倍数$A_{od}\to\infty$，而输出电压u_o为有限值，则有差模输入电压

$$u_{id}=u_{i+}-u_{i-}=\frac{u_o}{A_{od}}=0$$

相当于两输入端短路，但又不是真正的短路，故称为"虚短"。

（2）虚断

"虚断"是指理想运放的输入电流为零，即$i_-=i_+=0$。

理想运放的差模输入电阻$r_{id}\to\infty$，流经运放两输入端的电流

$$i_{i+}=i_{i-}=i_i=\frac{u_{i+}-u_{i-}}{r_{id}}=0$$

相当于两输入端断开，但又不是真正的断开，故称为“虚断”。

2．反相比例运算放大电路

电路结构如图2-8-11所示，信号是从运放的反相端输入，输出信号与输入信号反相，R_f为负反馈电阻，保证集成运放工作在线性状态。

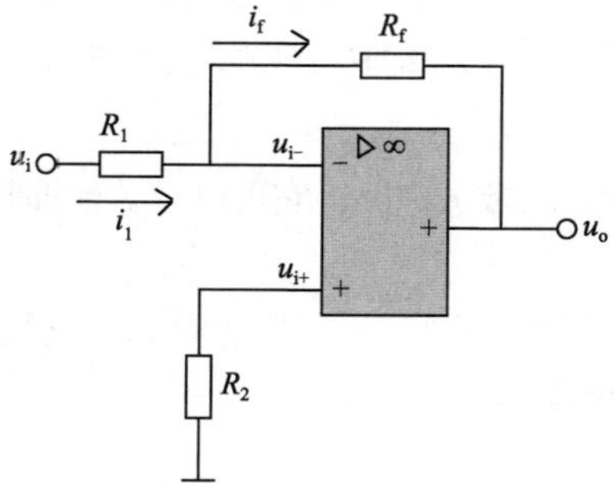

图2-8-11　反相比例运算放大器

根据“虚断”有$i_{i-}=i_{i+}=0$，所以$u_+=0$；又根据虚短有$u_{i-}=u_{i+}=0$，则

$$i_1=\frac{u_i-u_{i-}}{R_1}=\frac{u_i}{R_1} \qquad i_f=\frac{u_{i-}-u_o}{R_f}=\frac{u_o}{R_f}$$

因为$i_-=0$时，$i_1=i_f$，所以$\frac{u_i}{R_1}=\frac{u_o}{R_f}$，该电路的输出电压与输入电压的关系为

$$u_o=-\frac{R_f}{R_1}u_i$$

反相放大器的电压放大倍数为

$$A_u=\frac{u_o}{u_i}=-\frac{R_f}{R_1}$$

3．同相比例运算放大器

电路结构如图2-8-12所示，信号是从运放的同相端输入，输出信号与输入信号同相，R_f为负反馈电阻，保证集成运放工作在线性状态。

在理想运放中，根据“虚短”有$u_i=u_{i+}=u_{i-}$，根据“虚断”有$i_{i-}=i_{i+}=0$，使$i_1=i_f$，则$u_i=u_{i-}=\frac{R_1}{R_1+R_f}u_o$，所以该电路的输出电压与输入电压的关系为

$$u_o=\left(1+\frac{R_f}{R_1}\right)u_i$$

同相放大器的电压放大倍数为

$$A_u=\frac{u_o}{u_i}=1+\frac{R_f}{R_1}$$

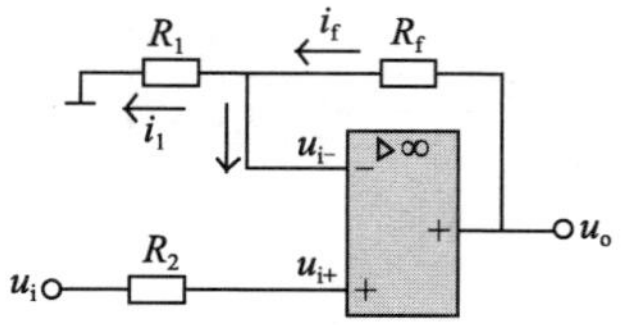

图2-8-12　同相比例运算放大器

知识4　集成运算放大器的应用

1．加法器

加法器有反相求和运算电路和同相求和运算电路两种，图2-8-13所示为反相求和运算电路。该电路的输入输出电压关系如下：

$$u_o=-R_f\left(\frac{u_{i1}}{R_1}+\frac{u_{i2}}{R_2}+\cdots+\frac{u_{in}}{R_n}\right)$$

当$R_f=R_1=R_2=\cdots=R_n$时，$u_o=-(ui_1+ui_2+...ui_n)$，可实现n个输入信号反相加。

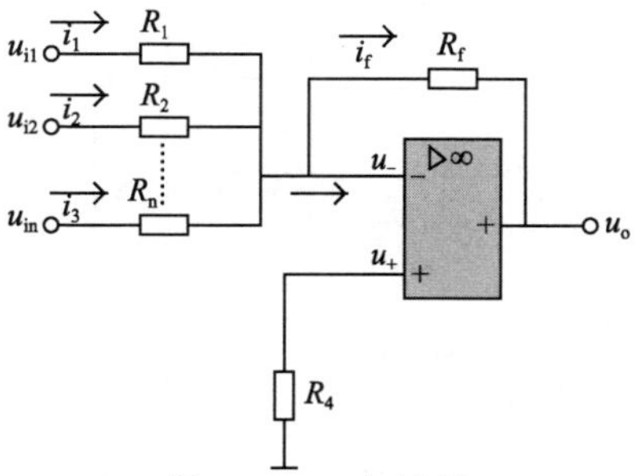

图2-8-13　加法器

2. 减法器

输出电压与输入电压之差成比例的电路为减法运算电路。减法器也称为差动放大器，它是由一个同相比例运算放大器和一个反相比例运算放大器组成，如图2-8-14所示，其输出电压为

$$u_o=\frac{R_3(R_1+R_f)}{R_1(R_2+R_3)}.u_{i2}-\frac{R_f}{R_1}.u_{i1}$$

当$R_1=R_2=R_3=R_f$时，输出电压为$u_o=u_{i2}-u_{i1}$。

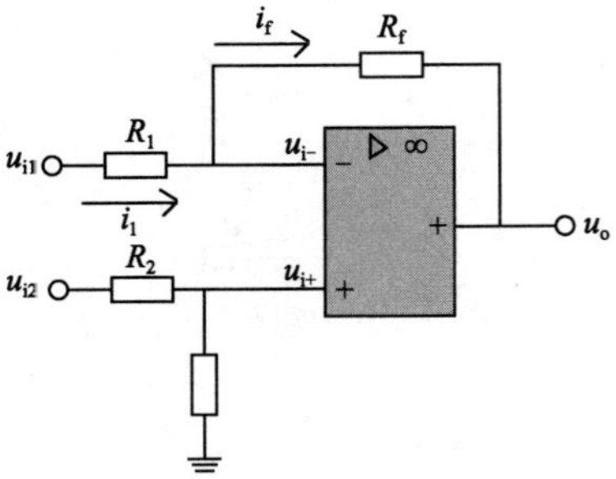

图2-8-14　加法器

四、 任务实施的设计

任务实施设计是按照工作的逻辑程序，把完成任务的职业活动设计出来。集成运算放大电路的安装与调试工作分为电路图的识读、工具和材料准备、电路的安装和调试。集成运算放大电路的安装与调试任务实施设计如下。

活动一　实训电路的识读

实训电路的反相比例运放电路图如图2-8-15所示。

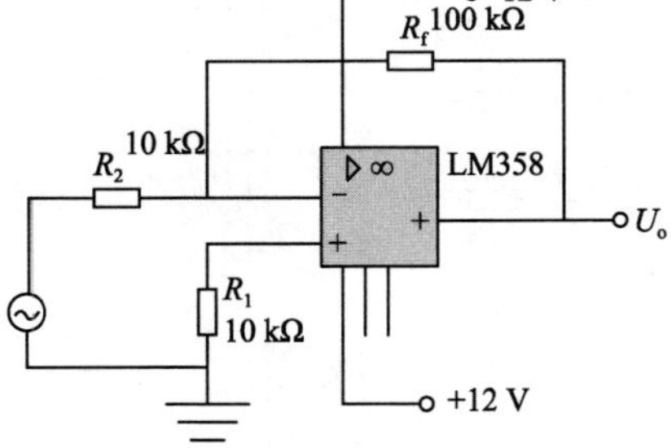

图2-8-15　反相比例运放电路图

LM358是低功放双集成运算放大电路，既适用于电压范围很宽的单电源，也适用于双电源工作方式，图2-8-16所示为8引线双列直插式LM358引脚排列图。

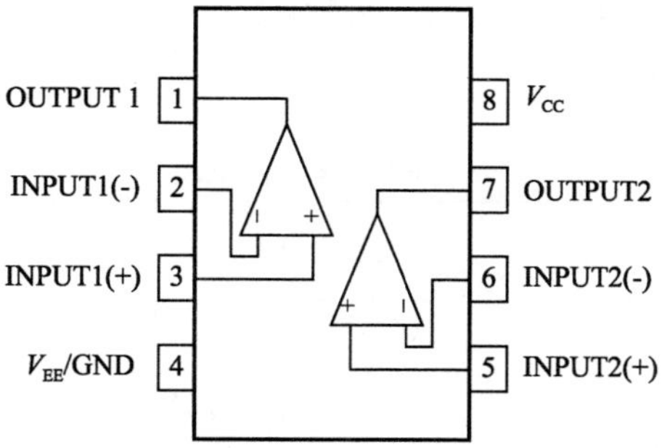

图2-8-16　LM358引脚排列图

活动二　实训器材的准备

元件清单如表2-8-1所示。

表2-8-1　元件清单

序　号	名　称	规　格	数　量
1	集成运算放大器	LM358	1个
2	R_1、R_2	10 kΩ	2个
3	R_f	100 kΩ	1个
4	电烙铁和焊锡丝	自定	1套
5	万用表	MF47	1块
6	万能板	自定	1块

活动三　电路的安装

（1）按照电路图要求正确安装元器件。

（2）分别在反相输入端加入交流信号0.1V或0.2V。

活动四　检测与调试

检测与测试如表2-8-2所示。

表2-8-2　检测与调试表

输入电压		0.1 V	0.2 V
输出电压	计算值		
	实际测试值		

五、学习评价的设计

学习评价包括学业评价和成果评价。工作成果评价是职业教育教学评价所必须的。集成运算放大电路的安装与调试任务驱动学习评价设计如表2-8-3所示。

表2-8-3　学习评价表

序号	学业评价	配分	评价要点	自评	互评	教师评价	平均分
1	集成电路的组成及符号	5分	知道集成运放的组成并能画出电路符号				
2	基本集成运算放大器	10分	会计算同相比例运算放大电路和反相比例运算放大电路的电压放大倍数				
3	集成运算放大器的应用	5分	会计算加法器和减法器的输出电压				

序号	学业评价	配分	评价要点	自评	互评	教师评价	平均分
1	反相比例运算放大电路的安装	25分	能按要求正确安装反相比例运算放大电路				
2	反相比例运算放大电路的测试	30分	能正确测试并计算出反相比例运算放大电路的电压放大倍数				
材料、工具、仪表		5分	每损坏或者丢失一样扣1分；材料、工具、仪表没有放整齐扣1分				
环保节能意识		5分	视情况扣分				
安全文明操作		10分	违反安全文明操作（视其情况进行扣分）				
额定时间		5分	每超过5分钟扣1分				
总分							

第三节　项目教学设计

获取信息、制订计划、做出决策、实施计划、检查控制、评价反馈和团队领导、团队建设、人员分工、激励等综合职业素质和能力是职业院校学生重要的素质和能力。在培养学生综合职业素质和能力时，项目教学是优先选用的方法。下面以数控加工项目为例进行项目教学设计。

一、项目描述的设计

项目描述应根据不同专业的技术语言对项目进行专业性的描述。机械专业大类的项目教学，应采用零件加工图进行科学的描述。

图2-8-17所示为将要生产的零件，生产数量为100件，所用材料为45＃钢。

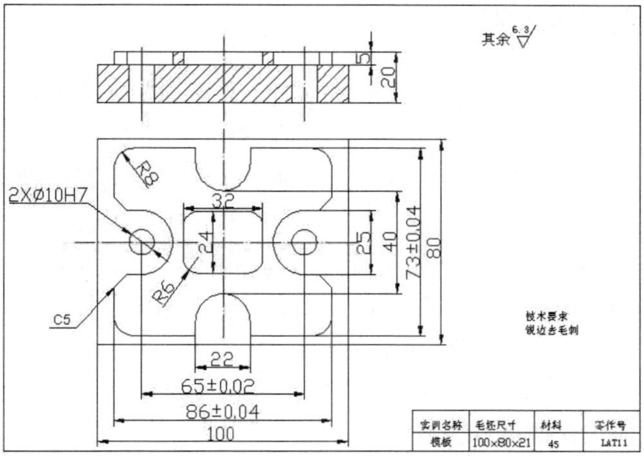

图2-8-17　零件图

二、项目小组的建立

对于一个教学班的学生，一般建立多个项目组，每个组人数一般不宜超过五人。这样，不但可以形成小组竞争，还能充分调动每个学习者的积极性。对于数控技术应用专业，由于设备数量限制，项目组常常设立较少。本示例将学生分为两个大组，四个小组，每小组八人。依据通用能力培养计划，每组安排一名小组长。各组分工与设备分组情况如表2-8-4所示。

表2-8-4　项目人员、设备分组

项　目	第一组		第二组	
设备类型	数控铣床	数控铣床	数控铣床	数控铣床
数控系统	Siemens 802D	Siemens 802D	Siemens 802D	Siemens 802D
设备编号	L01	L02	L03	L04

续表

项　目	第一组		第二组	
人员构成	8名学生	8名学生	8名学生	8名学生
加工方案	方案一	方案一	方案二	方案二
生产任务	工序号1	工序号2	工序号1	工序号2
所用程序	LX001	LX002	LX003	LX004
工艺参数	见工序卡	见工序卡	见工序卡	见工序卡
加工时间	预计180分钟	预计180分钟	预计150分钟	预计150分钟

三、项目计划的制订

各组分头制订项目计划，要明确以下几个问题：①组长如何领导协调小组工作，才能保证小组工作的高效？②组员如何配合组长工作？③怎样与同事进行高效的专业沟通？④在专业沟通中使用哪些方法？⑤每个人提出解决办法的建议，然后制订项目计划。

（1）理清工作过程。数控程序的编制可以归纳六个环节：①分析图样；②确定工件定位装夹方式；③确定加工方案及加工顺序；④选择刀具并合理确定切削参数；⑤数值计算；⑥编写程序清单。

（2）根据工作过程不同阶段的任务，组内进行工作分工，并明确各个人的工作成果、完成时间、成果质量等。

（3）若有人对自己承担的任务，对具体的完成过程与方法不清晰，小组进行集体讨论，或提示如何获得支持。

（4）形成项目计划。

四、项目计划的实施

在项目计划实施过程中，组长应根据工作实际，充分利用项目赋予的机会，锻炼自己领导、协调小组工作和项目管理与解决问题的能力；组员要以小组总体工作目标为中心，利用项目给予的机会，积极工作，配合组长和其他组员的工作，锻炼自己与组长、组员积极沟通与高效配合能力。各项工作完成后，各组形成方案如下：

第一组：

（1）图样分析。毛坯为100 mm×80 mm×21 mm板材，毛坯六面已加工好，需完成凸台及上表面、凹槽、孔的加工，该零件的加工有尺寸公差要求。

（2）装夹方式。可采用机用平口虎钳装夹，伸出钳口7 mm左右。

（3）确定工艺方案及加工顺序。平面用铣削方法加工，因其表面粗糙度值为6.3 μm，故采用粗铣－精铣方案。内外轮廓加工：先粗、精加工凸台，再粗、精加工槽，粗加工采用逆铣；精加工采用顺铣；最后完成孔的加工。具体加工顺序如表2-8-5所示。

表2-8-5　数控加工工序卡片

单位名称	实训中心	产品名称或代号		零件名称		零件图号	
		实训件2		模板		LAT11	
工序号	程序编号	夹具名称		使用设备	数控系统		车间
1	LX001	台钳		XK714D	Siemens 802D		第一车间
工步号	工步内容	刀具号	刀具规格 R/mm	主轴转速 n/ (r/min)	进给速度/ (mm/min)	背吃刀量	备注
1	粗铣坯料上表面，留余量0.5 mm	T01	ϕ63	300	70	0.8	
2	精铣上表面至尺寸	T01	ϕ63	350	50	0.2	
3	粗铣外型轮廓，单边余量留0.5 mm	T02	ϕ16	500	80	2.5	
4	精铣外型轮廓至尺寸要求	T03	ϕ16	800	60	0.2	
5	粗铣矩形槽，单边余量留0.5 mm	T04	ϕ10	600	70	2	
6	精铣矩形槽至尺寸要求	T04	ϕ10	800	50	0.2	
7	钻2×ϕ10H7孔至中心孔	T05	A3	1000	40		
8	钻2×ϕ10H7孔至ϕ9mm	T06	ϕ9	450	60		
9	扩2×ϕ10H7孔至ϕ9.8mm	T07	ϕ9.8	250	40		
10	铰2×ϕ10H7孔	T08	ϕ10AH7	100	30		
编制	审核	日期		共1页	第1页		

（4）选择刀具。平面铣削采用ϕ63硬质合金立铣刀；轮廓粗加工采用ϕ16高速钢立铣刀；轮廓精加工采用4齿ϕ16硬质合金立铣刀。铣矩形槽采用ϕ10键槽铣刀。刀具及切削参数的选择如表2-8-6所示。

表2-8-6　数控加工刀具卡片

刀具编号	加工内容	刀具规格/mm	主轴转速/(r/min)	进给速度/(mm/min)	刀具长度补偿	刀具半径补偿
T01	铣平面	ϕ63面铣刀	300	70		
T02	粗铣外轮廓	ϕ16立铣刀	500	80		D02
T03	精铣外轮廓	4齿Φ16立铣刀	650	60		D03
T04	粗铣矩形槽	ϕ10键槽刀	600	70		D04
T04	精铣矩形槽	ϕ10键槽刀	800	50		D04
T05	钻中心孔	ϕ3中心钻	1000	40		
T06	钻2×ϕ9mm孔	ϕ9mm直柄麻花钻	450	60		
T07	扩2×ϕ9.8mm孔	ϕ9.8mm扩孔钻	250	40		
T08	铰2×ϕ10H7孔	ϕ10AH7铰刀	100	30		
编制		审核		批准		日期	共页	第1页

（5）数值计算。（略）

（6）编写程序清单。（略）

第二组：

（1）图样分析。毛坯为100 mm×80 mm×21 mm 板材，毛坯六面已加工好，需完成凸台及上表面、凹槽、孔的加工，该零件的加工有尺寸公差要求。

（2）装夹方式。采用机用平口虎钳装夹，伸出钳口7 mm左右。

（3）确定工艺方案及加工顺序。平面用铣削方法加工，因其表面粗糙度值为6.3 μm，故采用粗铣-精铣方案。内外轮廓加工：先粗加工凸台，再换键槽刀粗、精加工槽，然后再精加工外轮廓，都采用顺铣；最后完成孔的加工。具体加工顺序参如表2-8-7所示。

表2-8-7　数控加工工序卡片

单位名称	实训中心	产品名称或代号	零件名称	零件图号	
		实训件2	模板	LAT11	
工序号	程序编号	夹具名称	使用设备	数控系统	车间
2	LX003	台钳	XK714D	Siemens 802D	第一车间

续表

工步号	工步内容	刀具号	刀具规格 R/mm	主轴转速 n/ (r/min)	进给速度/ (mm/min)	背吃刀量	备注
1	粗铣坯料上表面，留余量0.5 mm	T01	ϕ125	180	50	0.8	
2	精铣上表面至尺寸	T01	ϕ125	180	40	0.2	
3	粗铣外型轮廓，单边余量留0.5mm	T02	ϕ20	500	100	2.5	
4	粗铣矩形槽，单边余量留0.5mm	T03	ϕ10	600	90	2	
5	精铣外型轮廓至尺寸要求	T02	ϕ20	700	80	0.2	
6	精铣矩形槽至尺寸要求	T02	ϕ20	700	80	0.2	
7	钻2×ϕ10H7孔至中心孔	T04	A3	1000	40		
8	钻2×ϕ10H7孔至ϕ9.8mm	T05	ϕ9.8	300	40		
9	铰2×ϕ10H7孔	T06	ϕ10AH7	100	30		
编制	审核	日期		共1页	共1页		

(4) 选择刀具。平面铣削采用ϕ125硬质合金面铣刀；外轮廓粗加工采用ϕ20高速钢立铣刀；外轮廓及矩形槽精加工采用ϕ20立铣刀。铣矩形槽采用ϕ10键槽铣刀。刀具及切削参数的选择见表2-8-8所示。

表2-8-8　数控加工刀具卡片

刀具编号	加工内容	刀具规格/mm	主轴转速/ (r/min)	进给速度/ (mm/min)	刀具长度补偿	刀具半径补偿
T01	铣平面	ϕ125面铣刀	180	40		
T02	粗铣外轮廓	ϕ20立铣刀	450	80		D02
T03	粗铣矩形槽	ϕ10键槽刀	600	70		D03
T03	精铣矩形槽	ϕ10键槽刀	800	50		
T02	精铣外轮廓	ϕ20立铣刀	900	40		D04
T04	钻中心孔	ϕ3中心钻	1000	40		
T05	扩2×9.8mm孔	ϕ9.8mm直柄麻花钻	300	40		
T06	铰2×ϕ10H7孔	ϕ10AH7铰刀	100	30		
编制	审核	批准		日期	共页	第1页

（5）数值计算。（略）

（6）编写程序清单。（略）

五、项目工作的评价

项目完成后，评价环节对于学习者全面系统地总结自己学习成果、及时发现并改正自己的做法是十分重要的。项目工作评价一般分为自我评价、组内评价、组间评价和教师评价。自我评价是组长、组员对自己的工作进行的评价；组内评价是对小组工作成果进行的评价；组间评价是对其他组的工作成果进行的评价；教师评价是对每个人、每个组的表现及其工作成果进行的全面系统的评价。评价表一般如表2-8-9所示。

表2-8-9　项目工作评价表

序号	评价对象	评价项目	评价
1	组长	组织方法	
		沟通方式	
		获取支持	
		制订计划	
		进行决策	
2	组员	配合方式	
		沟通方式	
		获取信息	
		相关知识	
		技能	
		积极态度	
3	成果	分析图样	
		工件定位装夹方式	
		加工方案及加工顺序	
		选择刀具、切削参数	
		数值计算	
		编写程序清单	
		总体评价	

评价标准和成绩评定等级不能采用相对评价的百分制和优秀、良好等模糊的评价，而用绝对评价，评定等级要明确，可采用表2-8-10所示的能力评价标准评价。

表2-8-10　能力评价等级标准

等　级	能力评价
4	C. 能高质、高效地完成此项技 能的全部内容，并能指导他人完成 B. 能高质、高效地完成此项技能的全部内容，并能解决遇到的特殊问题 A. 能高质、高效地完成此项技能的全部内容
3	能圆满完成此项技能的全部内容，并不需任何指导
2	能圆满完成此项技能的全部内容，但偶尔需要帮助和指导
1	能圆满完成此项技能的部分内容，但在现场的指导下，能完成此项技能的全部内容

第四节　模拟教学设计

模拟教学包括设备模拟教学和情景模拟教学。设备模式教学常常用在飞机、高铁、地铁、汽车等的驾驶和各种工具的操作和使用。由于设备模拟教学比较简单、也比较成熟，本节将不介绍设备模拟教学设计，只对情景模拟教学进行设计。情景模拟教学主要用于培养学生在不同情景下，情景导向的思维、规范但超越的行为等职业特质。因此，在服务业专业大类中广泛应用。

一、情景描述的设计

情景描述应把职业活动发生的时间、地点、人物、事件、场合等描述清楚，以便于学生对情景进行分析和采取职业行动。情景描述采用不同的形式，如图片、视频、音频、文字、现场表演的情景剧（提前做好准备效果佳）、老师或学生口述，突出对所采取的职业活动产生影响的要素和细节，常常把上述形式进行组合效果更佳，其目的就是把对采取职业行动发挥作用的情境要素和细节尽可能准确、完整地表达给学生，便于准确分析和采取有效的职业行动。店外迎送礼仪教学的情景描述设计如下：

金秋10月，小李接到去北京首都机场迎接一位加拿大客人的任务。这位客人从加拿大温哥华飞来，将于上午9：40降落北京首都机场。从资料看，这位客人是一位60多岁的男士，长期从事国际贸易工作。

二、情景分析的设计

店外迎送服务是“饭店代表”代表饭店在机场、车站、码头等主要交通口岸，欢迎客人到来、介绍有关信息、解答客人问讯，为客人提供高效、满意的接送服务，让客人感到安心、舒心、放心，感受便利、热情、温馨，体会重视、关注、尊严，从而对饭店产生深刻的第一印象。因此，饭店代表规范的着装礼仪、适度的表情礼仪、得体的行为仪态、礼貌的语言礼仪、优雅的交往礼仪代表了酒店全体服务人员的精神面貌和酒店的整体服务水准，如图2-8-18和图2-8-19所示。

图2-8-18　交往礼仪1

图2-8-19　交往礼仪2

初次见面，饭店代表主动问候、自我介绍、确认身份；引领上车、通知总台、当面交流、介绍情况、接受咨询、解答疑问、引领入店、协助办理入住……及时满足客人所需信息，让远道而来的客人感到亲切和方便，感受到来自饭店的关照和体贴。

情景分析的设计一般要从对象、时间、地点、事件等方面进行分析。可以首先采用头脑风暴讨论问题原则，带领学生进行情景分析，制定迎接方案。然后，教师进行情景分析的总结。店外迎送教学的情景分析教师总结如下：

1. 客人与文化分析

60多岁的从事国际贸易的加拿大商人。加拿大坐落在北美洲，是一个多民族、多元文化的国家。因此，要进一步确认这位商人的文化背景。

2. 时间与气候分析

虽然10月的北京气候宜人，上午9点多也是一天最好的时间，但由于从温哥华飞来北京需要10多小时，客人60多岁，还会有些疲劳。

为此，迎接要在礼仪规范下尽量缩短迎接时间，在送往酒店的路上，尽量让客人多休息。

3．事件与场合分析

店外迎送是客人感受酒店服务的第一环节，饭店代表良好的职业形象、职业素养、专业服务会给客人留下鲜明而深刻的第一印象。因此，饭店代表规范的着装礼仪、适度的表情礼仪、得体的行为仪态、礼貌的语言礼仪、优雅的交往礼仪代表了酒店全体服务人员的精神面貌和酒店的整体服务水准。店外迎送礼仪突出仪容服饰、目光、致意、介绍以及语言等礼仪，做到既注重礼仪外在形象，又注重礼仪内涵；既遵照礼仪规范，更要超越规范。

4．店外迎宾过程分析

店外迎宾服务将以迎宾准备、机场等候、问候引领、途中介绍、店面交接的规范为基础，依据机场迎宾情境，超越饭店固有的迎宾服务规范，提供个性化服务，尤其在面客阶段，优化问候引领、途中介绍和店面交接各阶段的服务细节，突出恰当礼仪、快捷式的服务、提供安静的沿途休息及快速入住服务，令旅途疲惫的客人快捷入住，尽早满足入住休息之愿。整个迎宾服务，李先生均感受到了这种善解人意的服务意识和举动，客人对服务的感动和称道更多出于这样的缘由。

5．服务心理分析

（1）首轮效应：也称第一印象或心理定势，大都是在看到或听到对方之后的一刹那形成的，通常只需30 s甚至3 s的时间。一个清新的微笑，一句轻声的问候，会给客人带来美好的第一印象，宾客才会对酒店员工所提供的服务感到满意。

（2）亲和效应：是指人们在交际应酬中，往往会因为彼此之间存在某些共同之处或近似之处，从而感到相互之间更加容易接近。

（3）末轮效应：是指在服务过程中，服务人员和服务单位所留给服务对象的最后的印象。即服务过程要“善始善终”。末轮效应产生的效果好在许多时候要比首轮效应难度更大，它会决定客人对酒店的记忆，甚至直接影响回头率。

三、相关知识的设计

相关知识设计应依据完成工作的需要。店外迎送礼仪突出“仪容服饰、目光礼仪、致意礼仪、介绍礼仪、语言礼仪”，做到既注重礼仪外在形象，又注重礼仪内涵。因此，店外迎送教学的知识设计如下。

(1) 仪容服饰礼仪如表2-8-11所示。

表2-8-11　仪容服饰礼仪

礼仪操作要点		礼仪作用
	(1) 着装规范 工装干净，无皱褶、无污渍、无头屑；熨烫平整，纽扣齐全，衣袖不卷不挽；要慎穿毛衫，巧配内衣，少装东西；服务牌戴在左胸偏上部位；鞋内无味，鞋面无尘，鞋底无泥。袜子以深色、单色为宜，男士最好是黑色的，女士最好是肉色的	展示员工的精神风貌、体现酒店的规格和标准，满足客人对重视、尊严的需要，让客人感受到酒店服务的专业和自身的尊贵
	(2) 仪容整洁 保持良好的个人卫生习惯，坚持每日洗澡更衣。面部整洁，平时做好洁肤和护肤工作，保持眼角、嘴角的卫生。男士胡须、鼻毛及时清除。口腔无异味、无异物。发型整洁、规范，长度前不覆额、侧不过耳、后不及领；发式清新利落；发色正常。注意手部保养和清洁，指甲无污垢，不留长指甲，只能涂无色或肉色指甲油。女士上班时间化淡妆，选择接近肤色的粉底，使肤质显得细腻；重点是睫毛和唇彩；用腮红调整脸型。彩妆要自然、协调，不要在客人面前化妆。发长适中，发式适合，发色自然。前发不覆额、侧发不盖耳，后发不过肩	

（2）目光礼仪如表2-8-12所示。

表2-8-12 目光礼仪

礼仪操作要点		礼仪作用
	（1）注视部位 注视双眼到下颌。自己说话，看对方眼睛；对方说话，看他的口鼻	恰当的目光礼仪能营造一种亲切温和、融洽和谐的气氛，让客人感到平等、舒服、重视、尊敬，产生安全感、信任感、优越感
	（2）注视角度 最好的角度是平视或仰视	
	（3）关注内容 目光热情、专注、亲切、有神、诚意、尊重	
	（4）对视时间 对视占交谈时间的30%～60%，连续注视对方1～2 s	

（3）致意礼仪，如表2-8-13所示。

表2-8-13 致意礼仪

礼仪操作要点		礼仪作用
	（1）起立致意 尊者来去时起立致意	亲切自然的致意有表达力和感染力，可以拉近距离，表现礼貌，显得彬彬有礼、落落大方、温文而雅、周到得体
	（2）微笑致意 致谢、致歉时微笑致意	
	（3）点头致意 同一地点多次见面、一面之交或不宜交谈的场合点头致意	
	（4）欠身致意 表示对人的恭敬用欠身致意	
	（5）招手致意 招呼较远的熟人可招手致意	

（4）介绍礼仪，如表2-8-14所示。

表2-8-14 介绍礼仪

礼仪操作要点		礼仪作用
	（1）自我介绍 自我介绍是告知自己的姓名、身份、目的、愿望	自我介绍，是把自己的情况告诉对方，让客人有安全感和自豪感；为他人介绍，则是为了让双方尽快了解、交流，尊者有权先了解对方，所以要先请示尊者，后介绍尊者
	（2）介绍他人 为他人介绍要先了解双方愿望，以免冒失；先提尊者；将身份低者介绍给身份高者；姓名并提，实事求是；面带微笑，目光亲切；手势优美，手心向上；口齿清楚，咬准字音；掌握分寸，不涉隐私	

（5）语言礼仪，如表2-8-15所示。

表2-8-15　语言礼仪

礼仪操作要点		礼仪作用
	（1）态度诚恳 全神贯注地关注客人,发自内心地为客人着想，真诚恳切地与客人交谈	态度诚恳、谦逊专注、语速语调语气音量适中、幽默文雅的语言礼仪可以表达感情、沟通信息、传递尊重、加强信任，使客人对酒店更有兴趣,提高客人对酒店的满意度和忠诚度。有幽默感、学会赞美则可以化解小矛盾，让客人心花怒放，功效更胜一筹
	（2）谦逊文雅 说话态度谦逊，语言礼貌文雅，每句都有文明用语	
	（3）声音礼仪 音质优美、发音清楚，语速均匀、语调柔和、语气亲切、音量适中	
	（4）幽默、赞美 有幽默感，赞美客人，是更高超的语言技巧	

（6）微笑礼仪，如表2-8-16所示。

表2-8-16　微笑礼仪

礼仪操作要点		礼仪作用
	主动微笑、自然大方、眼中含笑、真诚微笑、健康微笑、一视同仁、天天微笑、最佳时机和维持原则。只有对客人尊敬和友善及对自己所从事工作的热爱，才会发自内心地笑对客人。最动人和最感人的笑容，一定是发自内心的、真挚的、真实的。一种是不露牙齿，嘴角两端略略提起的微笑，适合与客人相距较近、无需说话的时候；另一种是露出上排八颗牙齿，热情的微笑，适合与客人相距3 m左右，迎接问候的时候。微笑不仅表示礼貌，它也代表对人的友好与尊重	微笑是表达和交流情感的最好方式，给人和蔼、热情的感觉，加上适当的敬语，会使客人感到亲切、安全。微笑服务可以使客人的需求得到最大限度的满足。客人除物质上的需求外，也要求得到精神上、心理上的满足

（7）赞美礼仪，如表2-8-17所示。

表2-8-17　赞美礼仪

礼仪操作要点		礼仪作用
	赞美客人，要合理巧妙，适可而止，实事求是。具体来说，对于女人，可着重赞美其外貌、能力、丈夫孩子、品位、保养、事业、感觉、智慧；对于中年男子，可着重赞美其努力过程、工作成果、实力、社会地位、事业、气度、家庭、信用；对青年男子，可着重赞美其性格、能力、努力、仪容、判断力、工作、诚意、女友	赞美是酒店员工对宾客的接受、重视与肯定。一个人获得他人中肯的赞美，其内心的愉悦程度，有时是物质享受所无法比拟的。这就要求酒店员工善于发现、恰到好处、适时地对客人值得赞美之处予以欣赏、肯定、称赞与钦佩。它有利于争取客人的合作，使酒店员工与客人彼此和睦友好地相处

四、技能训练的设计

选择一些较为典型、难度又大的技能进行独立训练。目光礼仪、微笑礼仪、介绍礼仪在店外迎迎宾中是比较典型、难度也较大的。设计如下。

1. 目光礼仪训练

礼仪角色：请学生扮演迎宾人员和客人。

礼仪要求：

(1) 注视位置是以双眼为底线，以下颔为顶角的倒三角区域内。

(2) 注视方向是平视或仰视，如图2-8-20和图2-8-21所示。

(3) 自己说话，看对方眼睛；对方说话，看他的口鼻部。

(4) 对视时间占交谈时间的30%～60%，连续注视对方1～2 s。

图2-8-20　礼仪训练1

图2-8-21　礼仪训练2

2. 微笑训练

礼仪角色：请学生扮演迎宾人员和客人。

礼仪要求：

(1) 与客人相距较近、无需说话的时候：不露牙齿，嘴角两端略略提起的微笑。

（2）与客人相距3 m左右，迎接问候的时候：露出上排八颗牙齿，热情的微笑。

（3）练习微笑与目光、声音的结合。眼中含笑，声音融入笑容，欢快甜美。

（4）要有健康的心态、良好的心境和愉悦客人的心情。

训练方法：

（1）面对面微笑训练。

（2）用书遮住眼睛以下部分来训练微笑的眼神。

（3）对个别冷脸于课后单独训练。

（4）对笑脸进行评比竞赛：每周或每月评出一个最佳笑星。

（5）让最佳笑星指导帮助冷脸，让他们早日脱离冷脸行列。

3．介绍训练

礼仪角色：请学生扮演迎宾人员、司机和客人。

礼仪要求：

（1）向客人做自我介绍。要包括称呼、问候、姓名、单位、目的、愿望六个要点。例如："王先生你好！我是香格里拉饭店前厅部的王媛，专程来接您。非常欢迎您来到大连，入住香格里拉饭店！"

（2）为客人和司机作介绍。要先请示客人，得到允许后，将司机介绍给客人；姓名并提，实事求是；面带微笑，目光亲切；手势优美，手心向上；口齿清楚，咬准字音。例如："王先生，请允许我向您介绍一下，这位是我们饭店的司机刘烈。"

五、模拟与评价的设计

将班上学生分成小组，各小组选一位组长带领组员，分别扮演饭店代表和客人，完成店外迎宾服务礼仪模拟操作。

评价包括工作成果评价和学习成果评价两部分。当各组模拟学习达到目标要求后，进行评价。店外迎送客人模拟评价设计如下。

（一）工作成果评价

针对店外迎送的情景和客人的情况，对各小组酒店代表的迎送仪容服饰礼仪、目光礼仪、致意礼仪、问候礼仪和语言礼仪等进行评价，如表2-8-18所示。

表2-8-18　店外迎送礼仪工作评价表

学习目标	评价指标	评价标准	小组评价	教师评价
运用仪容服饰礼仪	礼仪规范	标准		
	超越规范	达到目的		
运用目光礼仪	礼仪规范	标准		
	超越规范	达到目的		
运用致意礼仪	礼仪规范	标准		
	超越规范	达到目的		
运用介绍礼仪	礼仪规范	标准		
	超越规范	达到目的		
运用语言礼仪	礼仪规范	标准		
	超越规范	达到目的		

（二）学习成果评价

按照职业教育服务类技能型人才培养要求，主要评价学生店外迎送礼仪知识、能力以及服务人员职业特质形成的情况，如表2-8-19所示。

表2-8-19　店外迎送礼仪学习成果评价表

学习目标		评价标准	小组评价	教师评价
知识	仪容服饰礼仪规范	阐述		
	目光礼仪规范	阐述		
	致意礼仪规范	阐述		
	介绍礼仪规范	阐述		
	语言礼仪规范	阐述		
通用能力	领导能力	了解、运用领导方法		
	沟通能力	了解、运用沟通方法		
	配合能力	了解、运用配合方法		
	方法能力	具有革新意识		
专业能力	运用仪容服饰礼仪	仪容仪表整洁、规范、得体，达到职业资格要求的能力水平		
	运用目光礼仪	目光专注，微笑甜美，表情亲切，达到职业资格要求的能力水平		
	运用介绍礼仪	先提尊者；目光亲切；手势优美，手心向上；口齿清楚，咬准字音；掌握分寸，不涉隐私，达到职业资格要求的能力水平		
	运用致意礼仪	致意方式恰当、行为得体，达到职业资格要求的能力水平		
	运用语言礼仪	表达亲切、自然、随和，达到职业资格要求的能力水平		

续表

<table>
<tr><th colspan="2">学习目标</th><th>评价标准</th><th>小组评价</th><th>教师评价</th></tr>
<tr><td rowspan="3">特质</td><td>价值追求</td><td>追求客人满意、甚至惊喜的职业活动价值</td><td></td><td></td></tr>
<tr><td>思维特点</td><td>情景导向思维的认识、建立与习惯养成</td><td></td><td></td></tr>
<tr><td>职业态度</td><td>真心诚意，热情主动，有问必答，有求必应、周到细致的态度</td><td></td><td></td></tr>
<tr><td colspan="3">教师、同学建议：</td><td colspan="2">评价汇总：
优秀
良好
基本掌握</td></tr>
<tr><td colspan="5">努力方向：</td></tr>
</table>

第五节　案例教学设计

分析解决问题的能力是人们在职业活动中不可或缺，也是在教育教学活动中不容易培养的能力。案例教学是培养这一能力的有效方法。下面以汽车销售为例进行案例教学设计。

一、案例陈述的设计

案例就是人们在生产生活当中所经历的典型的富有多种意义的事件陈述。在案例挖掘和陈述设计时，需要反映它的四大要素和三大特点。

四大要素包括真实而复杂的情境、非常典型的事件、多个问题的呈现和典型的解决方法。真实而复杂的情境是指案例发生的复杂背景；非常典型的事件是指事件的代表性；多个问题的呈现是指有多个问题特别是疑难问题的出现（这是案例本身意义所包含的潜在亮点处）；典型的解决方法是指有一个或者多个有代表性的解决方法，起到抛砖引玉式的效果。

三大特点包括故事性、戏剧性、意义未尽性等。故事性是指案例本身包含了一个典型的故事情景，可以自然而然地就把人们从无形中带入一种身临其境的情景中，一起与事件中的主人公思考，一起共鸣。戏剧性是指这个故事当中有事件发展的高潮之突破，即故事当中有明显的冲突环节，和主人公如何化解冲突的行为和思考，正是这些冲突环节和矛盾呈现破解细节让人耐人寻味。意义未尽性是指案例当中含有多种可能性，能启发人们更多的思考，启发人们产生人类的某种共同情怀和不一般的感受。它在人们的广泛生产生活中具有很大的偶然性。

汽车销售案例陈述设计如下：

一天上午，突然下起雨来，某家别克品牌4S店的销售顾问小王看见一位女士和一位男士打着一把伞向本店小跑走来，小王急忙带上伞，迎了出去，进店后小王赶紧接过那位女士的伞为其收好，当小王问两位有什么需求的时候，那位女士只是说自己家刚买完车，今天夫妻俩出去办事下雨了，来店里躲躲雨，但小王还是很热情地接待了他们，引导夫妇到休息区入座，为其准备了热饮，夫妻两看小王穿着得体，举止端庄，待人热情可亲，就和小王聊了起来，问了很多有关凯越这款车的疑问，有的问题很专业，但是小王都做了形象而详细的解答。雨小了，夫妻俩和小王告别后离开了本店，没想到的是，夫妻两人不一会就又来到本店直接找小王要求购车，原来这对夫妇两人打算买一辆轿车接送孩子，经过一个月的考察，最后决定在一位朋友介绍的一家别克品牌4S店购买轿车，黄女士对凯越这款车也很是满意，但就是觉得每次和销售顾问沟通的过程中不是很顺畅，对这家店的服务也就不是特别满意，本来早就应该签购车合同，但是黄女士一直在犹豫，因为买车这样的产品，需要后期服务，她总是害怕这家店的服务人员后期对其服务不到位，今天两人对小王的印象都很好，于是决定在小王这购车。

二、相关知识的设计

分析解决问题需要运用人类经验的精华，这就是知识。相关知识的设计在知识范围上要能够满足分析解决问题的需要，在知识的呈现上，要具有完整性、系统性和逻辑性。汽车销售案例相关知识设计如下：

（一）来店客户接待流程及规范

客户就是具有消费能力或消费潜力的人，是服务的接受者或使用者。来店客户是那些来到展厅看车的客户。

汽车销售人员要时刻准备着接待来店看车的客户，做好各方面准备工作，如表2-8-20所示。

表2-8-20　来店客户接待前准备

准备工作	准备工作的具体要点
展厅需备有的物品	(1) 饮水机、饮品、杯子、糖果、烟、烟灰缸（干净）、雨伞等准备； (2) 电脑、展厅集客量统计表、洽谈记录本、名片、笔等准备； (3) 查看商品车库存（品种、颜色、数量、优惠标准等）情况及即将到货情况； (4) 浏览当月工作计划与分析表
销售顾问准备的物品	(1) 办公用品—计算器、笔、记录本、名片（夹）、面巾纸、打火机； (2) 资料—公司介绍材料、荣誉介绍、产品介绍、竞争对手产品比较表、媒体报道剪辑、客户档案资料等； (3) 销售表—产品价目表、（新、旧）车协议单、一条龙服务流程单、试驾协议单、保险文件、按揭文件、新车预订单等

（二）来店客户接待流程

不同的汽车销售企业对来店客户接待流程不是完全相同的，但步骤大致相同，如图2-8-22所示。

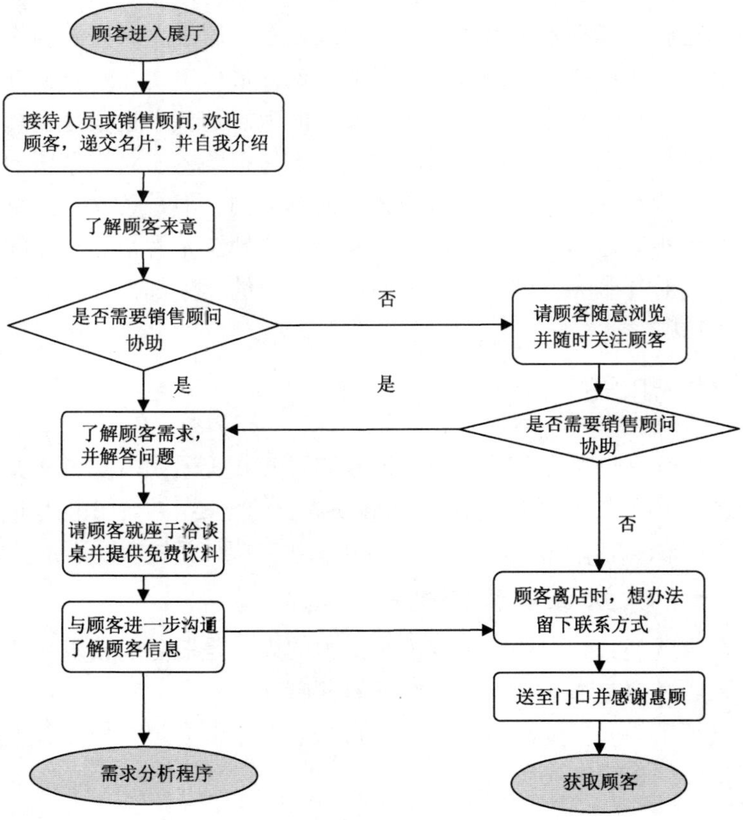

图2-8-22　来店客户接待流程

（三）来店客户接待规范

客户来店的目不同，汽车销售人员接待客户应遵循的接待规范也不同，如表2-8-21所示。

表2-8-21　来店目的不同的客户接待规范

来店目的不同的客户	接待规范要求
客户来店目的是问路、寻厕	（1）和善地指示客户道路（用地图）或厕所的方向； （2）如果客人没有马上离去，请客人在客户休息区稍做休息，并奉茶水； （3）如果客人对新车有兴趣，则伺机提供商品介绍
不买车要求和专营店的某人谈话	被访者的情况： （1）先请客户在客户休息区坐下； （2）马上通知被访者会客； （3）奉茶水并说："先生（小姐）请用茶，请稍等一下，X先生马上就来"； （4）陪同客户，直至证实他可以得到适当的帮助为止
	被访者不在的情况： （1）"X先生刚好外出，请您先坐一下，我们马上帮您联络"。先请客户在客户休息区坐下，马上联络被访者； （2）先询问客户需求，且视情况主动关怀并提供服务； （3）奉茶水并说："先生(小姐)请用茶，我们已经在帮您联络X先生"； （4）若无法联系到被访者，且本人无法为其服务，则请客人留下姓名、电话及来访目的之后，再请被访者尽快和他联系。或写下被访人移动电话号码，请客户与被访人联系； （5）此时应感谢客户的光临，请求谅解，并表示今后如有需要，将再提供效劳
客户来店目的是寻求援助	（1）表示急切地关心，请客户坐下； （2）奉茶水、饮料； （3）问清楚车况及可能发生故障的原因； （4）马上通知相关人员处理
客户来店目的想自己看看某种车	（1）感谢客户的光临，递上你的名片以便提供进一步的帮助； （2）让客户自己随意浏览参观，业务代表行注目礼，随时准备服务。适当时机奉茶并说："先生（小姐）请用茶"； （3）尽可能留下客户资料，但不可强求
客户来店目的是想看看某种车并需要帮助	（1）具体问清楚客户，你怎样才能为他效劳。以你自己的话重复客户所说的话，请客户确认你对其来访目的的理解； （2）感谢客户的光临。适当时机奉茶并说："先生(小姐)请用茶"。并向客户递上你的名片； （3）若客户有疑问状时可询问："先生（小姐）您好，不知道您喜欢哪一款车？"或"有什么我可以为您服务的吗？"； （4）若客户愿意继续交谈，向客户说明你想问他一些问题，以便能更好地为他提供服务，判断他是否愿意转到"咨询"步骤（允许则继续进行）

续表

来店目的不同的客户	接待规范要求
客户来店目的是想看看某种车但展厅没车	(1) 先请客户坐下，奉茶，建立良好关系。 (2) 先用型录或各种手册、影像资料等为客户做商品说明。 (3) 用自己或同事座车做介绍，但要车况良好者。 (4) 征求客户同意，指引到附近有车的展示室看车。 (5) 查明有车的时间，和客户另约时间看车，在约定日前一天再和客户确认时间
客户来店目的是想借此处休息	(1) 表示关心，请客户坐下； (2) 奉茶水、饮料； (3) 尽量陪同客户，适时和客户沟通，建立良好的关系

在客户要离开展厅时客户接待人员应送客户到门外，并说："欢迎下次光临，请慢走"。客户离店后，及时整理、分析并记录有关资料，以方便后续操作。并根据接待情况填写"来店（电）客户登记表"和"意向客户管理卡"，业务助理下班以前完成汇总填写"展厅来店（电）人数及销售状况统计表"（来电客户也要填写上述三个表）。

三、来电客户接待流程及规范

（一）来电接待的目的

汽车销售人员为来展厅看车的客户提供专业接待服务，同时也要为来电话咨询的客户提供好的服务，帮助客户了解本店和本店的产品，具体的来电接待的目的如图2-8-23所示。

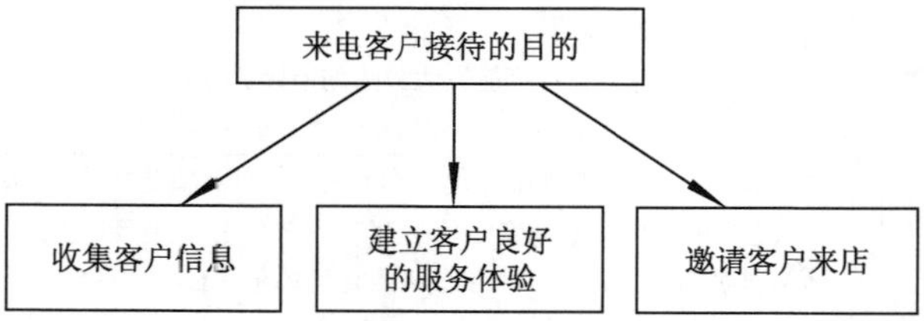

图2-8-23 来电接待的目的

（二）来电接待前资料准备

电话接待人员要准备的资料主要有以下几类：

(1) 电话记录表。

(2) 公司内部电话本。

(3) 有关车型资料、按揭资料、库存信息资料、促销信息资料。

(4) 售后服务有关信息资料。

(三) 来店客户接待流程

来电接待具体流程如图2-8-24所示。

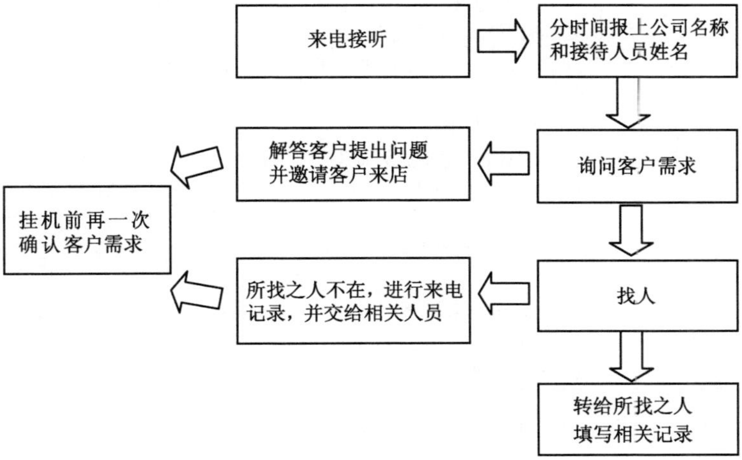

图2-8-24　来电接待流程

(四) 来电客户接待规范

(1) 接听固定电话时在电话铃响三声内接听电话且热情地说："您好，××汽车专营店"或"××专营店，××节好"(各重要节日前使用)。在接听移动电话时应热情地说："您好，我是×××"。

(2) 确定客户来电需求，分别加以应对，如表2-8-22所示。

表2-8-22　接待不同需求来电客户的规范要求

客户的需求	接待规范
电话找人	(1) 礼貌地问客户你如何能为他效劳； (2) 以礼貌和帮助的态度弄清客户的需求，如果是电话找人，则将电话转到恰当的人； (3) 告知客户他的电话将予转接，并告知他转接电话的人的姓名； (4) 若在附近则用手遮住话筒，再请被访者来接听。简单向被访者者说明客户的需求，以节省客户的时间，使其不必再重复所说的话； (5) 如果被访者正忙，就询问客户是否愿意等一下，但不能让客户等待超过10 s，否则应转回来和他谈话，并问他是否可以再等一等； (6) 如果被访者不在，记录信息，询问客户怎么给他回电话

续表

客户的需求	接待规范
询问商品相关事宜	(1) 回答客户询问前先问："请问先生（小姐）贵姓？"必要时重述来电者问题以示尊重，并做确认； (2) 亲切地回答问题，若无法回答时则请客户稍等，向同事问清答案后再回答，或请同事代为回答； (3) 客户咨询车的价格、配置等相关问题时，一定要非常流利、专业的回答。电话报价时，应遵循公司所规定的统一报价，其他费用明细应报得非常准确； (4) 如客户电话是咨询售后服务的，应尽可能的帮助解决，不能解决的应让客户留下联系电话，并马上交给售后服务部负责跟进。同时，业务代表在"来店/来电登记表"上注明相关内容； (5) 如客户来电目的是咨询二手车事项，则详细对应见"二手车销售规范"； (6) 主动邀请客户来专营店并尽可能留下客户资料（但不可强求），可说："X先生（小姐），为了让您能有更加深入的了解，请您留下电话或地址，我们会再和您联络或寄型录及资料给您"

(3) 感谢客户来电，如接听固定电话则再次明确告知专营店的名称和你的姓名。

(4) 先等对方挂断电话后再挂电话。

四、案例讨论的设计

组织学生对案例进行讨论是案例教学法的关键。学生运用刚学的或是以前学过的知识对案例展开讨论。组织案例讨论可分为小组讨论和全班讨论。小组讨论一般4～6人一组，小组讨论时学生相互发表各自的见解，设有小组发言人，记录发言要点、解题思路及小组讨论中存在的疑难点，做好小组发言的准备并积极发言。其他小组提出补充意见或是反对意见，也可从其他方面另行分析。然后学生或教师对案例讨论做总结，针对小组讨论中不能解决的焦点问题在全班讨论或辩论，教师加以引导启发，达到以"例"明"理"，以"理"释"例"，以"例"明"德"，以"理"导"行"的目的。

汽车销售案例讨论设计如下。

本案例中的汽车销售人员（汽车销售顾问）小王能够成功销售一辆凯越轿车，靠的是运气吗？显然不是。在这次成功销售中，我们从小王身上看到了什么？

(1) 良好的职业形象和职业素养吸引这对夫妇（夫妻两看小王

穿着得体，举止端庄，待人热情可亲）。

（2）扎实的专业知识赢得这对夫妇的信任（夫妇问了很多有关凯越这款车的疑问，有的问题是很专业，小王对他们提出的问题都做了形象而详细地解答）。

（3）规范的客户接待流程获得了客户的认可（小王出门迎接客户—咨询客户需求—引导客户入座—送上热饮—为客户解答一下问题，和客户建立了良好的关系）。

五、案例推演的设计

案例推演是通过案例情景再现或者设置新的情景，训练学生分析解决问题基本素质的能力教学环节。

汽车销售案例讨论设计如下。

案例情境是一位青年夫妇，下午3点来到汽车展厅，停留在一款刚刚上市的车前，由你这个销售顾问来接待客户。

规范推演：学生按照规范来完成客户接待业务。

学生要做到：以较好的职业形象来接待顾客，较为规范的流程接待顾客，初步分析客户需求。

超越推演：学生按照规范上的灵活方式完成客户接待业务。

学生要做到：以规范上的灵活方式接待顾客，用职业的语言回答顾客的问题，有技巧地提问，初步分析客户需求。

具体要求：

（1）客户接待的礼仪，动作是否规范，仪表、仪容是否得体。

（2）是否体现了服务意识。

（3）接待客户是否符合客户接待规范要求。

（4）能否初步分析客户的需求信息。

六、总结点评的设计

教师总结点评是案例教学法的归宿。教师要及时总结评价学生讨论案例的闪光点，分析案例问题的疑难点，有针对性地引导学生对案例进行深入的分析。对学生讨论中暴露出来的问题针对性地点拨，教师要教会学生运用辩证的方法来探究解决案例问题，和学生一起总结出各种解决问题的方案，教会学生有效地运用所学的知识来解决案例或实际问题。

汽车销售案例讨论设计如下。

作为一名汽车销售顾问要想为客户提供最好的接待服务，不但要掌握客户接待流程、客户接待礼仪等规范，更要养成情景导向的思维、规范并超越规范的职业行为，最重要的是职业精神和服务情感。

第六节　角色扮演教学设计

在职业活动中，每个人都是以职业角色出现的。认识职业角色，不同职业角色的立场、价值、情感、责任等是做好不同职业角色的重要素质。角色扮演教学法是培养学生形成这种素质和能力的有效方法。下面以处理物业管理“收费纠纷”问题为例进行角色扮演教学设计。

一、教学准备的设计

在本阶段，教师需要明确角色扮演教学的对象，教学目标，教学内容，为保证模拟教学课程的顺利进行做好充分的课前准备。

物业管理“收费纠纷”角色扮演教学准备设计：

教学对象：

物业管理专业学生。这些学生具备一定的物业管理知识，但没有解决此类问题的经历。

教学目标：

以探索业主权利与义务、角色意识和心理情感为主题，通过角色模拟，深化学生对业主的权利与义务、角色意识和心理情感的理解。具体目标如下：

（1）解释物业服务收费的依据、原则，同时运用好物业管理纠纷处理的依据、原则、方式、程序等。

（2）建立起角色意识，以角色心理、情感和义务、权利等掌握处理以“收费纠纷”为背景而产生的一系列问题的心理和情感技巧。

（3）通过查找、阅读、归纳有关资料，培养检索资料、处理信息的能力。

（4）培养学生关注社会、关注现实的习惯，培养学生与业主沟通的能力和社会活动能力。

背景材料：

背景材料一 ：小区业主小李发现物业管理费中还包括物业管理企业的书报费、通讯费以及服务人员的服务费，他认为这些费用不应由业主承担，应从物业管理费用构成中删除，因此，拒不交纳该部分费用。

背景材料二：在一个冬天，某小区的一位业主小王因生意的关系外出，时间较长，无形中造成了物业管理费的拖欠，管理处人员A打了两次电话联系，凑巧没有接通。由于收取物业管理费的业绩与管理员的薪资直接挂钩，该管理员便风风火火地采取了强硬措施，给这位业主的住宅停水停电（属二次供电，物业管理处可以掌控），只等业主上门交费。某天夜半时分，该业主风尘仆仆回到小区，打开房门，一摁开关，没电！只好准备洗漱一下早些休息等明天再说。但一开水龙头，没水！突然感到了房间里的一股凉气，一摸暖气，冰冰凉！业主小王还发现家中电冰箱的物品腐烂，鱼缸中的昂贵观赏鱼死亡，高档花卉被冻坏。小王顿时火冒三丈，原本想赶快把欠缴的各项费用交齐，顺便给管理员道个歉，谁知却遇上这样的结局，不但彻底打消了交费的念头，对管理处的服务更是完全失望。

背景材料三：小区一楼有一位业主在装修时，委托物业管理公司联系了一家装修公司进行装修。在装修过程中，不知是业主授意，还是装修公司大意，在隐蔽工程中，将三楼一位业主家中的电 “窃”到自己家中，用上了很便宜的电。三楼业主在不知情的情况下，一直按时、足额缴纳各项费用，只是心中隐约感到自己家中的用电量有出入，但因为平时生意繁忙，经济收入也不错，便没有深究。一次，三楼业主因业务关系，要外出较长的一段时间，临走时，恰恰刚交完电费，便关闭了家中所有的用电设备。三个月后，该业主回到家，发现家中停电，居然是欠费所致。他便急急忙忙赶到相关地方查询，被告知在其外出的这一段时间，又用了多少电量，欠费未交，系统停止供电。该业主请来专业的技术人员进行了种种测试，最终找到了从自家“偷电”的一楼业主。三楼业主十分气愤，要求物业管理公司进行协调，让一楼业主赔偿几年所盗用的全部电费。否则，其他费用一律停交。谁知，一楼的业主却表现出一脸无辜，说装修公司是物业管理公司介绍的，这其中的来龙去脉，他也不清楚，赔偿的事情应由物业管理公司负责。

二、教学实施的设计

角色扮演教学实施分为情景创设、角色扮演、教学检查、再扮演和考核评价五个阶段。物业管理“收费纠纷”角色扮演教学实施的设计如下。

第一阶段：情景创设阶段

教师将背景材料发到学生手中，组织学生仔细阅读，并帮助学生分析理解，以保证学生理解案例的背景。然后，提出问题：

（1）假设你是上述材料中的业主，你会用什么理由来说明自己的行为是合理的。

（2）假设你是该小区的物业管理员，物业公司主任面对这种纠纷，你将采取什么样的措施来化解矛盾。而你采取的措施又有什么样的法律支持。

（3）你认为物业管理收费纠纷的预防措施应从哪些方面入手。

（4）正确认识和解决物业管理收费纠纷问题的意义何在。

第二阶段：角色扮演阶段

这个阶段包括角色选定和剧情演绎两个步骤。

第一步，角色选定。在本次扮演中， 教师将学生分成若干小组，每组7人，同时，教师确定本次角色扮演教学中学生需要扮演的角色：

学生一——小区业主小李，认为物业管理费中某些费用构成不合理，拒绝交纳他认为不合理的费用。

学生二——小区业主小王，因出差原因无形中造成管理费的拖欠，遭到物业管理人员的强硬对待，对物业公司非常失望，不愿交纳管理费用。

学生三——材料三中的小区三楼业主，认为自己家的电被一楼业主窃用，要求物业管理公司出面协调，不然就拒绝再交纳电费。

学生四——材料三中的小区一楼业主，认为自己所请的装修公司为物业管理公司介绍，因而“窃电”一事与自己无关，拒绝交纳所“窃”电费。

学生五和学生六——物业管理员A、B负责处理物业公司与业主小李、小王之间的纠纷。同时还要负责对一楼业主与三楼业主之间的矛盾进行协调。妥善解决好三个材料中的“收费”问题。

学生七——物业管理企业负责人，对管理员A、B的处理办法进行总结和完善，并提出指导意见。

角色选定完成后，教师列出学生所需要的参考资料，学生准备现场、查阅资料，为下一步要进行的剧情演绎做好准备。

第二步，剧情演绎。剧情演绎是学生进入实践的中心环节，学生在做好充分准备的基础上，凭借已有的专业知识，带着老师提出的问题进入所创设的教学情景，组织小组成员进行表演，以检验专业理论。在一个小组进行角色模拟的时候，教师和其他小组的同学要仔细观看，并把该小组出现的问题一一记录下来。在表演过程中，教师应当适时引导，适当启发，保证现场不会冷场，能够有序进行。学生要根据自己所扮演的角色特点，进行现场发挥，完全依赖自己的创造性去发展自己的角色。在这一阶段，学生的主体创造力能够得到充分的发挥。此外，还要求其他小组的同学必须保持现场的安静，不发表任何意见，不能打断模拟表演，有什么不同的意见或看法，先做好记录，在模拟表演结束后再进行分析和讨论。

剧情演绎的现场既可以选择在教室，也可以选择在户外进行。这里选择在多媒体教室进行，利用多媒体展现与本次教学主题相关的图片、文字、视频资料。

教师组织学生进行小组抽签，以决定各小组的表演顺序。第一小组开始表演，教师告诉小组，剧情需要按照顺序对材料一、材料二、材料三中的问题逐个进行解决。

剧情演绎第一阶段:业主小李作为业主委员会的代表到物业管理处向管理员A、B反映业主意见。小李反映，小区业主普遍认为物业管理费收费有些偏高，希望管理公司能够重新确定物业管理费。扮演小李的同学将自己手中某小区电子版的物业服务收费清单通过投影仪展示在大屏幕上，很多同学均感到这种收费标准确实偏高。这时，管理员A，便从物业管理企业负责人那里把原来做的物业管理费的测算表拿给业主小李看，同时也在大屏幕上向同学们展示。小李发现物业管理企业的书报费、通讯费以及服务人员的服装费都包含在费用构成中，小李认为这部分费用不应该由广大业主来承担，应从费用构成中删除。此时，管理员A向小李解释说“这是国家规定的合理费用构成，我们都是照章办事的。”

接着管理员A还拿出了相关的文件给小李看，并再次向小李解释，国家规定的物业管理收费的费用构成共有9项。第一，管理服务人员的基本工资，按规定提取的福利费、加班费和服装费；第二，公共设施、设备日常运行维修及保养费；第三，绿化管理费；第四，清洁卫生费；第五，保安费；第六，办公费；第七，物业管理企业固定资产折旧费；第八，利润；第九，法定税费（营业税、城市建设维护税、教育附加费）。因此，物业管理公司所收取的物业管理企业的书报费、通讯费、服务人员的服务费都是合理的，是有相关政策法规依据的。如果业主有疑问，可以拨打物业服务收费价格举报电话12358进行询问或者投诉。管理员A在大屏幕上用大号字体显示该电话号码，以加深同学们的印象。

管理员A接着说道，物业服务收费还遵循了费用与服务水平向适应的原则。服务与收费有五个方面的关系，其中就包括了服务人员的数量、素质、技能，业主的感受及评价等。此外，如果一个住宅小区没有其他的资金来源渠道，物业管理公司只是单纯的靠收取物业管理收费来维持运转，那么每户收费标准即为前面九项之和再除以总建筑面积和12 个月，这样就得出了每户每月每平方米应该交纳的物业管理费用。

听了管理人员的解释，小李的疑惑也解开了，知道了物业管理公司并没有乱收费，因此愿意回去向广大业主解释清楚并继续交纳管理费。小李同时也提出，希望物业公司能进一步提高服务质量，让自己的管理费也“物有所值”。管理员A虚心接受了业主代表的建议和意见。同时，A也表示，为了避免类似误会的再次发生，本小区的物业服务收费将会考虑采取“明标价码”的方式，即在物业管理区域内的显著位置或收费地点设置公示栏、公示牌、收费表、收费清单、收费手册、多媒体终端查询等，让业主可以随时了解收费的具体信息，实行收费透明化，监督公开化。

（业主小李和管理员A退场，管理员B、物业管理企业负责人和业主小王上场)

剧情演绎第二阶段，管理员B到业主小王家催费，首先吃了个闭门羹。管理员B再次到小王家催缴物业管理费，小王态度生硬并且非常生气地说，自己原本是因为出差这个客观原因导致管理费用的拖欠，并非有意不交。本打算回家后，处理完实务就赶快把欠缴的各项费用交齐，再顺便给管理员道个歉，谁想到却遇上这样的结局，现在，对物业公司的服务彻底失望了，也彻底打消了交费的念头。

（小王通过大屏幕向同学们展示了家里断水断电断暖气后的图片电冰箱里腐烂的食品，鱼缸中死亡的观赏鱼，被冻坏的高档花卉。现场同学都对小王表示同情，认为物业管理公司的做法非常过分。此时，教师可以提问，认为物业管理公司做法不对，支持小王不缴管理费的同学请举手。然后教师再问认为小王应该交纳管理费的同学请举手。教师只需将结果进行统计，不需加任何评论）

纠纷解决的前期阶段学生们的观点统计如表2-8-23所示。

表2-8-23　纠纷解决的前期阶段观点统计

观点统计	人数	合计
支持小王不交管理费	25人	35人
认为小王应该交管理费	10人	

管理员B向业主小王解释说，自己也是不得已而为之，因为收取物业管理费的业绩是与管理员的工资直接挂钩的，如果不给小王停水停电，那么，自己的工资就要被扣了，因此希望小王能够理解。而小王认为，物业公司只是站在自己的角度考虑，完全不顾业主的利益。因此，小王不接受管理员B的解释，还要求物业公司支付自己家中因停水停电停暖而造成的损失。

管理员B无法化解与业主小王之间的纠纷，于是将情况上报给公司负责人。于是，物业公司负责人过来与小王进一步沟通。小王对负责人说，自己通过咨询相关部门了解到，物业内的水、电供应是由相关的供水、供电部门负责的，作为物业管理服务单位的物业管理企业不是管理水、电的相应职能部门，无权擅自停止对业主日常生活至关重要的水、电供应。虽然在现实生活中，有关部门往往委托物业管理企业代其收取水、电费，但也只是代收费用而已，并未授权物业管理企业停止对业主供水、供电。因此，物业管理企业停止对业主供水、供电，没有任何法定或约定的授权，如果造成业主损失，即构成侵权，应承担相应责任。因此小王坚持要求物业公司赔偿自己的损失。

该负责人首先批评了管理员B的行为过于草率，并让管理员B为自己的鲁莽行为向业主小王道歉。同时也为公司没有调查清楚具体情况而贸然行动造成了业主小王的损失，向小王道了歉。负责人良好的态度获得了小王一定程度的谅解。

负责人进一步向小王解释道，根据《××省物业管理条例》第四十条之规定，如果业主不按规定交纳物业管理费、维修费等分摊费用，物业管理公司可以催收，并限期交付。如果业主逾期仍未交付，那么，按照合同约定，物业管理公司可以加收滞纳金。物业管理公司也可以依法向人民法院起诉，还可以累积计账，在物业转让是由房地产交易机构代为扣除。

该负责人最后向业主小王表示，按时按规定交纳相关物业费用，是业主的职责和义务，即使有特殊情况不能按时交纳，业主也要向物业公司说明情况，以免发生类似不愉快的事情。因为物业公司在没有得到业主特别说明的情况下并不知道业主是无意拖欠还是恶意拖欠费用，那么，出于对公司利益的考虑，只能采取一些措施。该负责人还表示，鉴于业主小王从无拖欠物业费用的历史记录，此次确属无意拖欠，而管理员在处理事情的过程中也没有充分调查具体情况，采取了草率的行为，造成了小王的损失，对此，物业公司愿意承担部分责任。

（此时，教师再次对同学们的观点进行统计）

纠纷解决的后期阶段学生们的观点统计如表2-8-24所示。

表2-8-24　纠纷解决的后期阶段观点统计

观点统计	人数	合计
支持小王不交管理费	5人	35人
认为小王应该交管理费	30人	

最后，业主小王与物业公司达成和解，小王补交所拖欠的各项物业费用，物业公司也对停水停电停暖给小王造成的损失进行了部分补偿。

（管理员B、物业管理企业负责人和业主小王退场，三楼业主、一楼业主和管理员A上场）

剧情演绎第三阶段，三楼业主对自己家的电费产生怀疑，请来专业技术人员进行测试，发现从自家“偷电”的正是一楼业主。于是，三楼业主向物业管理人员反映该情况，要求物业管理公司进行协调，必须要让一楼业主退还这几年所盗用的全部电费。而在一楼业主退还这笔款额之前，三楼业主拒绝再交纳其他物业费用。

管理员A了解了情况后，立刻找到一楼业主，与他进行商谈，希望能找到一个双方都满意的解决方案。此时，一楼业主的态度并不积极，一楼业主说“当初装修时，所请的装修公司是物业管理公司介绍的，与我无关，赔偿一事，应该找物业公司”。一楼业主陈述的理由如下，第一，既然装修公司是由物业管理公司介绍的，那么，物业管理公司就必须要承担相应的责任；第二，在整个装修进行的过程中，物业管理公司是负责对装修进行监控的，自己并不清楚装修的过程，而现在出现这样的问题，是属于物业公司相关人员的工作失职，因此，物业管理公司应该承担因装修不当而造成的全部经济责任。

面对一楼业主的说辞，管理员A为了不让矛盾进一步尖锐，首先提出一楼业主更改装修线路，以停止对三楼业主的侵权行为。一楼业主接受了这一要求。

第二轮交涉，管理员A向一楼业主和三楼业主说明，在这一事件上，物业管理公司是站在一个中间立场来协调解决两位业主之间的矛盾的，管理公司既不是受益者也不是受害者，只是站在公正的立场来帮助处理纠纷。此外，管理员A继续说明，根据调查，当初物业管理企业为一楼业主介绍装修公司是属于义务帮助而不是有偿服务行为。如果是有偿服务，那么双方都会有约定的合同、协议，而在这些合同、协议中一般都会约定双方的责任与义务。对于装修中的违章行为，物业管理公司、业主、装修公司分别承担多少责任都会有说明。而此次，物业公司的行为是属于义务帮助，那么，责任则应该由一楼业主和装修公司来承担，至于一楼业主与装修公司之间是否存在约定或者协议，就完全是一楼业主个人的事情了。因此，物业公司现在要做的就是协助三楼业主向一楼业主讨要“窃电”的损失。

三楼业主得到了物业公司的答复后，比较满意，愿意继续交纳管理费用。而一楼业主仍不满物业公司的解决方法，拒绝赔偿三楼业主的损失。管理员A于是上报物业管理企业负责人，公司研究认为，一楼业主没有依据国家相关法规制定关于房屋装修装饰的规定进行装修，侵害了三楼业主的利益，建议三楼业主诉诸法律手段来要求一楼业主赔偿自己的损失。而物业管理公司会协助法律、仲裁机构调查取证，协助受侵害的三楼业主挽回损失。

（至此，第一小组的表演阶段结束，接着其他各小组按照抽签顺序依次表演）

第三阶段：教学检查阶段

这个阶段包括自主总结和知识构建两个步骤。自主总结的任务是将学生的角色扮演结果与教学计划和教学目标要求相对照，看看是否达到了预定的教学目标要求，表演中存在哪些问题。演练结束后，首先，各小组对本组的演练进行介绍、分析和总结，以便相互了解，取长补短。

本轮中每个表演小组的成员都对本小组的表现进行评价（见表2-8-25）。仍然从第一小组开始，该小组的成员基本上都对自己的表现比较满意，只有扮演管理员B的同学，因准备不够充分，认为自己表现欠佳。

表2-8-25　第一小组自评表

角色扮演	优秀	良好	及格	较差
对案例判断的准确度				
处理纠纷时对相关知识的掌握程度				
自信心满意度				
现场处理满意度				

接着，第二、三……小组进行自评。

其次，在各小组自评结束后开始小组互评（见表2-8-26）。各小组对其他小组的演练内容和角色表现进行评价或者质疑。

表2-8-26　各小组对第一小组的评价

演练内容	优秀	良好	一般	很差
资料准备的充分度				
纠纷处理方法是否得当				
团队合作精神				
知识点的运用是否准确				
物业管理员与业主的沟通方式是否得当				

通过对第一小组的互评，各小组均认为，第一小组资料准备充分，处理事情的方法也比较合适。值得大家学习。

接着，大家依次对第二、三……小组的表演进行互评。

最后，教师根据学生角色模拟的实际情况以及同学对模拟过程的反应，予以归纳总结，指出模拟表演中哪些是比较成功的，值得肯定和表扬；同时也要委婉地指出学生在模拟表演中存在的问题，应该如何去解决。

教师先对第一小组的表演进行评价。此时，教师将表2-8-23和表2-8-24展示给大家。指出两表的不同之处，同时进一步说明，正是由于案例中物业管理员的努力沟通，诚恳解释，使得广大“业主”（同学）的态度发生了转变，对于物业管理员来说，这也是成功的一种体现。这说明，该管理人员与业主进行了良好的、有效的沟通，使纠纷得到了妥善的解决，同时也缓和了物业管理公司与业主之间的关系，维护了物业管理公司的形象。这种处理纠纷的态度和方法是值得大家学习的。

教师接着对第一小组进行评价，在本组表演中，管理员A和管理企业负责人表现优异，处理事情有理有据，具有说服力，而且在处理事情的过程中也比较注重与业主的沟通，能站在业主的立场考虑，进行换位思考。教师根据教学效果评价表的各项指标，为该表演小组打分。各个评价指标分为A、B、C、D四个等级，每个等级对应不同的分值范围，如表2-8-27所示。

表2-8-27　教学效果评分表

评分指标	权重（%）	评分等级与范围			
		A	B	C	D
		100～86	85～76	75～60	60以下
教学目的	10		80		
知识的获得	15	85			
能力的培养	20		80		
学习动机的激发	20		80		
资料是否充分	15	90			
教学效果	20	85			
总分	100	83.25			

评分阶段结束后在进入知识构建的阶段，由老师进行总结，在上述纠纷中，教师提示，作为物业管理人员，针对材料一中的情况，一定要对业主详细解释清楚，消除误会。对材料二中的情况，处理时则一定要慎之又慎，只要不是恶意欠费，又不属于胡搅蛮缠的业主，完全可以通过多次电话沟通的方式妥善解决，尽量避免更多矛盾纠纷的发生。

教师进一步强调，类似上述纠纷发生时，如果物业公司，物业管理员采取回避、拖延的态度只能导致事情更复杂、解决难度更大。该类事件发生之后，物业管理人员应该在最短的时间内，在当事人都在场的情况下，尽快地投入协调、调查、解决问题的工作过程中。在事件处理过程中管理人员完全不必担心个人受到批评、处罚而故意回避。物业管理人员应该站在公正的立场来解决纠纷。为避免发生员工有意回避、隐瞒纠纷的情况，物业管理企业在对员工出现问题后的处理上，要掌握分寸、把握火候，否则，可能会形成许多隐患。

此外，在物业管理企业协调无力、解决无果的情况下，应建议业主拿起法律武器捍卫自己的权益。既可以让企业的法律顾问从法律的角度分析缘由，辨明法律关系，也可以让业主直接向法律或仲裁机构申明个人主张，得到法律方面的支持。而物业管理企业则应该协助法律、仲裁机构调查取证，并监督当事人的履行情况。

第四阶段：再扮演阶段

再次扮演阶段主要是在前一次表演的基础上，对前次角色的再扮演或者转换角色进行扮演。一般上次扮演成功后可以转换角色进行角色模拟，以加深对不同角色的认识和理解。上次角色模拟失败后，可以对上次角色进行再次扮演。再次扮演过程中要吸取上次的教训和借鉴上次的经验，以便获得更好的成绩。

再次扮演。在上一次表演中，处理管理员B表现欠佳，其他扮演者均表现良好。因此，在本轮再次扮演中，教师通过征求学生的意见，综合考虑，决定扮演管理员B的同学继续扮演该角色，而扮演其他角色的同学在本轮表演中可以依自己的兴趣和特点选择自己喜欢的角色进行扮演。

再次扮演结束后，其他观看同学和教师再次对该小组的表演做出评价。所有同学认真做好笔记。

第五阶段：教学评价阶段

评价阶段是对角色扮演教学法在物业管理课程应用的最终成果进行检验，通过对角色扮演教学法开展过程的总结，找出经验和教训。此外，评价环节还包括对学生学习成绩的评价，学生的成绩不再仅由期末考试成绩决定，还应包括角色扮演成绩和创新思维成绩。

结束后，教师对扮演的全过程进行评价与反馈，通过教师的点评，学生了解了角色扮演的作用，明确在下次模拟中如何扮演好角色，如何通过倾听与观察，感受内心的情感。教师发给同学们考核评价表，由学生自己填写，再由教师加以统计，如表2-8-28和表2-8-29所示。

表2-8-28 知识点掌握程度考核表

知识点考核	评价等级			
	熟练掌握	比较熟练	基本掌握	不太熟悉
物业服务收费的概念、特征依据、原则				
物业服务成本的九大组成部分				
物业服务收费形式				
物业管理服务其他收费				

表2-8-29 技能掌握情况考核表

技 能 考 核	有很大提高	有部分提高	没有提高
角色意识			
把握物业管理纠纷各方的心理与情感			
处理物业管理纠纷问题的方法与技巧			
与不同业主沟通和进行社会活动能力			

以上考核表反映出，此次模拟教学课使学生的专业知识和实际解决问题的能力都有了相当大的提高。

最后，由评价者（学生）根据以上各表中评价指标的执行情况给出评价分值，然后将各评价指标得分相加，计算出评价者对教学效果的评价总分，将每个评价者的评价总分相加后除以评价者的人数，最后得出课程的最终评价得分，对照表2-8-30，把课程划分为优秀课、良好课、一般课、较差课、差课五个等级。

表2-8-30 教学质量评价等级表

教学质量等级	评价标准	评价等级
优秀课	100～86	√
良好课	85～70	
一般课	69～50	
较差课	49～30	
差课	29～0	

如果得出来的教学质量为一般及以下，那么任课教师就要及时查找原因，提出改进策略，确保教学效果与教学质量，使课程改革得以顺利进行。

第七节　卡片教学设计

培养学生的文化艺术思维，培养学生创新思维等，是职业教育教学的难点。头脑风暴法和在其基础上发展形成的卡片法，对于培养学生的发散思维是十分有效的。下面以工美专业装饰课程的盘子人物装饰画为例进行卡片教学设计。

一、作品效果描述的设计

作品效果描述最有效的方法是作品的图与文的展示。盘子人物装饰画作品效果描述的设计如下：

图2-8-25是赵生同学在学校26届校园技能节作为工艺美术专业装饰画学科能手，为全校师生现场展示的盘子人物装饰画。这幅画选择了一个女子盘坐吹笛子、身旁两只白鹤相伴的照片为素材，运用平涂的技法，表现人与动物和谐生活的一个美丽画面。该作品获得了金奖。

图2-8-25　盘子人物装饰画

二、作品效果分析的设计

效果是由各种分效果综合反映出来的。因此，一件作品的综合效果是什么？有哪些分效果形成综合效果，可以用卡片法进行学生发散思维的培养。盘子人物装饰画作品效果分析的设计如下：

该作品来源于日常生活中一个女子盘坐吹笛子、身旁两只白鹤相伴的照片为原型，采用平行线构图与圆形构图相结合的方法。乍一看整幅作品中一个端坐的女子在认真地吹着长笛，旁边有两只白鹤在相依陪伴。再仔细地观察，在一个戴红色草编的平顶帽子下面是一张俊俏有着白皙皮肤的美丽女子，虽然五官被装饰概括了，但是依旧能感觉到女子的美丽；梳着长长的发髻的她，正在认真地吹奏着属于她的那首优美的曲目。身体运用了装饰变形的手法, 将人物的脖子、手臂拉长、人物的腰部变细、腿部虽然没有表现出来，但是在长裤的掩盖下仍能感觉到腿的纤长，上半身穿着一件红、白色相间的短款上衣，下半身穿了一条黑色带白色小花的长裤， 在腰间和裤腿的下半部分，用钴蓝色的长带进行装饰，充分显示了少数民族服装的特色，在女子身旁陪伴她的是两只白鹤，一高一低，衬托出画面的优美，为了画面装饰效果更加明显，在盘子的背景处运用了大小不一样的金色原点进行装饰，仿佛在看到盘子的瞬间就能听到女子吹奏的悠扬乐曲。

三、作品相关知识的设计

与作品相关的知识应先易后难、逐步学习。盘子人物装饰画作品相关知识的设计如下。

1. 平行线构图

整个画面中所呈现的基本骨架为平行线行，这种构图形式给人以安定、广阔、宁静、稳健的感觉，这类画面的特点在于规整与元素重复平行，可以让画面营造出特别的韵味。尤其是自然界的重复元素，可以更好地烘托主题。

2. 圆形构图

整个画面中所呈现的基本骨架为圆形，这种构图形式给人饱满、均衡、活泼完整的感觉，圆形构图通常指画面中的主体呈圆形。圆形构图在视觉上给人以旋转、运动和收缩的审美，在圆形构图中，如果出现一个集中视线的趣味点，那么整个画面将以这个点为轴线，产生和中强烈的向心力。

四、作品效果达成的设计

作品效果达成是效果超越的第一步。盘子人物装饰画效果达成的设计如表2-8-31所示。

表2-8-31　盘子人物装饰画效果达成

1．准备工作		
操作方法		注意事项
	绘画材料：铅笔、橡皮、画笔、盘子、18色丙烯颜料、丙烯调和液、调色盘、涮笔筒	
2．制作过程		
操作方法		注意事项
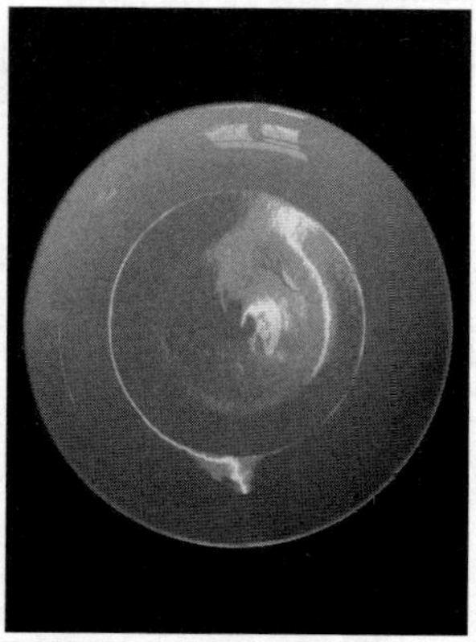	（1）准备一个直径30 cm×30 cm的白色圆形磁盘子	

续表

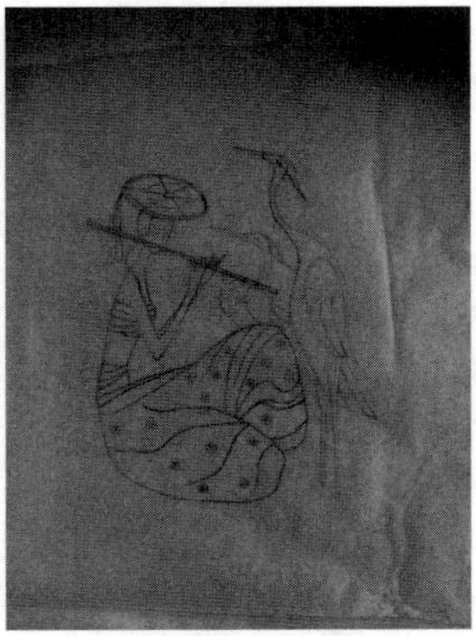	（2）这是根据盘子大小画在纸上的以人物为主体、动物相伴的装饰画	
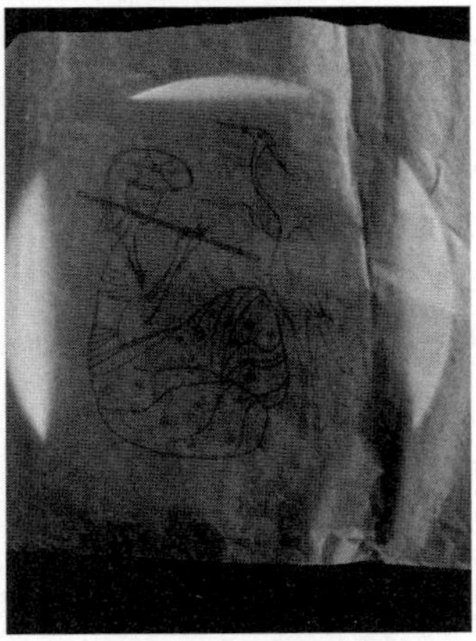	（3）这是用于复印人物装饰图案的复写纸	
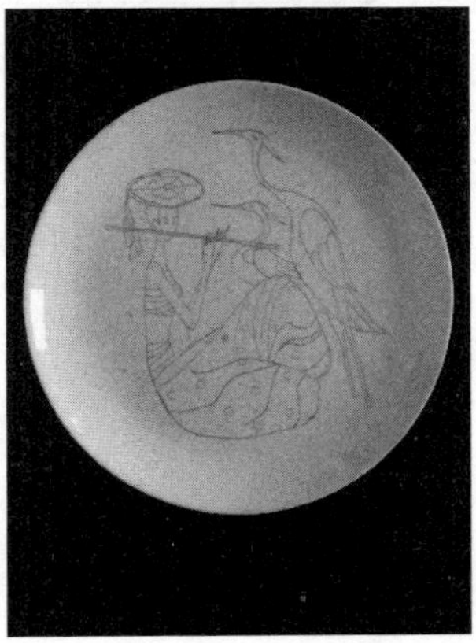	（4）将硫酸纸上准备好的人物装饰画用红色复写纸复印到白色磁盘上	因为盘子比较光滑用铅笔不能起稿，所以用复写纸透稿，这里用红色、蓝色复写纸均可

续表

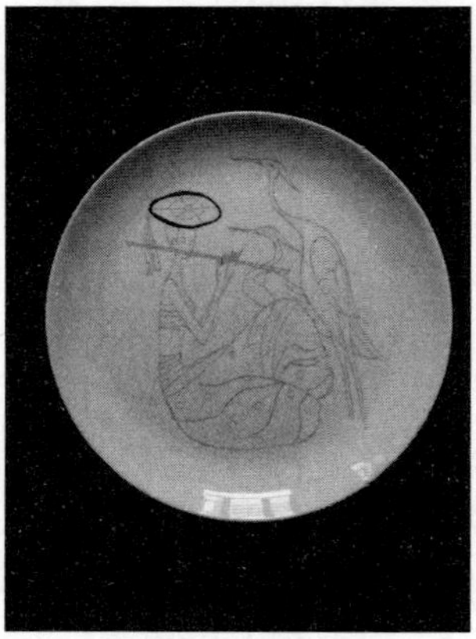	（5）用黑色丙烯加丙烯调和液调和好后，按照人物帽子的边缘图案进行平涂，画好草帽边	注意用细笔描绘，不要出边缘线
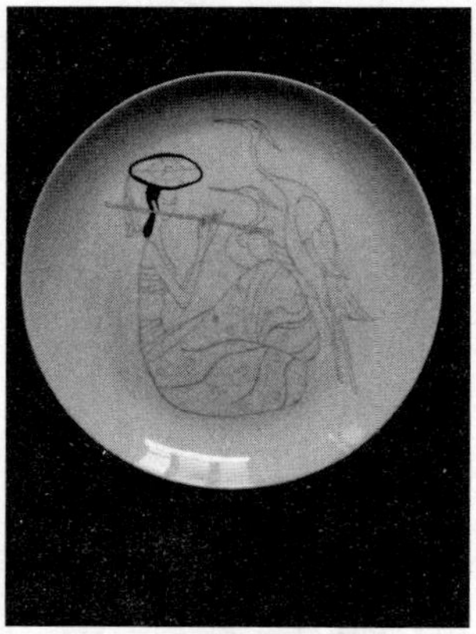	（6）用黑色加丙烯调和液调和好后，按照人物头发处的图案进行平涂画好	头发的部分不多，建议从头发的外边缘向内画，这样能保证画面边整齐
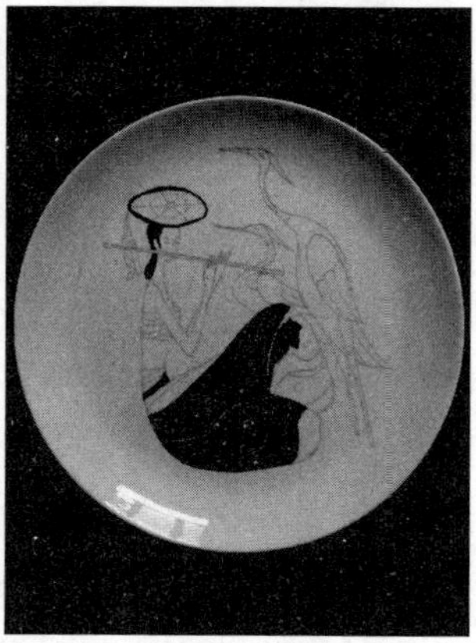	（7）用黑色加丙烯调和液调和好后，按照人物的腰围和整个宽松裤子的部分平涂	因为这个裤子的部分上面有花纹的装饰，在涂黑色的时候，不要一气呵成，要根据裤子上面的纹路进行涂色

	（8）还是用调和好的黑色丙烯，选用细的勾线笔，将右边的白鹤进行勾线处理	在画面中需要勾线的部分，最好选用细的笔，这样可以较好地处理边缘
	（9）根据上一步的方法，平涂左边的白鹤	
	（10）用大红色加丙烯调和液调和好后，从左到右依次先涂人物的帽子和帽穗的部分，画出帽穗在风中飘逸的感觉；然后画两只白色的头和嘴的部分	

续表

	（11）用调和好的大红色丙烯颜色，平涂在女人的短款上衣部分	在涂红色丙烯时，不是全部按照上衣的形从上到下全部画上，而是留出下面要勾白线的地方
	（12）用大红色丙烯颜色，平涂在笛子上；在人物裤子上画出大小不一的红色原点，作为裤子上装饰花的花心	
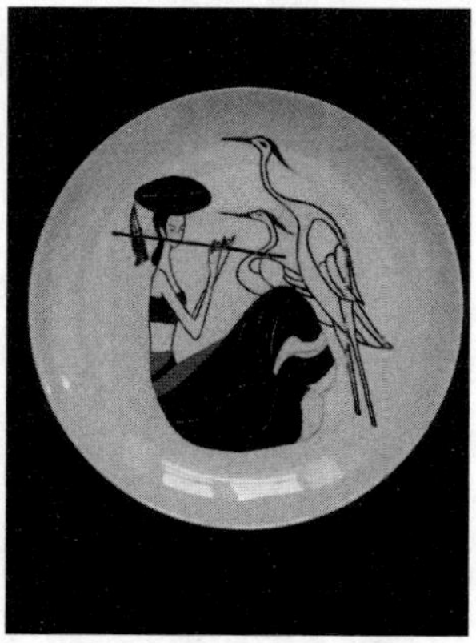	（13）用天蓝色加丙烯调和液调和好后，涂在人物腰部两条不规则的带子上，作为装饰	

续表

	(14) 在人物的帽子和红色的短款上衣处，用白色的丙烯颜色进行勾线；根据上一步所用到的调和好的天蓝颜色，平涂在左右两个裤腿的部分，作为装饰	在给人物勾线时，线条不要太宽，以免影响整体效果
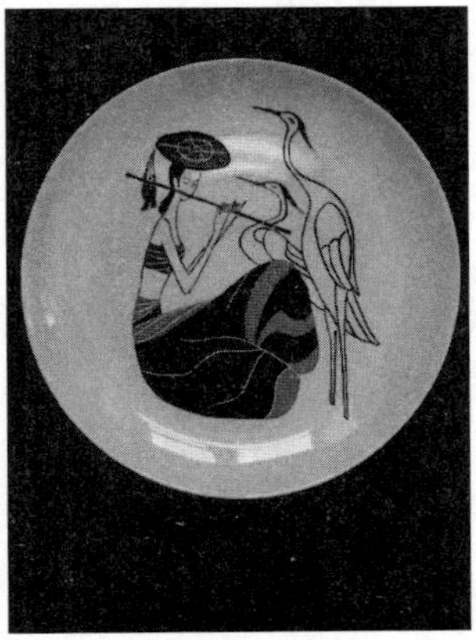	(15) 在人物腰部的蓝色上，勾白线装饰；在左右两个裤筒上勾白线，将裤子的纹路画出来	
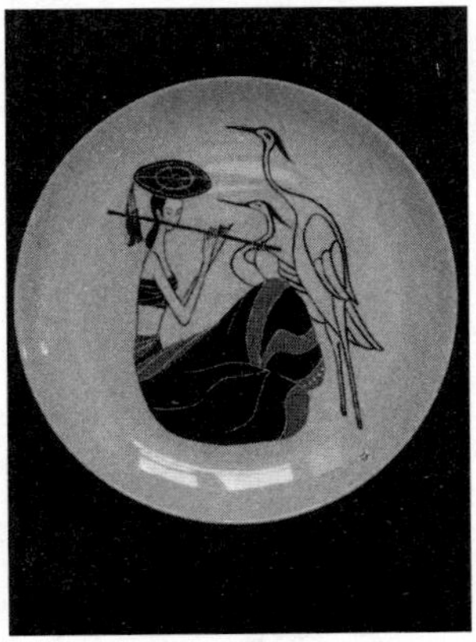	(16) 在人物左侧的裤筒下面，用白色的丙烯颜色画出五个白点作为装饰	

续表

	（17）在人物右侧的裤筒上面，在所画的红色花心周围，用白色丙烯颜色点缀画面小花的造型	
	（18）根据上一步的方法，用白色画出左侧裤筒的其余小花，这样在黑色的裤子上面用白色画出小花，将裤子装饰得更漂亮	黑色与白色在色彩中属于无彩色系，也属于对比色，在画每个小花时，都是围绕着红色的花心
	（19）在红色的笛子上，淡淡地画上一层金色丙烯，将笛子装饰将更加鲜艳	

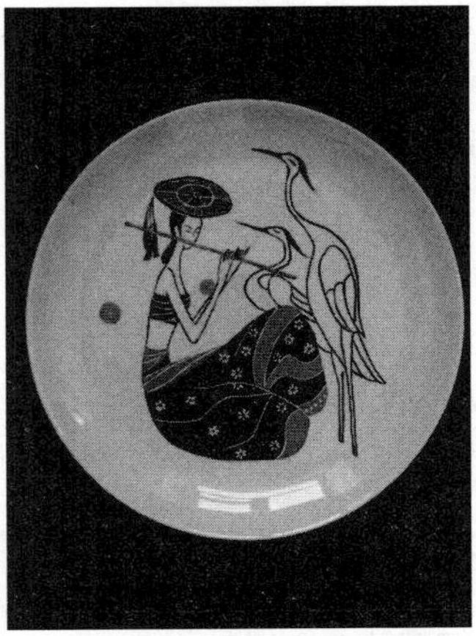	(20) 整个画面主体部分已经完成，画面是白色的背景，略显单调，因为裤子本身是黑色的就不能再用黑色作为背景，这里选用绚丽的金色，画出大小不一的两个圆装饰	
	(21) 为了将整个画面看上去更加的丰满，在画面的上下部分都用大小不一的金色圆点装饰，画面中运用了大红色、天蓝色、黑色、金色相互结合，将整幅盘子人物装饰画点缀得绚丽多彩，最终完成作品	

五、作品效果超越的设计

作品效果超越的方法再次采用卡片法。盘子人物装饰画效果超越的设计如下：

盘子是居家用品中必不可少的一项，在单独出现的装饰品中也是比较常见的。把盘子这个特殊的餐具融入到装饰画的画面当中，让这个原本是餐具的器皿在画面里充当必不可少的绘画承载工具，这样的装饰画看起来更具特色，也会让人们感受到这种盘子的与众不同。首先，教师展示几款效果超越的作品。然后，将学生分为几个小组，完成以下任务：

（1）各小组利用头脑风暴法，讨论提出更具效果的方案。

（2）各小组制作各自效果超越的作品。

（3）各小组选出代表，展示讲解各自的作品。

（4）教师对各个作品的效果进行系统的点评。

六、作品效果评价的设计

作品效果评价一般按表格法进行，如表2-8-32所示。

表2-8-32 “个人作品”评价表

姓 名：				作品名称：
评价内容	作品效果			改进措施
	个人评价	小组评价	教师评价	
构图	布局饱满			
	突出主题			
造型	夸张美化			
	提炼概括			
色彩	色彩协调			
	对比调和			
技法	绘画工具			
	装饰纹理			
附加评分	学习态度			

第八节　引文教学设计

独立学习和工作能力的培养，不但是自己职业生涯发展的需要，也是工作中必须具备的重要能力。在培养学生独立学习和工作能力时，引文教学是优先选用的方法。下面以过载保护的电动机直接启动控制电路的安装与调试为例进行引导文教学设计。

一、引导文的设计

引导文一般由任务描述、引导问题、学习目标描述、学习质量监控单、工作计划、工具与材料需求表、专业信息、辅导性说明等部分构成。

任务描述：一项工作的任务书，可用文字、图表等形式表达。

引导问题：按照这些问题，学生可以想象出最终工作成果和完成工作的全过程，能够获取必要的信息，制订工作计划并实施。

学习目的描述：学生应知道在什么情况下达到目标。

学习质量监控单：使学生避免工作的盲目性，保证每一步工作顺利进行。

专业信息：为更好地促进学生学习能力的发展，最好不提供现成的信息，只提供获取信息的渠道。信息的主要来源为专业杂志、文献、技术资料、劳动安全规程、操作说明书等。

辅导性说明：即在专业文献中找不到的有关具体工作过程、质量要求等企业内部经验的说明。

过载保护的电动机直接启动控制电路的安装与调试引导文设计如下：

1. 任务描述

设计一个具有过载保护的电动机直接启动控制电路，要求至少有短路保护、过载保护和自锁控制的功能，如图2-8-26所示。

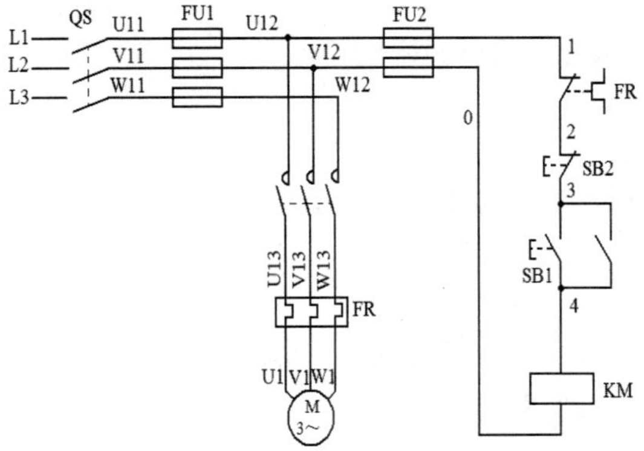

图2-8-26 控制电路

2. 引导问题

（1）低压断路器、熔断器、交流接触器、热继电器、按钮的作用、图形符号和文字符号是什么？

（2）如何判断交流接触器的线圈和触点？使用交流接触器应注意什么问题？

（3）分析具有过载保护的电动机直接启动控制电路的工作过程。

（4）二次配线的工艺要求、对导线的要求和接线的要求分别是什么？

(5) 简述电动机控制电路的安装步骤 。

3. 学习目标描述

严格遵循装配工艺和配线工艺，配线应整齐、清晰、美观，布局合理，安装好的电路机械和电气操作试验合格，并能用万用表检查和排除电路的常见故障。

4. 学习质量监控单

(1) 识读具有过载保护的电动机直接启动控制电路图。

(2) 解释具有过载保护的电动机直接启动控制电路的工作过程。

(3) 根据具有过载保护的电动机直接启动控制电路图选择元器件，进行网板台元器件的布局，固定元器件。

(4) 根据具有过载保护的电动机直接启动控制电路图接线，先接控制电路，再接主电路。

(5) 根据具有过载保护的电动机直接启动控制电路图检查电路的接线，查看有无接错的线路。

(6) 进行电路的机械和电气试验，检查有无故障。

(7) 判断故障并进行故障的排除。

5. 工作计划

(1) 画出具有过载保护的电动机直接启动控制电路原理图和平面布置图，并标注接线说明（电路画在白纸上）。

(2) 选择、固定元器件。

(3) 接线、检查电路的接线。

(4) 电路的机械和电气试验，判断故障并进行故障的排除。

6. 工具与材料需求表

略。

7. 专业信息

略。

8. 辅导性说明

略。

二、教学步骤设计

引导文教学包括资讯、计划、决策、实施、检查与评价几个步骤。具有过载保护的电动机直接启动控制电路的安装与调试引导文教学步骤设计如下：

（一）资讯

资讯可以通过资料角、信息单、上网资讯、小组成员之间互相讨论、查看元器件说明书等。

（二）计划

制定出本组的实施方案，填写计划单；根据本组的设计要求，填写元器件工具清单。

（三）决策

各组展示设计的原理图和平面布置图，并阐述本组的设计方案和实施计划；其他组和教师进行评价，论证该组方案；对方案进行改进。

（四）实施

（1）按照元器件工具清单领取工具和元器件。

（2）根据设计方案和实施计划出具有过载保护的电动机直接启动控制电路的安装。

（3）安装过程中不断进行检查，并会用数字万用表进行校线。

（4）检查并排除电路故障。

（5）填写检查单。

（五）检查与评价

电路的设计：符合任务要求，设计合理，有创意，具有一定的创新性，功能齐全，控制方便。语言流畅，表述清楚，功能演示正确。

电路的布局：布局合理，结构紧凑，控制方便，美观大方。元器件排列整齐，元器件固定的可靠、牢固。

电路的布线：横平竖直，转弯成直角，少交叉；多根导线并拢平行走，尼龙扎带的固定间距为等间距。配线整齐、清晰、美观，导线绝缘良好，无损伤。线束横平竖直，配制坚固层次分明，整齐美观。接线正确，导线的颜色选择正确，无漏铜、反圈、压胶，绝缘性能好，外形美观。

电路的功能实现 ：符合设计要求，控制正常，电路机械和电气操作试验合格，并能用万用表检查和排除电路的常见故障。

下篇

职业教育教学设计评价

在职业教育教学设计的基本原则指导下，运用职业教育教学设计的基本模式设计出的各种教学方案即教学设计成果，是否能够保证职业教育教学的质量，并具有较高的教学效能，哪些地方需要进一步完善，都需要教学设计的评价活动来进行衡量，做出科学的价值判定。这样，不但可以帮助我们是否将所设计的教学设计成果投入试用或使用做出决策，还可以帮助我们发现问题、解决问题，形成更先进的职业教育教学设计思想、更科学的职业教育教学设计理论，更有效的职业教育教学设计原则和更完善的职业教育教学设计模式。因此，职业教育教学设计的评价是职业教育教学设计不可或缺的重要组成部分。

本篇主要在明确职业教育教学设计评价的意义、原则和标准的基础上，构建职业教育教学设计评价的基本模式，对职业教育教学设计进行有效的评价。

第九章　职业教育教学设计评价的基本概念

教育评价是根据一定的教育价值观或教育目标，运用可以操作的科学手段，通过系统地搜集信息、资料、分析、整理，对教育活动、教育过程和教育结果进行价值判断，从而为不断自我完善和教育决策提供依据的过程。教学设计评价属于教育评价的范畴。目前，我国对教学设计评价问题的研究已有一些可供借鉴的成果，但对于职业教育教学设计评价的理论与实践研究还很少见。为了便于开展对职业教育教学设计评价的研究，本章将主要对职业教育教学设计评价一些基本问题进行讨论，明确职业教育教学设计的基本概念。

第一节　教学设计评价的意义

一、教学设计评价的定义

在教学设计活动中，一般需要进行诊断性评价、形成性评价和总结性评价。所谓诊断性评价，也称前置评价，通常是在新的课程内容学习开始前，对学习者的实际水平和准备状况，判断是否具备实现新学习目标、学习的必要条件和哪些新学习目标的内容属于已经掌握的内容。不具备必要条件时就需要进行补课，已经掌握的内容自然不必再重复学习，为教学设计提供重要的背景资料。形成性评价是指在教学活动的过程中，为了使教学活动的效果更好而不断进行的一种评价，侧重于检查前一阶段的工作是否达到了规定的标准。总结性评价是指在教学活动告一段落时，为把握活动最终效果而进行的评价，借以进行鉴定、区分等级和对整个教学方案的有效性做出评定。

关于教学设计的诊断性评价、教学设计的形成性评价以及教学设计的总结性评价，有很多文献可供参考，这里不再进行讨论，主要对职业教育教学设计各类教学方案的科学性、有效性和经济性等进行评价。评价的目的：一是为职业教育教学设计的方案可否投入试用或使用做出决策；二是有助于发现教学设计的问题、并通过解决问题形成更为先进的职业教育教学设计思想、更科学的职业教育教学设计理论、更有效的职业教育教学设计原则和更完善的职业教育教学设计模式。

对各类教学方案的评价是对各类教学方案的价值做出判断。而价值需要明确是哪个事物对什么人的价值，即价值的客体与主体。教学方案是价值的客体，在教学过程中，它需要满足学生学的需要和教师教的需要，衡量教学方案是否能够满足这两者的需要，以及满足的程度、效能如何，一方面需要找到表明它的属性、功能、特征的那些维度，这些维度称为评价指标；另一方面要从作为价值主体的人找出表现他自身需要的那些维度，这些维度称为评价标准。将评价指标和评价标准进行对照，便可以做出价值判断。因此，教学方案评价的本质是对教学方案这个客体能否满足其主体的需要，以及满足的程度和效能如何进行的价值判断。

二、教学设计评价的作用

关于教学设计成果评价的目的，一是为职业教育教学设计的方案可否投入试用或使用做出决策；二是有助于发现教学设计的问题，并通过解决问题形成更为先进的职业教育教学设计理论方法。主要功能分为五方面：诊断作用、导向作用、激励作用、指导作用等。

1．诊断作用

职业教育教学设计成果的评价不仅可以利用一定的手段获取教学设计质量方面的信息，而且通过对信息的分析处理可以进一步明确教学设计质量所存在的问题，进而分析存在问题的原因，找出改进教学设计质量的方向，以便改进教学设计的方法，提高教学设计的质量。

2．导向作用

职业教育教学设计成果评价指标体系中，有明确的指标项目和评价标准，它指出了职业教育教学设计的目标和方向。在职业教育教学设计成果评价过程中，无论是指标体系的建立，还是对评价结果的利用，都会对提高教学设计质量起到导向的作用。

3．激励作用

职业教育教学设计成果评价可以区分教学设计工作的优劣，明辨是非，具有横向比较的作用。教学设计成果评价的结果可以作为优秀教学设计方案评选的依据，优秀的教学设计成果的评选带有竞争性，在竞争中获得压力、动力和活力，这样可以调动各方面的积极性，激励人们不懈努力，最终达到提高教学设计水平和教育教学质量和教学效能的目的。

4．指导作用

职业教育教学设计必须符合国家职业教育的方针，必须符合职业教育发展规律，必须与专业或行业的要求相适应，必须与学生的身心特点相吻合。通过职业教育教学设计成果评价，可以指导其为实现以上要求进行及时指导，引导其不断地校正设计方向。

第二节　教学设计评价的原则

为了做好职业教育教学设计的评价工作，必须根据职业教育教学的规律和特点确立一些基本的要求，作为职业教育教学设计评价的指导思想和实施准则。具体来说，职业教育教学设计评价应遵循以下几条原则：

1．分层次评价原则

职业教育教学设计成果从教学系统的层次上看，分为学校、系部、专业、课堂等不同层次的教学设计成果。因此，对职业教育教学设计成果的评价也要分层进行。不但要对学校教学设计成果进行评价，还要对系部、专业、课堂等教学设计成果进行评价。

2．多主体评价原则

职业教育教学设计成果作为评价客体，具有多个评价主体。为了保证对教学设计成果做出全面的评价，需要每一个评价主体都参加评价活动。评价主体不但包括学生、教师，也应该包括教学管理人员、教学辅助人员、教学设计者等。

3．整体性评价原则

对于职业教育教学设计成果的评价，应依据教学系统理论的观点，将各个教学设计成果放到教学系统当中进行分析，追求教学系统的整体优化效果。另外，职业教育教学设计成果评价指标是教学设计成果根本属性的表征，所以职业教育教学设计的评价指标应该产生于对教学设计的内在属性、本质结构以及基本功能的分析，通过对这些指标的评定，应该反映教学设计水平的全貌，防止突出一点，不及其余。这就说，不仅要对教学系统的基本要素或者局部进行评价，更重要的是对整个教学系统的结构和整体进行评价。

4．全过程评价原则

任何一个教学方案的设计都需要经过教学目标确立、学习者分析、学习内容分析、教学策略确定、教学评价等几个阶段完成。教学设计成果的水平，当然也就取决于各个教学设计阶段设计成果的水平。因此，需要对教学设计成果进行全过程的评价。

第三节　教学设计评价的标准

一、教学设计评价标准的基础

教学设计的评价标准是以价值主体的需要为基础的。对于职业教育教学设计的价值主体而言，主要是学生、教师、社会和职业。其中，教师包括教学管理和教学辅助人员。因此，学生、教师、社会和职业对于教学设计的需要，就是教学设计评价标准的基础。

（一）学生对教学设计的需要

1．学生对教学设计中教学目标的需要

学生对教学目标的需要包括：一要满足学生确定学习方向、明确学习要求的需要；二要满足学生学习动机形成发展的需要；三要满足学生全面发展和就业的需要；四要与学生初始能力水平形成有效的搭接和合理的梯度。

2．学生对教学设计中教学内容的需要

学生对教学内容的需要包括：一要紧密结合社会生活和职业活动实际；二要满足学生能力形成条件与能力形成各个环节的需要；三要满足学生学习动机形成与发展的需要；四要与学生原有知识、技能或者态度有一定的衔接量。

3．学生对教学设计中教学策略的需要

学生对教学策略的需要一般要求教学策略设计一要遵循职业活动的逻辑顺序，二要遵循学生学习动机形成发展规律，三要遵循学生能力形成的规律，四要遵循教育信息传播的规律。

4．学生对教学设计中学业评价的需要

学生对学业评价的需要包括：通过评价，发现自己的成绩，进一步激励自己的学习动机；通过评价，了解自己与社会、与职业要求的差距，进一步明确学习目标。

（二）教师对教学设计的需要

1．教师对教学设计中教学目标的需要

教师对教学目标的需要包括：满足教师指明教学目标、明确教学要求的需要；满足教师激发学生学习动机的需要；满足构建学生科学、高效的心理结构构建模式的需要等。

2．教师对教学设计中教学内容的需要

教师对教学内容的需要包括：指明学习目标、承载学习内容；培养学生的学习兴趣、发展学习动机；构建学生科学、高效的心理结构构建模式等。

3．教师对教学设计中教学策略的需要

为了使教学活动尽量符合职业活动逻辑顺序和能力形成、动机发展和教育传播三大规律，教师对教学策略的需要做到三个充分利用：充分有效地利用学校内外的物资条件；充分有效地利用教学的时间资源；充分有效地利用各种教学手段，包括教学形式、教学媒体、教学方法等。

4．教师对教学设计中学业评价的需要

教师对学业评价的需要包括：通过评价，了解自己教学任务的完成情况；通过评价，发现自己教学中存在的问题，以便及时修正。

（三）社会对教学设计的需要

社会对于教学设计的需要虽然不像学生、教师那样直接，但也是教学设计的价值主体。因此，它对教学设计的教学目标、教学内容和学业评价等内容也有需要。

1．社会对教学设计中教学目标的需要

社会对教学目标设计的需要包括：教学目标设计应该为社会培养劳动者服务，学生通过学习与教育能够参加社会劳动，为社会创造物质和精神财富；教学目标设计应该能够传承文明，将人类的经验传递给下一代，使人类文明得以延续并持续发展；教学目标设计应该为促进学生的社会化服务，帮助学生内化社会价值概念、道德规范、政治法律制度等；教学目标设计还应培养学生的创新精神和创新能力，为人类文明的宝库增加新的财富。

2. 社会对教学设计中教学内容的需要

社会对教学内容的需要包括：教学内容应该为社会培养高素质的劳动者服务；教学内容应该为传承人类经验并创新发展服务；教学内容应该为学生内化社会道德、树立法律意识服务。

3. 社会对教学设计中学业评价的需要

社会对学业评价的需要重要表现在：通过评价，人们可以了解学生的整体教育水平，发现教育中存在的各类问题，以便于不断调整教育思想、推动教育发展，更好地为社会经济发展服务。

（四）职业对教学设计的需要

职业是职业教育教学设计的价值主体，它不像学生、教师那样直接，但也不像社会那样间接。

1. 职业对教学设计中教学目标的需要

职业对教学目标的需要主要是对学生职业思想、职业道德、职业能力和职业特质的培养。

2. 职业对教学设计中教学内容的需要

职业对教学内容的需要包括：第一，教学内容要为职业思想的建立、职业道德的养成服务；第二，教学内容要为职业能力的形成和职业特质的养成服务。

3. 职业对教学设计中学业评价的需要

职业对学业评价的需要主要表现在两个方面：一是通过评价，在方便学生就业的同时，也为招聘工作提供了参考；二是通过评价，职业社会可以发现整体职业教育中存在的职业思想、职业道德、职业能力和职业素质培养等方面存在的问题。

二、教学设计评价标准的确定

根据学生、教师、职业、社会四大教学设计价值主体的需要，我们就能够比较全面和准确的确定教学设计成果的评价标准。

（一）教学目标设计的评价标准

1. 教学目标符合大纲要求

教学目标要符合培养方案和教学大纲的要求，因为职业教育的培养方案和教学大纲是严格按照社会需要、职业需要和学生需要制定的。教学目标脱离培养方案和教学大纲将造成教学质量的下降和教学成本的提高。

2. 教学目标需要全面明确

教学活动具有思想品德培养、人类经验传承、心理结构构建和学习动机发展等多项功能。因此，教学目标的设计要全面，满足社会的需要、职业的需要、学生的需要，特别是未来发展的需要。

人们常说书山有路勤为径，实际上，除了以勤为径之外，还有一个径。这个径就是学习的起点到学习的终点的一条直线。如果在学习之前，学生和教师就准确地掌握了教学目标，学生和教师又了解自己学和教的起点，学生和老师就能画出教学的起点到教学的终点的这条直线。这条直线就是教学活动中，所走的那条最短的径。当然，如果不能准确地了解教学目标，学生和老师就找不到这条最短的径。因此，教学目标设计要准确，不能产生歧义。

3. 教学目标应为层次目标

为培养一流技术技能人才，职业教育教学目标的设计，不能停留在知识目标、技能目标、态度目标上，也不能停留在职业额能力目标上，必须上升到职业特质目标。

4. 教学目标符合学生身心水平

教学目标对学生的身心发展要有所促进，但又不能脱离学生的身心发展水平，并要与学生初始能力水平形成有效的搭接和合理的梯度。除了就业上岗职业标准以外，还要学生职业发展所需的技术能力以及管理能力的教学目标。

（二）教学内容设计的评价标准

1. 理论知识必需够用

教学内容设计中，理论知识必需够用，并对教学目标形成有效的支撑。教学内容要达到对教学目标形成有效的支撑，需要满足两个条件：一是能力形成条件的支撑；二是能力形成环节的支撑。

2. 教学内容科学先进

教学内容不但要科学正确，还要尽量反映当前的新技术、新工艺、新设备、新材料，剔除那些陈旧，甚至已经被淘汰的技术内容。

3．教学内容深浅适度

教学内容在深度和广度的筛选上，要根据学生的身心发展水平和学生的初始能力水平来决定，并注意为不同学生提供发展空间。

4．教学内容结构科学

根据职业教育学习理论中，职业能力和职业特质形成的条件和过程，教学内容在结构设计上要服从职业能力和特质及学习动机形成的条件和过程。

5．遵循信息来源原理

教学内容选择要遵循信息来源原理，防止出现因为学生对教学内容的疑虑，而不能有效地接受新的理念、理论或者方法等。

（三）教学过程设计的评价标准

1．教学目标需要先行

教学目标起着为学、教、管、帮活动定向和设定要求标准的作用，这就要求教学目标在教学设计中必须先行，为学、教、管、帮活动在活动开始时，就指明方向、明确要求。

2．教学过程结构科学

教学过程结构科学要做到两个方面：一是教学步骤清楚，遵循职业活动的逻辑顺序，符合能力形成和学习动机发展两大规律；二是教学环节完整，不能缺少职业活动和能力形成与学习动机发展的环节。

3．教学时间充分运用

根据学生的一般特征、学习对象的难易程度和能力形成与动机发展各个环节所需的时间，分配教学时间，保证教学时间有效使用。

（四）教学策略设计的评价标准

1．教学程序设计的评价标准

教学程序一般包括职业活动过程导向教学程序、职业活动情景导向教学程序和职业活动效果导向教学程序。因此，一般教学程序的设计要服从过程导向、情景导向或效果导向的教学流程。

2．教学形式选择的评价标准

教学形式要根据教学目标、教学内容、教学对象和教学条件等综合运用，坚持教学形式和职业活动形式一致性原则，以保证提高教学质量、缩短教学时间、降低教学成本和激发学生学习动机为评价标准。

3．教学情境设计的评价标准

教学情境的设计要做到情境作用的全面性、情境作用的全程性、情境作用的发展性、情境的真实性和情境的可接受性。充分发挥建立在职业情景下的教学情境的导向功能、激励功能、传播整合功能和愉悦身心功能。对学生活动教学有明确的设计。

4．教学方法选择的评价标准

教学方法选择的标准是学生的认同感和参与度，以及综合性、时效性和审美性，最终是要保证提高教学质量、缩短教学时间、降低教学成本、激发学生学习动机，最为经济地达成最佳预期教学效果。

5．教学媒体选择的评价标准

遵循教育信息传播最小原理的前提下，充分有效地综合利用各种教学媒体，来满足能力形成各个环节的要求和学习兴趣，养成与学习动机发展的需要。

（五）作业设计的评价标准

1．作业的内容评价标准

作业的内容设计要针对并覆盖能力形成各个阶段的知识教学目标、技能教学目标、态度教学目标、单项能力教学目标、综合能力教学目标进行。

2．作业的数量评价标准

作业的数量设计要根据各项教学目标达成的难易程度进行，尽量达到职业资格要求的标准，特别是就业时所要求的能力。

（六）学业评价设计的评价标准

1．学业评价的内容

对于专业能力评价，要覆盖单项能力、综合能力以及职业特质的评价。

2．学业评价的时间

学业评价的时间要根据职业活动逻辑顺序、学习动机形成发展、学生职业能力和特质形成的规律，在必要的环节上，进行及时有效地评价，保证纠错及时有效和满足学籍管理以及就业的需要。

3．学业评价的标准

学业评价的标准，有职业资格标准的，则服从职业资格标准；没有职业资格标准的，则参考一般就业要求。一般不宜使用100分制或

ABCD四级制，应运用1、2、3、4A、4B、4C六级制。

4．学业评价的方式

学业评价的方式，要根据评价内容灵活综合运用。可运用口试、笔试、演示、项目等各种有效的评价方式。一般不能只对知识教学目标进行评价，必须完成对能力教学目标的评价，这样的评价，我们称为能力本位学业评价。

第十章　职业教育教学设计评价的基本模式

教学设计的评价过程一般包括：明确评价目的、确定评价参考系、获取价值主体的信息、获取价值客体的信息和做出价值判断五个环节。因此，我们可以根据教学设计评价的一般过程来构建职业教育教学设计评价的基本模式。

第一节　明确评价目的

一、教学设计评价的目的

明确教学设计评价的目的是职业教育教学设计评价模式的第一个环节。教学设计的评价目的也是教学设计评价的原因。教学设计评价的目的很多，一般可归纳为教学设计的改进评价、教学设计的选择评价、教学设计的适用评价。教学设计的改进评价是指为了开展教学设计研究，进一步改进教学设计而进行的评价。这种评价多由教学设计部门组织进行。教学设计的选择评价是指为了在众多同类教学设计中选择优良教学设计而进行的评价。这种评价多由教学管理与教学设计的使用部门进行组织。教学设计的适用评价是指为了检验教学设计对特定学校、特定的学生适用性进行的评价。这种评价不但教学设计部门需要，而且教学设计的管理与使用部门也需要。

二、教学设计适用性评价

本书讨论的是职业教育教学设计，因此我们就以教学设计是否适用于职业教育为评价目的来讨论职业教育教学设计评价的基本模式。职业教育是以服务为宗旨、以就业为导向，培养生产、管理、服务一线的技术应用型人才的教育。对于这样一种类型的教育，什么样的教学设计才能适用呢？在本书的上篇和中篇，我们对职业教育教学设计的理论基础和职业教育教学设计的基本概念、基本原则、基本模式进行了比较全面系统的讨论，并设计出了适用于职业教育的各种教学方案。为了说明问题，我们将以本书设计的教学方案为例，对其是否适用于职业教育进行适用性评价。

三、教学设计评价的条件

在明确教学设计评价目的这个教学设计评价模式的第一个环节中，有一个问题还需进一步明确，就是教学设计评价的目的能否达到，也即是教学设计评价的条件是否具备。教学设计评价的条件有两个是必需的：一是相应的教学设计理论和教学设计评价理论已基本形成，这样就有了评价的理论依据；二是评价组织者、评价者和相关人员已基本掌握了相关理论与方法，能够在科学思想、理论和方法的指导下开展工作。

第二节　建立指标体系

明确了教学设计的评价目的之后，根据评价目的，首先需要建立教学设计评价指标体系。因此，建立教学设计评价指标体系是教学设计评价基本模式的第二个重要环节。教学设计评价指标体系在教学设计评价过程中，直接影响教学设计评价的效果。因此，教学设计评价指标体系的设计在教学设计评价模式构建中处于十分关键的地位。

一、指标体系建立的原则

1. 方向性原则

职业教育教学设计评价指标体系应体现职业导向和能力本位培养的原则。职业教育是以服务为宗旨，以就业为导向，面向生产、管理、服务一线培养高技术技能应用人才的教育。职业教育教学设计评价指标体系的建立，需要牢牢把握这个大方向。

2. 完备性原则

职业教育教学设计评价指标体系要完整系统地反映职业教育教学设计质量目标，对教学设计的评价应做到客观、公正。这就要求在逐级分解评价目标时必须注意以下两点：首先在分解评价指标时要深刻理解目标的内涵和外延，既要把那些外显的因素分解出来列为指标，又要把那些内隐的因素分解出来列为指标，不能遗漏任何重要的指标。其次要抓住反映评价对象和评价目标本质特征的主要指标。指标并非越多越好，对某些非本质性的指标可以舍弃，对本质性的指标要做到疏而不漏。

3. 独立性原则

职业教育教学设计评价指标体系要具有独立性，是指同一层次的指标之间必须是相互独立的，每项指标都要有明确的独特的含义，做到内涵明确、外延清楚、词意清晰、明白易懂，使主评者对指标的理解无分歧，每项指标的含义尽可能不重复，同一层次的各指标之间在逻辑上必须呈并列关系，避免交叉或因果关系。否则，重复的指标被重复地计分，会影响整个评价的科学性。

4. 一致性原则

职业教育教学设计评价指标体系应科学地体现教学设计本质特征。特别注意它是受教学设计目标严格制约的，不具有任意性。教学设计有其完整、严格、一致的目标。在指标中要力求简易可行，不仅反映目标的局部，同时要具有不断深化的可塑性，这是职业教育教学设计评价能否顺利实施和持久的关键。

5. 可操作性原则

职业教育教学设计评价体系的可操作性包含三个方面的意思。其一，教学设计评价指标体系要切合实际，既要符合评价目标，又要符合被评价者的总体状况，不能要求过高，也不能姑息迁就。其二，教学设计评价指标体系应具有可测性，即教学设计的评价指标体系和标准所反映的内容应当便于操作，是可以测量的。指标的分级层次要适当，层次越多，操作反映越不便；层次越少，具体施评就越困难。一般来说，分解层次应当控制在三级以内比较合适。同时标准应当用可操作化的语言文字加以定义，应尽量减少概念化、抽象化的条文。其三，教学设计评价指标体系应具有可比性，即必须反映不同评价对象共同的属性，不同评价对象的评价结果应该是可比的，而且评价指标的标准尺度必须在同质的基础上等距。

6. 多样性原则

(1) 由于职业教育教学设计种类繁多，只用一种或少数几种教学设计评价指标体系很难包罗，这就需要针对不同种类的教学设计，指定不同的教学设计评价指标体系。

(2) 教学设计评价技术和手段的多样化。可以运用书面评价手段，也可以使用网络或座谈等各种形式或手段进行。

(3) 评价的主体的多样化。可以是教学设计者、使用者、管理者分别或共同进行评价。

（4）评价过程的多样化。可以是教学设计过程的开始、中期、后期的评价，也可以是终结性评价。

（5）评价程序的多样化。可以是自上而下的评价，也可以是自下而上的评价，还可以是上下结合的评价等。

（6）评价范围的多样化。可以是针对部分教学设计进行评价，也可以是对所有教学设计全面的评价。

（7）评价层次的多样化。可以对学校层次的教学设计进行评价，也可以对各系部、专业或科目的教学设计进行评价，等等。

二、评价指标体系的建立

一个完整的评价指标体系一般由指标、标准、量表和指标权重等多个要素构成。评价指标是评价对象本质属性与特征的具体反映，是对评价的各个维度的界定；评价标准是对评价对象各个评价维度的定性或定量的要求，是被评价事物属性的质的临界点以及它们在质变过程中量的规定，是衡量评价客体价值的准则；量表则是衡量评价对象达到标准程度的一种尺度；指标权重是标明各个评价指标在指标体系中的重要数值。一个完整的评价指标体系应能够描述评价对象的全貌。

对于教学设计的评价，可根据它的属性和特征，在从思想性、科学性、先进性、工具性、完整性五维度上展开，建立其指标体系（见表3-10-1）。

（1）思想性评价。主要评价教学设计以什么哲学观点为指导，体现了什么样的世界观、人生观和价值观。

（2）科学性评价。主要评价教学系统整体优化的程度、教学目标确定、教学内容筛选、教学内容自身、教学过程结构设计、教学策略制定、作业设计、学业评价设计的科学性以及教学设计方案的完整性和规范程度等。

（3）先进性评价。主要评价教学设计指导思想的先进性、教学目标的先进性、教学内容的先进性、教学设计表现形式的先进性等。

（4）工具性评价。主要评价教学设计是否具备思想品德教育、人类经验传承、学生心理结构构建、学习动机发展等功能和教学效能。

（5）完整性评价。主要评价教学设计是否完整、规范。

表3-10-1　职业教育教学设计评价指标体系

一级指标	二级指标	评价标准	得分	单项评价
思想性（15）	政治思想性（7.5）	（1）政治思想观点正确； （2）符合相关政策、法律、法规； （3）体现辩证唯物主义和历史唯物主义观点； （4）培养正确的世界观、人生观、价值观； （5）弘扬爱国主义精神		
	职业导向性（7.5）	（1）渗透职业意识和职业道德； （2）树立正确的择业观，发扬爱岗敬业精神； （3）提倡创业精神、团队意识； （4）培养市场意识、竞争意识、安全意识和环保意识		
科学性（40）	教学设计的系统科学性（5）	（1）各种各类教学方案设计在职业教育教学系统思想指导下进行，遵循教学系统整体优化的原则； （2）各种各类教学方案齐全、系统、完整，能够完成预期的教学任务		
	教学目标确立的科学性（5）	（1）对学生的起点能力的估计正确； （2）教学目标符合学生的身心水平； （3）教学目标与教学大纲要求一致； （4）教学目标全面、系统、明确、具体； （5）教学目标与相应职业资格标准衔接一致； （6）教学目标多维结构的科学		
	教学内容筛选的科学性（5）	（1）支撑教学目标； （2）对接职业活动； （3）具有典型性； （4）遵循共同经验与信息来源原理； （5）起点恰当，深浅适度、分量合适		
	教学内容自身的科学性（5）	（1）基本概念、基本原理等阐述正确； （2）科学事实和社会现象描述清楚、准确； （3）引用的数据、图表、材料可靠； （4）名词术语、文字、符号、图形、数字、计量单位使用规范		
	教学过程结构的科学性（5）	（1）教学目标先行、明确、具体； （2）教学过程结构反映职业活动逻辑顺序、能力形成和学习动机发展两大规律；教学环节完整； （3）循序渐进，符合学生心理特征和职业能力和特质形成规律		

续表

一级指标	二级指标	评价标准	得分	单项评价
科学性（40）				
先进性（10）	教学策略制定的科学性（5）	（1）教学时间合理，根据学生的一般特征、学习对象的难易程度和能力形成与动机发展各个环节所需时间，分配教学时间，保证教学时间有效利用； （2）教学程序要服从职业活动过程导向、职业活动情景导向或职业活动效果导向的教学流程； （3）教学形式要遵循与职业活动形式一致性原则，保证提高教学质量、降低教学成本和激发学生学习动机； （4）教学情境要做到情境作用的全面性、情境作用的全程性、情境作用的发展性、情境的真实性和情境的可接受性； （5）教学方法具有有效性和高效性； （6）教学媒体遵循教育信息传播知觉组织原理和最小原理的前提下，充分有效地综合利用各种教学媒体，来满足能力形成各个环节的要求和学习兴趣，养成与学习动机发展的需要		
	作业设计的科学性（5）	（1）作业的内容设计要针对并覆盖能力形成各个阶段的知识教学目标、技能教学目标、态度教学目标、单项能力教学目标、综合能力教学目标，以及职业特质目标； （2）作业的数量设计要根据学生能力水平和各项教学目标达成的难易程度确定		
	学业评价的科学性（5）	（1）学业评价的内容，要覆盖专业培养方案所列出的各项基本素质、通用能力和专业能力； （2）学业评价的时间要根据职业活动的逻辑顺序、学生能力与学习动机形成发展的规律，在必要的环节上，进行及时有效地评价，保证纠错及时有效和满足学籍管理以及就业的需要。 （3）学业评价的标准服从职业资格标准；没有职业资格标准的，参考一般就业要求。 （4）学业评价的方式要根据评价内容，灵活综合运用。一般不能只对知识教学目标进行评价，而必须完成对能力教学目标的评价，即能力本位学业评价		

续表

一级指标	二级指标	评价标准	得分	单项评价
先进性（10）	教学设计理念的先进性（2.5）	（1）教学设计的思想先进； （2）教学设计的理论科学； （3）教学设计的方法先进		
	教学目标的先进性（2.5）	（1）教学目标恰当反映学生当前和今后的需要； （2）教学目标恰当反映社会当前和今后的需要； （3）教学目标恰当反映职业当前和今后的需要		
	教学内容的先进性（2.5）	（1）适应我国经济、社会发展和科技进步的需要，及时更新教学内容； （2）用现代先进观点，组织和重构比较传统的内容； （3）恰当反映新知识、新技术、新工艺和新材料		
	教学设计形式的先进性（2.5）	（1）教学设计的立体化程度； （2）教学设计的网络化程度		
工具性（25）	思想品德教育功能（5）	（1）内容上，筛选适用的相应素材； （2）结构上，遵循品性养成的一般规律		
	人类经验传承功能（5）	（1）内容上，选择需要传承人类经验，特别是相关职业人类经验； （2）结构上，遵循人类经验传承的规律，教学策略组合科学		
	心理结构构建功能（5）	（1）具有心理结构构建条件； （2）体现心理结构构建的过程和特点		
	兴趣动机发展功能（5）	（1）学习目标先行； （2）遵循设趣、激趣、诱趣、扩趣过程； （3）遵循需求产生发展动机原理		
	教学设计使用的灵活（5）	（1）适应工学交替、学分制等弹性教学管理制度的需要； （2）与各种教学资源系列配套		

续表

<table>
<tr><th>一级指标</th><th>二级指标</th><th>评价标准</th><th>得分</th><th>单项评价</th></tr>
<tr><td rowspan="2">完整性（10）</td><td>教学设计结构完整性（5）</td><td>（1）教学方案的名称；
（2）教学方案的基本描述；
（3）教学目标；
（4）教学流程；
（5）教学策略制定；
（6）作业设计；
（7）学业评价设计</td><td></td><td rowspan="2"></td></tr>
<tr><td>教学设计的规范性（5）</td><td>（1）形式规范；
（2）结构规范；
（3）文字规范；
（4）版式规范</td><td></td></tr>
<tr><td>总评价</td><td colspan="3"></td><td></td></tr>
</table>

第三节　获取评价信息

获取教学设计评价信息是教学设计评价过程的第三个阶段。由于评价信息的可靠性，决定了评价结果的有效性。因此，评价信息的准确获取在教学设计评价过程中是十分关键的。教学设计的评价信息主要来源于教学设计评价的价值主体和价值客体。下面从价值主体和价值客体两个来源进行讨论。

一、获取价值主体信息

教学设计的价值主体重要包括学生、教师和社会。对于职业教育教学设计的价值主体来讲，还应包括职业。对于教学设计评价的价值主体来说，一般需要获取以下信息：

（1）要明确使用教学设计学生的特征。包括学生的生理与心理发展情况、学生的学习目的和预期达到的目标、学生已具备的能力水平和学习能力达到的水平、学生自我管理自我发展的能力、学生的兴趣爱好与价值观念等。

（2）要明确教学设计使用的社会背景。包括社会的时代特征、政治经济制度、经济发展的阶段、科学技术水平、价值观念、教育与文化传统、社会发展趋势与社会对学生的预期等。

(3) 要预见社会发展的前景。包括未来社会对人才的预期、人们价值观念的变化趋势、未来社会经济发展可能达到的水平、未来生产和生活方式的发展趋势、未来政治经济制度发展等。

(4) 要明确职业对人才的要求。包括职业对职业人才思想、精神、意志、情感的要求，以及对职业人才知识、能力、素质的要求等。

这些来自于教学设计价值主体的信息，提供了价值主体对教学设计的价值的自身需要，是教学设计评价的信息基础。

二、获取价值客体信息

价值客体的信息，即教学设计的信息，包括教学设计自身的信息和教学设计的背景信息。主要来源于以下几个方面：

(1) 教学设计自身的信息。一般指教学设计的理论取向、教学设计的属性、教学设计的功能、教学设计的目标、教学设计的内容、教学设计的结构、教学设计的使用过程、教学设计的使用方式、教学设计的预期效果等。

(2) 教学设计的背景信息。一般包括教育类型、教育任务、教育目标、教育方式，以及学校因素、教师因素、管理因素。学校因素包括教学资源的完备程度、对教学设计实施的组织与协调水平、对教师的激励等；教师因素包括教师教育理论水平、教师对教学设计的接纳程度、教师实施教学设计的忠实程度、教师的教育教学经验、能力和水平、教师的敬业程度等。

第四节　做出价值判断

做出价值判断是教学设计评价过程的最终环节，主要完成组建教学设计评价委员会、整理教学设计评价信息、做出教学设计价值的分析判断。

一、评价成员构成

教学设计评价委员会构成对于教学设计评价的客观性是至关重要的。一般职业教育教学设计评价委员会应由社会学专家、行业专家、课程专家、教学专家、教学设计人员、教育技术专家、教学管理人员、教师、学生等。他们对自己负责的领域进行评价。社会学专家、行业专家、课程专家主要负责与教学设计目标、内容、标准有关指标的评价。教学专家、教学设计人员、教育技术专家、教师主要对教学设计目标结构、内容结构、过程结构是否符合能力形成的规律、符合学生学习兴趣动机发展的规律、符合教育传播规律进行评价。教师和学生主要对教学设计的可操作性、功能以及效率进行评价。

二、价值分析判断

依据教学设计评价指标体系，根据教学设计评价委员会各成员负责评价的指标，可以得到评价教学设计各个指标的分值。最后通过加权计算，可以得到对所评价教学设计的定量判断。当然，也可以进行定性价值判断。下面对第八章第六节角色扮演教学设计举例进行定量评价（见表3-10-2）。此次评价的目的：一是可以帮助教学设计人员改进设计；二是对教学设计方案适用于职业教育教学的情况进行评价。

表3-10-2　单节教学方案评价

一级指标	二级指标	评价标准	得分	单项评价
思想性（15）	政治思想性（7.5）	（1）政治思想观点正确； （2）符合相关政策、法律、法规； （3）体现辩证唯物主义和历史唯物主义观点； （4）培养正确的世界观、人生观、价值观； （5）弘扬爱国主义精神	7.5	符合相关政策、法律、法规； 体现辩证唯物观点
	职业导向性（7.5）	（1）渗透职业意识和职业道德； （2）树立正确的择业观，发扬爱岗敬业精神； （3）提倡创业精神、团队意识； （4）培养市场意识、竞争意识、安全意识和环保意识	7.5	渗透职业意识和职业道德； 培养市场意识
科学性（40）	教学设计的系统科学性（5）	（1）各类教学方案设计在系统思想指导下进行，遵循教学系统整体优化的原则； （2）各类教学方案系统完整，能够完成预期的教学任务	5	遵循了教学系统整体优化的原则； 各类教学方案系统完整，能完成预期的教学任务

续表

一级指标	二级指标	评价标准	得分	单项评价
科学性(40)	教学目标确立的科学性(5)	(1) 对学生的起点能力的估计准确; (2) 教学目标符合学生的身心水平; (3) 教学目标与教学大纲要求一致; (4) 教学目标全面、系统、明确、具体; (5) 教学目标与相应职业资格标准衔接一致; (6) 教学目标多维结构的科学，反映了知识、技能、态度，特别是职业能力和职业特质	4	对学生的起始能力估计基本准确; 与教学大纲一致，全面系统明确; 与职业资格标准衔接一致; 多维结构的科学
	教学内容筛选的科学性(5)	(1) 支撑教学目标; (2) 对接职业活动; (3) 具有典型性; (4) 遵循共同经验与信息来源原理; (5) 起点恰当，深浅适度、分量合适	5	较好支撑教学目标; 全面对接职业活动; 遵循共同经验与信息来源原理; 深浅分量适度
	教学内容自身的科学性(5)	(1) 基本概念、基本原理等阐述正确; (2) 科学事实和社会现象描述清楚、准确; (3) 引用的数据、图表、材料可靠; (4) 名词术语、文字、符号、图形、数字、计量单位使用规范	5	基本概念、原理阐述正确; 材料可靠; 术语、计量单位规范
	教学过程结构的科学性(5)	(1) 教学目标先行; (2) 教学过程结构设计符合职业能力和特质形成规律; (3) 由易到难、循序渐进，符合学生认知规律	5	实现了教学目标先行; 教学过程结构反映了职业活动逻辑顺序、职业能力和特质形成规律; 由易到难、循序渐进，符合学生认知规律

续表

一级指标	二级指标	评价标准	得分	单项评价
科学性（40）	教学策略制定的科学性（5）	（1）教学时间合理，根据学生的一般特征、学习对象的难易程度和能力形成与动机发展各个环节所需时间，分配教学时间，保证教学时间有效利用； （2）教学程序要服从职业活动过程导向、职业活动情景导向或职业活动效果导向的教学流程； （3）教学组织要遵循与职业活动组织一致性原则，保证提高教学质量、降低教学成本和激发学生学习动机； （4）教学情境要做到情境作用的全面性、情境作用的全程性、情境作用的发展性、情境的真实性和情境的可接受性。 （5）教学方法具有有效性和高效性； （6）教学媒体遵循教育信息传播知觉组织原理和最小原理的前提下，充分有效地综合利用各种教学媒体来满足能力形成各个环节的要求和学习兴趣，养成与学习动机发展的需要	3	教学时间充分有效运用； 符合学生心理特征和认知及技能养成规律；教学程序服从目标导向教学流程； 教学组织与职业活动组织具有一致性； 教学情境建立在职业情景之上，充分发挥教学情境的导向功能、激励功能、传播整合功能和愉悦身心功能； 教学方法学生认同、经济、有效； 教学媒体选择遵循教育信息传播知觉组织原理和最小原理
	作业设计的科学性（5）	（1）作业的内容设计要针对并覆盖能力形成各个阶段的知识教学目标、技能教学目标、态度教学目标、单项能力教学目标、综合能力教学目标，以及职业特质目标； （2）作业的数量设计要根据学生能力水平和各项教学目标达成的难易程度确定	4	作业覆盖知识教学目标、技能教学目标、态度教学目标、单项能力教学目标、综合能力教学目标和职业特质目标； 作业的数量不足
	学业评价的科学性（5）	（1）学业评价的内容，要覆盖专业培养方案所列出的各项基本素质、通用能力和专业能力； （2）学业评价的时间要根据职业活动的逻辑顺序、学生能力与学习动机形成发展的规律，在必要的环节上进行及时有效地评价，保证纠错及时有效和满足学籍管理以及就业的需要。 （3）学业评价的标准服从职业资格标准；没有职业资格标准的，参考一般就业要求。 （4）学业评价的方式根据评价内容，灵活综合运用。 （5）一般不能只对知识教学目标进行评价，而必须完成对能力教学目标的评价。即能力本位学业评价	4	学业评价覆盖教学目标； 学业评价的时间保证纠错及时有效； 学业评价的标准服从职业资格标准； 学业评价的方式为能力本位学业评价

续表

一级指标	二级指标	评价标准	得分	单项评价
先进性(10)	教学设计理念的先进性(2.5)	(1) 教学设计的思想先进; (2) 教学设计的理论科学; (3) 教学设计的方法先进	2.5	能力本位教学设计
	教学目标的先进性(2.5)	(1) 教学目标恰当反映学生当前和今后的需要; (2) 教学目标恰当反映社会当前和今后的需要; (3) 教学目标恰当反映职业当前和今后的需要	0.5	教学目标恰当反映学生、社会和职业当前和今后的需要
	教学内容的先进性(2.5)	(1) 适应我国经济、社会发展和科技进步的需要，及时更新教学内容; (2) 用现代先进观点，组织和重构比较传统的内容; (3) 恰当反映新知识、新技术、新工艺和新材料	2.5	适应经济、社会发展和科技进步的需要; 恰当反映新知识、新方法
	教学设计形式的先进性(2.5)	(1) 教学设计的立体化程度; (2) 教学设计的网络化程度	2.5	教学设计的立体化、网络化程度欠缺
工具性(25)	思想品德教育功能(5)	(1) 内容上，筛选适用的相应素材; (2) 结构上，遵循品性养成的一般规律	4	需要加强诚信培养
	人类经验传承功能(5)	(1) 内容上，选择需要传承人类经验，特别是相关职业人类经验; (2) 结构上，遵循人类经验传承的规律，教学策略组合科学	5	遵循人类经验传承的规律，教学策略组合科学
	心理结构构建功能(5)	(1) 具有心理结构构建条件; (2) 体现心理结构构建的过程和特点。	4	基本服从心理结构构建过程和特点
	兴趣动机发展功能(5)	(1) 学习目标先行; (2) 遵循设趣、激趣、诱趣、扩趣过程; (3) 遵循需求产生发展动机原理	5	学习目标先行; 遵循学习动机发展原理
	教学设计使用的灵活(5)	(1) 适应工学交替、学分制等弹性教学管理制度的需要; (2) 与各中教学资源系列配套	5	适应学练交替; 与教学资源配套

续表

<table>
<tr><th>一级指标</th><th>二级指标</th><th>评价标准</th><th>得分</th><th>单项评价</th></tr>
<tr><td rowspan="2">完整性
(10)</td><td>教学设计结构完整性（5）</td><td>(1) 教学方案的名称；
(2) 教学方案的基本描述；
(3) 教学目标；
(4) 教学流程；
(5) 教学策略制定；
(6) 作业设计；
(7) 学业评价设计</td><td>5</td><td>结构完整</td></tr>
<tr><td>教学设计的规范性
(5)</td><td>(1) 形式规范；
(2) 结构规范；
(3) 文字规范；
(4) 版式规范</td><td>5</td><td>设计规范</td></tr>
<tr><td>总评价</td><td></td><td></td><td>92</td><td>符合职业教育教学</td></tr>
</table>

参 考 文 献

[1] R.M.加涅. 教学设计原理[M]. 上海：华东师范大学出版社，1999.

[2] 邓泽民. 职业教育教学论[M].北京：中国铁道出版社，2012.

[3] 皮连生. 学与教的心理学[M]. 2版. 上海：华东师范大学出版社，1997.

[4] 邬美娜.教育技术学[M].合肥：安徽教育出版社，2004.

[5] 邓泽民、郑予捷.现代职业分析手册[M].北京：中国铁道出版社，2010.

[6] 国家职业分类大典和职业资格工作委员会. 中华人民共和国职业分类大典[M]. 北京：中国劳动社会保障出版社，1999.

[7] 邓泽民. 职业学校学生职业能力形成与教学模式[M]. 北京：高等教育出版社，2002.

[8] 万伟.新课程教学评价方法与技术[M]. 北京：教育科学出版社 2004.

[9] 邓泽民，陈庆合. 职业教育课程设计[M]. 2版. 北京：中国铁道出版社，2010.

[10]（美）霍华德·加德纳. 多元智能[M]. 沈致隆，译. 北京：新华出版社，1999.

[11] 邓泽民、赵沛. 职业教育教学设计[M]. 2版. 北京：中国铁道出版社，2009

[12] 张明兰，丁详坤. 优化课堂教学方法丛书：教学方法运用技能[M]. 北京：中国人事出版社，1998.

[13] 邓泽民，马斌. 职业教育课件设计[M]. 北京：中国铁道出版社，2011.

[14] 邬美娜. 教育技术学[M]. 合肥：安徽教育出版社，2004.

[15] 邓泽民，侯金柱. 职业教育教材设计[M]. 北京：中国铁道出版社，2006.

[16] 邓泽民，韩国春. 职业教育实训设计[M]. 北京：中国铁道出版社，2010.

[17] 吕建国. 职业心理学[M]. 大连：东北财经大学出版社，2000

[18] 邓泽民. 职业学校学生职业能力形成与教学模式[M]. 北京：

高等教育出版社，2002

[19] 万伟. 新课程教学评价方法与技术[M]. 北京：教育科学出版社2004

[20] 姜大源. 职业学校专业设置的理论策略与方法[M]. 北京：高等教育出版社，2002

[21] 邓泽民，张扬群. 现代四大职教模式[M]. 2版 .北京：中国铁道出版社，2011

[22] 崔景贵. 心理教育范式论纲[M]. 北京：社会科学文献出版社，2007.

[23] 邓泽民. 职业技能教学原则探究[J]. 教育研究，2012（5）.

[24]（加）Pierce, Ken.Advanced Facilitators Training Workshop Materials, Holland College.

[25]（美）Notorn, R.DACUM Materials. The Ohio State University, USA.

[26] 邓泽民. 能力本位的课程观. 职教通讯[J]. 2005（2）.

[27] Ausubel D P, et al. (1978) Educational Psychology:A Cognitive View[M]. 2nd ed. 1978.

[28] 邓泽民. 贯彻素质为基础、能力为本位的指导思想教学设计研究[J]. 中国职业技术教育，2004（31）.

[29] 薛伟. 高职高专教育课程评价的探讨[J]. 中国矿业大学学报（社会科学版），2002（4）.

[30] 邓泽民. 高等职业教育教学模式比较与创新研究[J]. 人大复印资料：职业技术教育2003（1）.

[31] 姚梅林，邓泽民，王泽荣. 职业教育中学习心理规律应用的偏差[J]. 教育研究，2008（6）.

[32] 邓泽民，吴学敏. 我国职业教育课程本质观和价值观的转变[J]. 中国职业技术教育，2009（36）.

[33]（美）Rothwell W. Facilitating Training Workshop Materials/ PennState University, USA.

[34] 邓泽民，张扬群. 美、德、澳三国职业分析方法的应用分析[J]. 中国职业技术教育，2010（24）.

[35] 徐萍，邓泽民. 饭店服务与管理技能型人才职业特质与情景导向的行动教学[J]. 中国职业技术教育，2010.17

[36] 邓泽民，赵沛. 职业教育“面向人人，人人成才”课程价值观下的课程评价[J]. 中国职业技术教育，2008.1

[37] Royer J M. Theory of transfer of learning. Educational Psychologist[J]. 1979, Vol.14.

[38] 邓泽民，张扬群，宫雪. 实施双学分课程计划促进现代职业教育体系形成[J]. 中国职业技术教育，2011.12

[39] 徐萍. 宴会摆台设计的效果导向行动教学[J]. 中医职业技术教育，2010（35）.

[40]（加）Post-secondary Department,Ministry of Education, Province of British Columbia. Introduction to DACUM, 1998.

[41]（加）Post-secondary Department, Ministry of Education, Province of British Columbia. The DACUM Workshop, 1998

[42]（加）Post-secondary Department, Ministry of Education, Province of British Columbia. From Skill Profile to Objective, 1998

[43]（加）Post-secondary Department, Ministry of Education, Province of British Columbia. From Objective to Instruction, 1998

[44] Curriculum Review Committee, BCIT. Curriculum Review Final Report, 2002

[45]（加）Fadyen, M. A., CBE Workshop Materials, Holland College.

[46]（加）Sinnett, William. Presentation Materials on CBE, Humber College.

[47]（澳）Australian National Training Authority, AQTF Standards for State and Territory Registering/Course Accrediting Bodies.

[48] 邓泽民，陈庆合. 论职业教育课程目标[J]. 职教论坛，2005（1）.

[49] 白薇. 浅谈职校学生的学习现状[J]. 科教论坛，2008（25）.

[50] 邓泽民，陈庆合. 职业能力的概念、特征及形成规律的研究[J]. 煤炭高等教育，2002（2）.

[51] 向才毅，肖箐. 中等职业学校的学习现状调查[J]. 中国职业技术教育，2004（10）.

[52] 《职业学校学生学习效率问题研究》子课题组. 职校生学习状态总体水平欠佳水平差异显著[J]. 职业技术教育，2006（15）.